언더우드 부인의 조선 견문록

| 개정판 |

언더우드 부인의 조선 견문록

릴리어스 호톤 언더우드 지음 | 김철 옮김

이숲

내 것이자 남편 것인 책

여기에 공개하는 얘기들은 단순한 회상으로서, 동양의 모든 나라 가운데서 가장 독특하고 흥미로운 한 나라에서, 너무나도 매력적이고 사랑스러운 사람들과 함께 보낸 몇 년 동안의 내 삶의 기록이다.

나는 이 책에 지난 15년 동안 개인적으로 관찰한 몇 가지 사건을 이어 놓았을 뿐이다. 만일 내 남편이나 내가 한 일에 관한 얘기가 다른 사람들의 것보다 좀 더 자주 입에 올랐다면, 그것은 내가 자신 있게 말할 수 있는 내 자신의 경험으로 기록했기 때문이다. 이 책의 목적은 독자로 하여금 한국 사람들의 관습과 성격, 그들의 도덕과 정치의 분위기를 충분히 관찰하게 함으로써 선교 사업에는 여러 기회가 있고 또 제한도 있을 수 있음을 깨닫게 하여 더 연구하게 하고, 가능하다면 그 모든 사람과 자기의 관계가 무엇인지 생각하게 하려는 것이다.

알렌 박사의 연대표에 큰 덕을 입은 것에 감사드려야겠다. 그것을 통해서 나는 정확한 날짜들을 알 수 있었다.

또 『조선인의 벗』과 『제임스 홀 박사의 생애』의 덕도 크게 보았다. 전쟁 전과 전쟁 후에 평양에서 있었던 홀 박사의 사업에 관계된 얘기들, 그리고 히로시마에서 있었던 왕비 암살범들의 재판에 관한 기록들은 그

책을 참고해 썼다. 무엇보다도 나는 남편에게 감사한다. 그의 도움으로 나는 1884년의 정변, 동학당, 보부상, 독립협회 그리고 천주교도들에 관한 자세한 사실들을 조선인들에게서 들을 수 있었다. 그는 또한 원주민 기독교인들의 삶에 관한 많은 일화를 들려주었다. 그리고 우리는 함께 최선을 다해 살았으므로, 이 책은 내 것이자 그의 것이기도 하다.

릴리어스 언더우드

시련과 고통의 시대를 전하는 글

우선 언더우드 부인의 '상투쟁이들과의 15년'의 경험을 적은 이 책은 예사 흥미로운 책이 아니라는 것을 말해야겠다. 극동의 선교 사업에 대해 웬만큼 공감하고 있는 독자라도 이 책을 꼼꼼히 읽는 동안 실망할 걱정은 없다. 저자는 조선의 선교 사업을 이해시키도록 설명한다거나 그가 몸담고 있는 선교회를 설명할 생각은 없고, 다만 자기가 보고 겪은 일만을 얘기하려 하기 때문이다.

그는 마치 자기 친척들이나 친구들 얘기를 쓰는 것처럼 미덥게 얘기를 풀어 나가기에 그가 얘기하는 동안 독자는 그의 자신감 속으로 같이 끌려가게 되는 만큼 그의 글쓰기에는 뭔가 소박하고 매력적인 것이 있다. 그는 자기 자신의 일, 자기 남편의 일을 주로 많이 다룰 수밖에 없었는데, 그것이 그로서는 가장 말하기 적합한 것이었기 때문이겠다. 그러나 이 책 어디에나 동료 선교사들의 영웅적인 노고에 대한 너그러운 감사의 말이 있다. 그는 이러한 감사를 자기 교파의 선교사들에게만 한정하지 않았다. 그는 조선에서 복음의 전파와 인류의 복지를 위해 일하다 죽은 다른 교파의 선교사들에게도 찬사를 보내고 있다.

언더우드 부인—그때는 시카고의 릴리어스 호톤 양—은 1888년 의료 선교사로 조선에 왔다. 장로교 위원회의 서기로서 선교사를 임명하기 전에 그 지원자들을 찾아가 보곤 하던 나는 시카고의 어느 병원에서 가냘프고 품위 있는 한 총명한 아가씨를 만나게 되었다. 그곳에서 그는 숙련된 간호사로서 임상 실습으로 의학 지식을 익히고 있었다. 그의 겉모습에서는 순교자 의식 같은 건 전혀 찾아볼 수 없었다. 오히려 그와 정반대로, 그는 고운 자태와 명랑한 태도로 하얀 제복을 입고 입원 환자들 사이를 재빠르게 돌아다니고 있었다. 그는 자기가 삶을 바친 그 일에 아주 만족해하면서 기대에 차 있는 것이 분명했다.

그의 제물포 도착 얘기며 조선에 대한 첫인상은 그 자신만의 언어로 잘 설명되어 있다. 선교사에게 낯선 선교 현장에 처음 도착하는 일은 언제나 힘든 경험이다. 언더우드 부인이 낮게 깔린 버섯밭에 비유했던 원주민들의 나지막한 초가집들의 지저분한 모습, 자기 고향 사람들의 총명한 눈빛과는 무척 대조되는 이곳 어부들과 농부들의 흐릿한 눈빛, 이런 것들은 그에게 좌절과 실망을 안겨 주기에 충분한 것이었을 터이다. 그러나 언더우드 부인은 자기가 재미를 찾으러 온 관광객이 아니라 병든 자를 고치고, 천하고 고통받는 자의 영혼을 구하려고 하느님이 보낸 사도임을 되새겨봄으로써 이러한 시련을 이겨냈다.

　젊은 미혼 여성으로 완전히 홀몸이었던 그는 헤론 박사 부처의 따뜻한 환영을 받고 그곳에서 기거하며, 조선말을 익히는 일과 병원에서 하는 전문적인 봉사 활동을 당장에 시작했다. 도착한 지 얼마 지나지 않아서 그는, 그를 주치의로 쓰고 싶어 하는 왕비의 부름을 받았다. 이렇게 왕비와의 관계는 곧 서로 우정을 나누는 사이로 발전했고, 그때부터 불우한 왕비가 암살될 때까지 언더우드 부인은 왕비를 자주 방문했다. 그리고 여러 모로 왕비의 인격을 존경하게 되었다. 그는 왕비에 대한 자기의 평가를 거리낌 없이 표현하고 있다. 곧, 마음씨가 친절하고 손이 큰 여자로, 지적 수준이 높은 여자로, 그리고 아주 비범한 외교 수완이 있는 여자로 그리고 있다. 임금인 남편보다 훨씬 강인한 정신과 높은 도덕성을 지닌 그는 임금의 현명한 상담자이자 그의 불안한 권력에 가장 튼튼한 보루 구실을 했다.

　언더우드 부인의 저서는 설명적이기는 하나, 그 부드러운 문맥에는 조선 사람들의 성격과 관습, 나라의 상황, 조선 사람의 신앙과 미신, 사회적 타락, 일반 대중의 생활 형편과 무지 따위에 관한 일반적인 정보들이 모두 담겨 있다. 선교 사업에 대해서도 설명했는데 그는 그 사업에 대해서 한편으로는 특별한 찬사 없이 표현하고 있고 또 한편으로는 비판적인 염려의 뜻으로 적고 있다. 이 얘기는 솔직하고 분명하게 적혀 있어 조선에서 우리 선교사들이 하고 있는 위대한 사업의 뚜렷한 성공과 그들의 신념을 모든 사람의 마음속에 심어줄 수 있을 것이다.

이미 이 나라에서 4년 동안 살아온 언더우드 목사와 결혼한 얘기는 간략하지만 훌륭한 감각으로 서술되어 있다. 그리고 좀 더 긴 분량이긴 하지만 유별난 신혼여행 얘기는 정말이지 밀월여행의 경험담이 아니라, 차리리 끈질기고 영웅적인 순회 선교의 얘기와도 같다. 그 신혼부부는 동료들과 미국 공사관 친구들이 충고하고 완강히 말렸는데도 불구하고 1889년 이른 봄에 조선의 북부 지방으로 탐험 여행을 떠났다.

다행히 우리 개신교 선교사들이 사업을 하는 동안에 조선 궁중과 백성들 사이에는 우리에 대해 아주 좋은 인상이 심겨 있었다. 그것은 우리의 첫 의료 선교사이고 지금은 주한 미국 공사인 알렌 박사가 이루어 놓은 두드러진 소중한 업적 덕분이었다. 그는 조선의 몇몇 유명 인사들의 상처를 치료해 주었는데, 그들은 서울에서 중국인들과 일본인들이 한밤중에 벌인 전투에서 거의 죽을 정도로 상처를 입었었다.

외국인들은 내륙 지방으로 들이지 말라는 엄격한 금령이 있기는 했으나, 언더우드 내외는 북쪽 끝으로 여행을 떠나면서 관리들이 그저 눈감아 주기를 기대하고 모험을 감행했다. 이국인 선교사로서 아무 변장도 하지 않고 여행한다는 건 젊은 새색시인 그로서는 대단한 모험이었다. 왜냐하면, 그때까지 알려진 바로는 그가 그런 여행을 한 첫 외국 여자였기 때문이다. 그 여행은 오래 걸리는 것이었고 온갖 고난과 시련을 견뎌야 하는 것이었다. 여관이라는 이름을 붙일 만한 것은 아예 찾을 수 없었고, 고작해야 온갖 오물이 널려 있고 벌레들이 득실거리며 여행객들이 가득 찬 조금 큰 초가집을 찾을 수 있을 뿐이었다.

어디를 가나 사람들은 외국 여자를 보려는 호기심으로 그가 묵는 방의 창문이나 방문의 종이에 구멍을 뚫었다. 종일 가마 속에서, 그것도 큰길이 아니라 지긋지긋하게 좁은 길로 바위를 넘고 구릉을 지나며 시달린 뒤에 그런 일을 당하게 되었으나 밤에도 쉬기는 거의 불가능했다. 이른 아침과 밤 늦은 시간의 온갖 소음은 그들을 더욱 불편하게 했다. 음식으로 말하면, 그저 가까스로 목숨을 이어갈 만한 것이었으니 그 어려움을 짐작할 만하다. 그들이 지나는 곳에는 호랑이나 표범이 나타나는 곳도 있었으므로 그들은 산짐승에게서도 완전히 자유로운 것은 아니었다. 그러나 가장 큰 위험은 포악한 산적 떼의 손아귀에 떨어지는 것이었다. 언더우드 부인의 이런 아슬아슬한 경험에 대한 서술을 독자는 흥미롭게 읽을 수 있을 것이다.

다행스럽게도, 언더우드 씨는 이미 혼자서 한두 번의 짧은 지방 여행을 해 여기저기서 몇몇 개종자들에게 세례를 준 적이 있었다. 그가 지니고 간 통행증은 몇몇 지방의 고을 수령들의 호의를 얻게 해주었고, 그래서 그 두 사람은 적어도 원주민들의 완전한 적개심 앞에 몸을 드러내지는 않을 수 있었다.

미국 종교 서적 단체의 요청에 따라 언더우드 부인이 쓴 이 재미있는 책에 담긴 얘기들을 몇 마디 말로 평가하기는 어렵거니와 그 다양한 표현들을 평범한 말로 칭찬하기란 불가능하다. 그 가운데 하나는 콜레라가 무섭게 번지던 시절의 경험에 관한 것이다. 그동안 선교사들은 의사들뿐만 아니라 일반 선교사까지 있는 힘을 다해 목숨을 구하고 그 가련하고 비참한 사람들의 고통을 덜어주려고 병이 가장 심했던 몇 달을 자기 자신의 위험과 비위생적인 도시의 더위와 불결함, 불편들을 아랑

곳하지 않고 제자리를 믿음직하게 지켰다. 그 얘기를 아주 소박하게, 그리고 잘난 체하는 영웅심이란 전혀 없이 써 놓았다. 그것은 우리 선교사들이 시련과 고통의 시대에 종종 보여 주었던 신앙심 깊은 봉사의 진정한 표현으로 여겨질 수 있겠다.

언더우드 부인의 이 책은, 모든 관심이 극동, 특히 러시아와 일본의 전쟁터가 될 것 같은 조선에 쏠려 있는 이때 독특한 관심으로 읽힐 것이다. 불행한 조선의 정부와 그 사람들의 상황은 모든 기독교인과 박애주의자들의 동정을 살 만하다. 모든 사람은 불행한 조선이 앞으로 어떻게 될지 궁금해하고 있다. 지금이야말로 하느님께서 현재의 모든 어려움을 없애고 이 가련한 사람들에게 행복을 주기를, 그리고 그리스도의 나라를 세워 주기를 진심으로 기도할 때이다.

엘린우드
뉴욕 1904년 2월 2일

1. 제물포와 서울의 인상
버섯밭 같은 도시

구름이 끼고 바람이 불던 1888년 3월 어느 날, 나는 제물포 항구에 내렸다. 나지막한 언덕의 헐벗고 뾰족한 능선을 배경으로 펼쳐진 돌투성이의 해안으로 나는 눈길을 돌렸다. 단조로움을 깰 나무 한 그루 없고 겨우 위안이 될 만한 것이라곤 군데군데 하얗게 덮인 눈뿐이었다. 모래밭 대신에 냄새 나고 끈적거리는 삭막한 개펄이 해안을 따라 길게 펼쳐져 있었다. 예나 지금이나 그곳에는 선창이 없어 찬물때라도 배를 바로 댈 수가 없었기 때문에 우리는 쪽배를 타고 해안으로 다가갔다. 그때 험상궂고 야릇하게 생긴 남자들이 이상한 말로 소리치면서 우리를 조사하려고 언덕에서 급히 내려왔다.

거칠고 검은 그들의 긴 머리털은 빗질을 하지 않아 엉망진창이었는데 더러는 한 가닥으로 땋아 내리기도 했으나 거의가 머리 꼭대기에 되는 대로 매듭을 묶어 놓았다. 목과 얼굴 언저리에 흘러내린 머리카락들은 흉측하고 지저분해 보였다. 생김새로 보아 그들은 몽고족이었고 입고 있는 옷말고는 중국인이나 일본인들과 그다지 다를 바가 없었으나 대체로 그들보다 키가 컸다. 그 사람들의 옷은 때 묻은 흰 빛깔로서 짧고 헐렁한 저고리와 길고 볼록한 바지로 되어 있는 것 같았다. 가난한 사람들이 입는 이 옷은 한 달에 두 번꼴로 갈아입지 않는 것이었다.

나는 바로 이 사람들과 함께 어울려 일하러 왔다. 내 사랑하는 조국의 '숲과 교회가 있는 언덕' 대신에 내가 택한 곳이 바로 이 나라였다. 내 가슴은 벅차올랐다. 그리고 그 일이 결코 헛되이 되지 않도록 뜨거운 기도를 올렸다.

그러나 여기서, 그날 아침 내가 만났던 그 사람들은 이 나라에서 맨 밑바닥 계층의 사람들이었다는 것, 그들의 옷은 매우 가난한 사람들의 옷이었다는 것, 그리고 제물포는, 특히 3월에는 조선에서 아마도 가장 살벌하고 볼품없는 곳일 거라는 얘기를 해야만 조선 땅과 조선 사람에 대한 공정한 평가가 될 것이다. 제물포는 수도의 관문 구실을 하는 항구이기 때문에 여느 항구들이 대개 그렇듯이 이곳에도 여러 나라 사람들이 섞여서 사는 만큼 수많은 선원과 무역상인들, 특히 중국인과 일본인 장사치들의 초라한 집과 가게들이 늘어서 있었다.

이튿날, 가마꾼 넷이 메는 가마를 타고 제물포에서 서울까지 45킬로미터쯤 되는 여행을 떠났다. 수많은 여행자가 오가는 길이건만 길이 매우 나빴다. 그러나 지금은 두 시간 반쯤이면 닿을 수 있는 철도가 놓여 있다. 나는 기분 좋게 시골 마을을 보았다. 대체로 나무가 적었고 인구도 적은 것 같았다. 여기저기 짚으로 지붕을 인 지저분한 흙 오두막이 눈에 띄었다. 나는 일본의 서쪽에 있는 이 작은 나라, 북쪽 끝은 중국과 시베리아에 닿아 있고, 천만 헥타르쯤 되는 땅덩어리에 1천 4백만이 넘는 인구가 살며, 북쪽은 뉴욕 북부와, 남쪽 끝은 버지니아 남부와 견주어질 만큼 기후가 다양한 이 작은 나라에 호기심을 느꼈다.

오후 네 시 무렵에 우리는 서울 근처에 도착했다. 나는 성벽으로 둘러싸인 그 도시를 보자 가슴이 두근거렸다. 담쟁이덩굴이 늘어진 아름다인 그 성벽은—커다란 돌로 쌓은 것이었는데—위대했던 이 나라의 과거를 떠올리게 했다.

　내가 도착했을 때, 그리고 그 뒤에도 몇 해 동안 이 성문은 아주 재미있는 관습에 따라 닫혔다. 몇 세기 동안 조선에서는 횃불로 신호를 하는 방법을 써왔는데, 그것으로 평화나 전쟁의 소식이 전보처럼 빠른 속도로 서울로 전해졌고, 또 횃불을 반복해서 울리는 수효나 그 밖에 다른 방법으로 그것은 꽤 쓸 만한 암호가 되어왔다.[1] 성벽 안에 있는 남산 위에는 봉화대가 네 군데 있었는데, 그것들은 저마다 맡은 구역이 있어서 자기 구역 안의 소식들을 모았다. 날마다 해가 지자마자 이 네 봉화대의 밝은 불빛이 전하의 영토가 아무 탈이 없음을 알리면 그 전갈을 임금에게 보고하는 임무를 맡은 관리 넷은 대궐에 들어가 깊이 절을 한 뒤에 북쪽에도, 남쪽에도, 동쪽에도 그리고 서쪽에도 아무 탈이 없음을 전한다. 그러고 나면 궁중의 악대가 화사한 가락을 울리고 이 음악이 들리면 도시 한가운데에 일반인의 통행을 금하는 커다란 종을 치도록 봉화를 올린다. 이루 말할 수 없이 부드럽고 엄숙하고 은은하되 가슴을 파고드는 이 종소리가 울리면 무거운 성문들이 닫히고 빗장이 걸린다. 그리고 이튿날 첫새벽에 문지기가 똑같은 종소리 신호를 받을 때까지 이 문은 열리지 않는다.

　다행히 아직 닫히지 않은 이 성문을 들어서면서 우리는 지붕을 짚으로 이거나 기와로 한 나지막한 흙집들이 양쪽으로 늘어선 좁고 지저분

---

1) 조선 시대의 봉수 제도. 남산에는 전국에서 올라온 횃불을 받는 봉화대가 다섯 군데 있었던 만큼 여기에서 네 군데라고 한 것은 저자가 잘못 안 것이다.

한 거리를 보았다. 흔히 이 도시는 마치 거대한 버섯 단지처럼 보인다고 하는 말이 있는데, 그것은 조선에는 일층보다 높이 지은 집이 한 채도 없기 때문이다.

평민들은 가난하고 그들의 집은 아주 형편없이 초라한 미국 사람의 집과 비슷하다. 그러나 런던이나 뉴욕의 극빈자들과 견주어 볼 때 서울에는 헐벗거나 굶주린 채로 다니는 사람은 거의 없다. 집집마다 정돈이 썩 잘 되어 있고 집의 한 부분은 여자들이 차지한다. 그곳은 '안방' 또는 내실이라고 하며 길거리에서 들여다보거나 대문에 들어서면서 들여다보지 못하도록 반드시 발을 쳐 두었다. 어느 집에나 자그마한 뜰이 꼭 있는데 그곳도 여자들이 쓸 수 있도록 장막(담장이나 발이나 나무와 숲 같은 것으로)을 친 곳이다.

가난한 사람들의 집은 거의 방 한 칸과 부엌으로 쓰이는 헛간 같은 곳으로 이루어져 있다. 그런 집에는 대부분 창문은 아예 없고, 있다고 해도 겨우 손바닥만 한 것 하나뿐인데 창문이고 문이고 모두 유리 대신에 흰 종이를 발라 놓았다. 이 문들은 대가 아주 낮고 좁아서 키가 작은 여자라도 허리를 굽혀야 들어갈 수 있으며 방 안에 들어가서도 한복판 곧 천장이 가장 높은 곳에서 말고는 똑바로 설 수가 없다. 이런 작은 방들은 방바닥 밑의 돌과 진흙을 섞어 만든 관 덕분에 금세 뜨뜻해진다. 집 한쪽 바닥에서 잔솔가지로 불을 지피면 맞은쪽에는 굴뚝이 뚫려 있기 때문에 바람을 타고 연기와 열이 관으로 옮겨져서 방바닥이 아주 뜨거워지고 방 전체가 곧 훈훈해진다. 아궁이에는 쌀을 끓이는 솥을 걸 수 있게 되어 있다. 그러니까 경제적으로 아주 큰 이득을 얻는 셈이다. 곧, 아궁이 하나로 요리도 하고 난방도 하는 것이다. 그럴 만한 여유가 있는 집에는 반드시 남자들의 손님방인 '사랑방'이 있으며 그곳은 길거리나 남자 전용의 뜰로 열려 있다. 여기에는 남자라면 누구나 들어갈 수가 있다. 남자 손님들은 여기서 대접을 받고 밥을 먹고 잠도 잔다. 한 집안 식구거나 친척이 아닌 사람은 절대로 안방에 들어갈 수가 없다.

이런 집들은 모두가 끔찍하게 비위생적이고 거의가 다 벼룩이나 이 같은 해충이 득실거리는 것은 두말할 나위도 없다. 모든 하수는 길 양쪽에 있는 도저히 말로 할 수 없을 만큼 더러운 시궁창으로 흐른다. 그 몇 해 동안 이런 형편을 개선하려고 애썼고 길도 잘 닦았다. 그런데 여러 해 동안 버려두었던 하수 도랑의 오물이 여름에 내린 비에 쏠려 내려가 버렸으니 그 비가 이 도시를 살려준 셈이다.

참으로 놀랍게도, 성문을 들어서서 이 지저분한 길거리를 지나가 갑자기 잔디와 꽃과 숲과 나무들이 가득한 그림처럼 아름다운 선교사의 집을 보게 되었다. 신기한 일이었다. 나는 우리 선교사들이 차지하고 있는 그 전통 가옥들이 예전에는 부자였지만 지금은 몰락하거나 쫓겨난 양반들의 집임을 알았다. 선교사들은 낡았다는 구실을 붙여 기가 막히게 싼값으로 그 집들을 사들여 거의 돈을 안 들이고 수리하고는 내부를 약간 유럽식으로 꾸며 놓았다. 그 한 집을 나는 아주 기분 좋게 감상하면서 들어가 보았다. 천장에는 무게 있고 정취 있는 거무스름한 대들보 말고는 아무것도 없었고 벽은 아름답게 도배가 되어 있었으며 양탄자며 편안한 가구들 그리고 그림 몇 점과 장식품들이 꼭 제집 같은 기분을 느끼게 해주었다. 방들은 널찍했다. 그 방들은 옛 주인인 부자가 살던 곳이었는데 내가 앞에서 말한 그런 방들처럼 낮거나 어둡지 않았다.

그곳에 자리를 잡은 지 한 네 해쯤 되었던 우리의 선교 사업에 대해 조선 정부는 아주 호감을 갖고 있었다. 처음에는 알렌 박사가,[2] 나중에는 헤론 박사가[3] 임금의 주치의로서 정부에서 세운 병원의[4] 책임을 맡고 있었다. 엘러스 양[5]은 나중에 혼인을 했지만 왕비의 의료 보조원이었고 병원의 부인과를 책임지고 있었다. 혼인을 한 뒤에 그는 이 두 직책에서 물러남으로써 내가 그 일들을 이어받았다. 내가 만난 선교사들은 헤론 박사 부부, H.G. 언더우드 목사[6] 그리고 (그 전에 엘러스 양이던) 벙커 부인이었다. 알렌 박사 부부는 공무로 미국에 돌아가고 없었다.

모든 일은 순조롭게 시작되었고 병원에는 날마다 환자들이 밀어닥쳤다. 게다가 알렌 박사에게는 장차 약사와 의사가 될 학생들을 가르치는 의료 학교일 뿐 아니라 외국인과 조선인 환자가 엄청나게 많았다. 언더우드 씨는 고아원과 학교를 세웠고 헤론 박사가 오기 전까지 병원에서 알렌 박사를 돕고 있었다. 그리고 내가 갔을 때는 고아원을 돌보는

2) 호레이스 뉴튼 알렌. 미국 사람. 미국 장로교 선교부의 중국 선교 의사였다가 미국 공사관의 관의 자격으로 1884년 9월에 조선에 왔다. 고종의 시의였으며 주한 미국 공사 겸 총영사를 지냈고, 1901년에 특명 전권 공사로 임명되었다.

3) 존 W. 헤론. 미국 사람. 의사이자 선교사. 미국 장로교 선교부의 선교사로 1885년 6월에 조선에 왔다. 알렌 박사의 후임으로 고종의 시의가 되었다.

4) 광혜원. 1885년 4월 10일에 문을 연 이 나라 최초의 국립 서양 병원. 갑신정변 때에 중상을 입은 명성황후 민씨의 조카 민영익의 목숨을 알렌 박사가 구해주자 그 대가로 궁중에서 이 병원을 지어 그에게 운영을 맡겼다.

5) 아니 J. 엘러스. 미국 사람. 1886년 7월 광혜원에 부임해 명성황후의 시의로 지냈으며 1887년 여학당(정신여학교)를 시작했고, 1888년 언더우드 부인에게 광혜원 부인과를 인계했다. 40년간 선교사로 봉사한 후 1926년 은퇴하고 캘리포니아에 거주했다. 1937년에 다시 한국에 돌아와 이듬해 8월에 사망해 양화진 남편 묘에 합장되었다.

6) 호레이스 그랜트 언더우드. 저자의 남편. 1859년 7월 19일에 영국에서 태어났다. 여덟 살 때 미국으로 건너가 뉴욕 대학을 졸업하고 미국 화란계 개혁 신학교를 수료했다. 1885년 4월 5일에 미국 장로교 선교부의 선교 목사로 조선에 왔다. 연세대학교의 전신인 연희전문학교를 세운 그는 선교사, 저술가, 성서 번역자, 편집인, 교육자, 설교사로서 평생을 조선 땅에서 일하고 1916년 10월 12일에 애틀랜틱 시에서 세상을 떠났다.

일 말고도 정부가 운영하는 의료 학교에서 강의를 하고 있었다. 그 의료 학교는 장차 세워질 의과 대학의 주춧돌이 되어야 할 것으로 기대를 모으고 있었다. 언더우드 씨는 정기적으로 목회를 열고 있었고 거기에서 서른 명쯤이 세례를 받았다. 그는 기독교를 알리는 작은 책자들을 사람들에게 나눠주고 설교를 하느라고 내륙 지방 깊숙이 또 북쪽 국경까지 오랫동안 여행을 했다. 언어 소통을 위해 쓸모 있는 방법들을 준비하고 있었으며 '마르코 복음서'를 시험 삼아 번역했다. 엘러스 양은 내가 도착할 때까지 여자 의료 책임자였으며 왕비의 총애를 받고 있었다. 왕비는 그에게 높은 지위와 값비싼 선물을 주었다. 또 엘러스 양은 여학교에서 첫 학생들을 가르치기 시작했다.

　나는 모든 분야에서 많은 도움이 필요하다는 것을 알았다. 도착한 다음날로 통역 한 사람을 옆에 앉히고 일자리를 맡았다. 여기서는 일이 보통 세 시간쯤 늦추어지곤 했다. 헤론 박사 부부가 참으로 친절하게도 나에게 햇빛이 잘 드는 방 한 칸을 내주었으므로 나는 그들과 한 집에서 살게 되었다. 헤론 박사와 함께 진료를 보았는데 밀려드는 여자 환자들 때문에 정말 눈코 뜰 새가 없었다. 그 환자들은 의학적으로 세심한 주의가 필요한 사람들이었다. 때도 철도 개의치 않는 이런 환자들 때문에 내 어학 공부가 자꾸만 중단되곤 하는 것을 곧 깨달았다. 당연히 나는 환자의 집으로 왕진도 나갔는데, 환자 한 명은 중국 관리 원공(그즈음 중국 문제에 대해서는 이 사람을 빼놓곤 얘기가 안 될 만큼 매우 유명한 사람이었다)의[7]

7) 원세개. 청나라 장군. 1882년의 임오군란 때에 조선에 군대를 이끌고 들어와 군란을 진압하고 일본 세력을 견제하는 데 성공한 뒤로 통리 조선 통상 교섭사의로서 계속 서울에 머물다가 1894년 제 나라로 돌아갔다.

부인이었다. 이 부인에게는 날마다 왕진을 가야 했는데 그때마다 엄청난 격식을 차리느라고 나로서는 소중하기 이를 데 없는 시간을 적잖이 빼앗겨야 했다. 또 다른 사람들도 모두 무거운 업무에 매여 있는 것을 알고 나는 어린 고아들에게 날마다 두 시간씩 셈본과 영어를 가르쳐 달라는 제의를 승낙했다.

선생은 조선말을 모르고 학생들은 영어를 모르니까 학업의 진도는 말할 수 없이 느렸고 허둥거리는 경우가 많았다. 이 학교는 임금의 절대적인 호의를 입고 있었다. 주님의 자비로운 은총을 보여주는 기관으로는 병원 말고는 이 학교가 조선에서 처음으로 세워진 곳이었다. 우리는 그들이 죄악에 물들기 전에 이 학교에서 영혼을 구원받고 전도사와 목사가 될 준비를 갖추는 첫 발걸음을 내딛게 되기를 바랐다. 조선말을 배우는 것은 우리의 의무요 가장 큰 소망임은 말할 것도 없었다. 그러나 그 소망은 이런 다른 일 때문에 크게 훼방을 받았다. 수백만 명이 죽어가고 있는데 얼마 안 되는 사람들끼리 모여 일을 하던 그런 상황이었으니만큼, 우리는 그때 몇 시간만이라도 어학 공부를 해두는 것이 장차 몇 곱절 더 쓸모 있는 일이 되리라는 것을 깨닫지 못했다. 그래서 주로 공부를 하는 데 써야 할 시간과 열정을 병원과 약국 그리고 학교에 쏟아 넣었다.

요즈음에는 새로 온 선교사는 도착하자마자 바로 어학 교육을 받는다. 그들은 선교 위원회의 철저한 시험 세 단계를 통과하여 충분한 자격을 갖추었다고 인정을 받을 때까지 그 교육을 받아야 한다. 그러나 그때는 영중사전(교육을 받은 조선 사람들은 대부분 중국어를 조금은 알았다), 한불사전, 불문법 책 그리고 영어로 쓴 자그마한 조선어 입문서를 겸한 조선어 독본과 교과서로 쓰이는 '마르코 복음서'와 조선어 교리 문답 책으로 견디는 수밖에 없었다. 우리는 어떤 조선 양반 한 사람을 소개받았는데 이 분은 영어나 그 밖의 지구 위의 다른 말이 어떻게 짜이는지에 대해 기초 원리라든지 심지어는 품사가 무엇인지조차 모를 뿐 아니라 학생들을 잘 가르칠 수 있는 방법이 무엇인지, 또 도대체 어떻게 가르쳐야 하는 것인지에 대해서는 아무것도 모르고 있었다. 그런데도 이 분이 '선생님' 소리를 듣는다는 것은 참으로 기이한 일이었다. 우리는 바로 이 분에게서 언어 지식을 얻으려고 온갖 노력을 기울여야 했다. 가뜩이나 빈약한 데다가 오랫동안 쓰지 않아서 녹이 슬 대로 슨 내 불어 실력으로 나는 이 일 저 일에 매달려 허둥거렸다.

나는 몇 마디 말을 더듬거릴 수 있기도 전에 종교 교육을 시작하게 되었다. 주일 학교에서 어린 소년들에게 교리 문답을 가르치는 일을 맡았는데 그것을 아직 조선말로 옮길 수는 없었으나(소리는 알 수가 있어서) 아이들이 외는 걸 제대로 들을 수는 없었다. 그 뒤에 곧 여자들 몇 명에게 성경을 가르쳤다. 그 일은 전에 영어를 배운 적이 있는 어린 소년 하나와 한문으로 된 성경을 읽을 줄 아는 무당이었던 여자의 도움을 받아하게 되었다. 그 여자가 성경 한 토막을 읽고, 주기도문, 찬송가를 번역해서 읊조리면 우리는 모두 그 안에서 하나가 되었다. 그리고 나는 나이 어린 통역의 중개로 여자들에게 말을 했다. 참 쩔쩔맸고 더듬거렸으나 여자들은 잘 참아주었고 친절했다.

여기서 조선의 종교에 관해 좀 말해야겠다. 조선 사람에게는 유교, 불교, 도교가 모두 세력이 있었다. 그러나 그 모두가 옛날에 한때 크게 미치던 영향력을 잃었다. 거의 모든 사람이 어떤 종교에 대해서도 믿음을 가지지 않았다. 유교는 사람들에게 조상 숭배를 엄격히 지키도록 하는 율법적인 면에서는 가장 강력한 힘을 지니고 있었으나 그 밖에는 그저 윤리적인 철학 체계일 뿐이다. 조선 사람들의 마음속에 가장 강하게 그리고 널리 퍼져 있는 미신이 강요하는 관습이 무쇠 족쇄보다 더 단단히 그들을 얽어매고 있었다. 지극히 자잘한 절차에도 꼼꼼히 신경을 써서 조상을 섬기지 않으면 소홀한 대접을 받은 귀신들이 화가 나서 무시무시한 재앙을 내린다고 믿고 있었다. 이와 같이 강요된 제사는 힘겹고 지긋지긋한 것이지만 아주 사소한 것이라도 빠뜨려서는 안 되며, 다른 교리를 믿고 그 의식을 지키지 않는 이단자에게는 화가 미친다는 것이다. 이 신성한 의무를 지키지 않은 사람은 남자거나 여자거나 가정과 친구를 배신한 것보다 더 심한 대접을 받는다. 불교는 지위가 떨어져서 최근까지도 중은 도성 안에 들어올 수가 없었고, 그들의 계급은 이 나라에서 가장 천민인 백정 다음이었다.

불교의 절 몇 곳은 정부의 비용이나 기부금으로 운영되고 있고 여자와 아이들 그리고 그들보다 더 무식한 사람들이 아직도 얼마쯤 불교를 믿고 있었다. 이런 계층의 사람들은 또 온갖 사악한 귀신들, 곧 땅과 하늘과 바다에 들끓는 귀신들, 여러 가지 질병의 귀신들, 무슨 일에든 끼어드는 귀신들을 섬기고 두려워한다. 이 귀신들에게는 악마에게와 마찬가지로 주문을 외고 제물을 바치고 북을 두드리고 종을 울리고 그 밖에 낱낱이 다 말할 수 없을 만큼 수많은 의식들을 올려서 그 노여움을 풀어야 한다.

다른 모든 것보다 그들이 더 믿는 것은 하늘인데 이것은 눈에 보이는 하늘을 의인화한 것으로서 나는 그것이 구약 성서에 나오는 바알과[8] 같은 것임을 그즈음에 깨달았다. 어디에서든, 이런 낡은 미신 속에서도 의지가 약해지면 약해질수록 하늘에 대한 그들의 믿음은 더욱더 커진다. 오로지 옛날의 관습과 주위의 여론 때문에 의식적인 체면치레를 해야 하는 경우도 많다.

그즈음에 우리 앞에 놓인 일들은 참으로 절망적으로 보였다. 감리교 형제들을 포함한 몇십 명도 채 안 되는 작은 조직으로, 우리 가운데 많은 수가 아직도 겨우 더듬거리는 몇 마디 조선말로 1천 4백만이 넘는 인구가 있는 나라에서, 또 자기들의 오랜 종교 전통이 있는 나라에서 기독교를 전파해야 했고, 그것도 가난한 농부들이나 늙은 여자들에서부터 시작해야 했다. 그러나 종교의 거룩한 본질 속에 그리고 그것을 우리에게 보내주신 전능하신 하느님 안에 이미 성공의 요소들이, 승리의 확신이 담겨 있었다.

서울에 도착한 지 며칠 뒤에 왕비의 심부름꾼이 내게 와서 환영의 인사를 전하고 여행은 즐거웠는지를 물었다. 그러자 곧이어 헤론 부인이 그 나인들에게 점심을 함께하자고 청했다. 이 여자들은 다른 나라의 궁중에서도 그렇듯이 지위가 높은 여자들은 아니었다. 조선의 관습으로는 그런 여자들은 결코 궁중에서 남의 눈을 끌 수가 없다. 중산층이나 천민들 가운데서 어린 계집아이들을 궁중으로 데려다가 다른 사람들과 완전히 격리시켜 놓고 오로지 봉사만 시킬 뿐이다. 그들은 아무 지위도 없고 대체로 자기가 받드는 왕족과의 관계에 따라서 대접을 받는다. 그들은

---

8) 고대 셈족의 태양신.

공식 행사 때는 언제나 어마어마하게 큰 가발을[9] 쓰는데 그 모습은 참으로 괴상하다. 분과 향수를 잔뜩 바르고 눈썹을 짙게 그리고 금박이 찍혀 번쩍거리는 길게 끌리는 비단옷을 입는다. 그것은 참으로 서글픈 광경이니 그러한 장식들이 오히려 그 여자들의 괴로울 만큼 못생긴 얼굴을 더 강조할 뿐이기 때문이다.

조선 여자들은 대체로 아름답지 않은 편이다. 나는 그들을 누구 못지않게 사랑하고 내 형제처럼 여기는 사람이지만 이 사실은 털어놓아야겠다. 슬픔과 절망, 힘든 노동, 질병, 애정의 결핍, 무지 그리고 흔히 수줍음 때문에 그들의 눈빛은 흐릿해졌고 얼굴은 까칠까칠해졌으며 상처투성이가 되었다. 그래서 스물다섯이 넘은 여자에게서 아름다움 비슷한 걸 찾는 건 헛일이다. 다만 아직 무거운 걱정거리나 힘든 노동에 시달리지 않은 나이 어린 소녀들과 젊은 부인들(색시) 중에는 종종 예쁘고 깜찍한, 그리고 가끔 드물기는 하나 아름답기도 한 활짝 핀 우아한 모습의 여인도 있다. 그러나 이 불쌍한 나인들은 그런 계층이 아니다. 거칠고 못생긴 그들의 모습은 다만 동정심을 불러일으킬 뿐이었다. 나는 그들이 모두 담배를 피우고 있어 깜짝 놀랐다. 그들은 어린애와 같은 호기심으로 내가 입은 옷과 내 물건들을 자세히 살펴보았다. 그리고는 내가 몇 살인지, 아이가 있는지, 왜 혼인을 안 했는지, 그 밖에도 무례하기 이를 데 없고 대답하기 곤란한 질문들을 쉴 새 없이 퍼부어댔다. 그런데 알고 보니 그 질문들은 모두 친밀감과 호의에서 나온 것들이었다.

내가 조선 관리와 만난 것은 이것이 처음이었고 이 일이 있은 뒤에 얼

9) 어여머리. 궁중의 예식 때에 왕비를 비롯한 내명부와 외명부의 여자들이 하던 큰 다리를 얹어 꾸민 머리.

마 지나지 않아 또 다른 기회가 생겼으니, 그것은 조선의 외부대신 김윤식이[10] 나에게 점심을 대접하고 곡예를 구경시켜 준 일이었다. 초대받은 날짜는 그다음 일요일이었는데, 나는 우리들의 관습을 전혀 모르고 분에 넘치는 호의를 베풀어 준 그에게 그런 날의[11] 초대에는 응할 수 없다고 거절하면 그의 기분이 몹시 상할 것이고 또 그가 오해할지도 몰라서 매우 난처했다. 그러나 다른 길이 없었으므로 나는 그의 친절을 사양할 수밖에 없었고 그래서 적절한 구실을 붙여 매우 미안하게 되었다는 뜻을 전했다.

그런데 참으로 친절하게도 그는 날짜를 바꾸어 주었을 뿐 아니라 내 친구들을 마음대로 데리고 와도 좋다는 '백지 위임장'을 보내 왔다. 물론 나는 감리교 선교회의 여자들에게도 같이 가자고 부탁했다. 우리 병원과 관계있는 조선인 관리 몇 사람과 그 밖에 다른 사람들도 그 관리의 초대를 받았다. 작은 탁자를 여러 개 늘어놓는 우리의 관습과는 달리 기다란 탁자 하나만이 놓여 있었고, 그 위에는 맛있는 조선 요리가 높이 쌓여 있었다. 닭고기, 꿩고기, 그 밖에 다른 고기들이며 생선, 달걀, 땅콩, 과일 등이 근사한 방식으로 차려져 있었고, 과일과 과자를 중국식으로 절인 것[12], 쌀을 빻아서 기름에 잘 버무려 만든 것으로서 꼭 구타페르카(수액을 말린 고무질 물질) 같이 생긴 '떡'이라고 하는 맛있는 음식, '술'이라

---

10) 1835년에 태어나 1922년에 죽은 조선 말기의 문신이자 무신이다. 고종 21년에 전권 대사의 자격으로 러시아와 통상 조약을 맺었다. 갑오개혁 후에 김홍집 내각의 외부대신이 되어 개혁 정치에 힘쓰다가 친일파로 몰려 10년 동안 귀양살이를 하고 돌아와 한일 합방 조인에 가담한 대가로 일본 정부에서 자작 작위를 받았다. 그러나 삼일 독립운동에 동조하고 작위를 되돌려주어 백성들에게 신망을 얻었다. 이름 높은 석학으로 『운양집』, 『천진담초』, 『음청사』 같은 저서를 남겼다.

11) 기독교 신자들이 안식일로 지키는 일요일.

12) 약과와 정과를 가리키는 듯하다.

고 하는 토속 알코올 음료, 그리고 샴페인과 담배들이 있었는데, 우리는 뒤에 말한 세 가지 '음식'에는 손도 대지 않았음은 말할 나위도 없다. 엄청나게 많은 사람이 곡예를 보려고 거리에서 커다란 광장으로 밀려들었다. 그 곡예단은 특별한 일이 있을 때 고용되는 유랑 극단이었다.[13] 그들의 공연 내용은 주로 줄타기와 재주넘기였는데 결코 뛰어난 것은 아니었다. 그 공연은 거의 세 시간이나 이어졌다. 그동안 줄곧, (친애하는 형제들께는 죄송하지만) 스코틀랜드의 백파이프 소리와 같은 단조롭고 처량한 음악을 들었다. 그리고 조선말의 '앉아라'라는 동사를 배웠다. 우리 고향 근처의 백인 아이들도 그렇듯이 자꾸 일어나서 보려고 하는 말 안 듣는 아이에게 화가 나서 지르는 소리인 그 말을 아무튼 어조라든지, 시제라든지, 활용 어미 따위를 모조리 통달할 만큼 몇천 번은 들었다.

이 일이 있기 바로 전에 언더우드 씨와 아펜젤러 씨는[14] 북쪽 지방으로 긴 순회 설교를 떠났었는데, 그 여행은 언더우드 씨에겐 두 번째였다. 그들이 자리에 없는 동안 가톨릭교도에 대한 조선 임금과 내각의 분노가 극도에 이르러서 마침내 각 도시 안에서 외국 종료를 더는 전파하지 못하도록 하는 법령이[15] 반포되었다. 우리는 시골에는 갈 수가 없었다

....

13) 남사당패인 듯하다.

14) 헨리 게파르트 아펜젤러. 미국 사람. 1858년 2월 6일에 태어났다. 프랭클린과 마샬 대학을 졸업하고 드루 신학교에 입학했다. 그는 이 학교를 마치기 전에 감리교회 외국 선교회에 조선의 선교 사업에 몸 바칠 뜻을 밝혀 1885년 4월 5일에 조선에 왔다. 배재학교를 세우고 몸소 교장 자리에 있었으며, 성서 번역회 위원이었고, 서울 외인 연합 교회의 목사였다. 1902년 6월 12일 제물포에서 기선 구마가와마루를 타고 목포로 가다가 배가 뒤집혀 목숨을 잃었다. 선교사, 교육자, 편집인, 번역자, 탐험가로서 이 땅에 이바지한 공로가 크다.

15)1888년 봄 조선 정부가 서울 주재 미국 공사 휴 에이 딘스모어에게 보낸 공한에 나타난 요구. 곧, 미국인 가운데 여러 가지 방법으로 그리스도 교리를 전파하는 사람이 있는데 그것은 조선과 미국의 조약에 인정되어 있지 않은 것이므로 부당하니 이를 중지하게 하라는 것이었다.

(오늘날에도 특별 통행권이 없이는 마찬가지이다). 그 전에 이미 중국에서 그와 비슷한 곤경을 치르고도 거기서 아무 교훈도 얻어내지 못한 가톨릭은 널리 알려진 바와 같이 언제나 중심지의 높은 장소를 좋아하는 습성에 따라 그 도시에서 가장 높은 곳에 있는 땅을 장차 자기들의 성당을 지을 부지로 삼겠다고 했다. 그 땅은 궁궐이 내려다보이는 곳으로 옛 임금들의 위패를 모신 사당과[16] 아주 가까웠다. 조선인 중개업자의 중개로 이 땅은 임금도 모르는 사이에 가톨릭 소유가 되었다. 그 중개업자는 신부들과 프랑스 공사관 양쪽에다 다른 땅을 골라보라고 설득하는 등 온갖 애를 다 썼으나 그들은 끝까지 고집을 피우면서 양보하지 않았고 마침내 자기들의 교회를 짓기 시작했다. 그러자 곧 앞서 말한 법령이 뒤따랐고 미국 공사는 그 법령에 따라 할 수 없이 돌아온 우리에게 선교 사업을 철회하는 게 좋겠다는 충고를, 아니 명령을 했다. 이 땅에 복음을 전하려는 너무 성급한 시도가 이 기분 나쁜 법령이 있게 된 까닭의 한 부분은 되었다고 주장하는 사람들도 있었다. 그 법령은 적어도 얼마 동안은 우리의 일을 끝장낼 것처럼 보였다. 그러나 그렇지는 않다는 것이 밝혀졌다. 곧 언더우드 씨가 조선의 지체 높은 양반들과 각료들로 구성된 위원회에서 봉급을 넉넉하게 줄 테니 정부가 설립한 학교를 맡아 달라는 제의를 받았고 학생들에게 기독교를 가르쳐도 좋다는 허락을 간신히 얻어냈다.

틀림없이 불쾌감을 주고 의심만을 살 것이라고 한 외국인들의 주장과는 달리 조선 정부가 엄청난 자신감을 보여주었던 이 제의는 우리의

---

16) 종묘.

전도 사업에 대한 조선인들의 감정을 드러내 보이는 것이었다. 우리는 그 제의를 깊이 고려해 보았으나 마침내 다른 일이 지장이 있다는 이유로, 그리고 그 밖의 다른 중요한 이유들로 거절하고 말았다.

우리에게는 그 금령과 관련해서 어떻게 행동해야 할 것인지 결정하는 일이 남아 있었다. 우리 가운데 몇몇은—거의 다였는데—그것은 지상의 법률이므로 기독교의 율법을 지키는 사람일지라도 거기에 복종할 수밖에 없다는 것, 곧 학교에서 아침 기도를 올리는 것조차 중단해야 하고 조선 사람들과 예배를 보아서도 안 되며 하느님께서 임금의 마음을 바꾸어 그 법령을 폐지하게 할 때까지 기다리고 기도하는 것밖에는 아무 도리가 없다고 주장했다. 그렇게 하면 우리는 조선 정부의 호의를 얻어낼 수 있을 것이나 그 반대로 도전을 한다거나 복종을 하지 않거나 하면 마침내 선교 사업 전체가 이 나라에서 내쫓기고 말 것이라고 그들은 믿었다.

그러나 몇몇 사람들 곧 아펜젤러 씨와 지금은 주님 곁에 간 그의 부인과 언더우드 씨와 나는 그 법령이 우리들이나 우리의 일을 겨냥한 것은 결코 아니라는 것, 또 비록 그렇다 해도 우리는 조선 임금의 명령보다는 더 높은 곳의 명령을 받는 사람들이라는 것을 주장했다. 우리의 의무는 오직 사도에게 설교를 금지한 통치자에게 하느님께서 베드로의 입을 통해 「사도행전」 4장 19절에서 "우리가 하느님의 말씀보다 당신들의 말을 듣는 것이 하느님 보시기에 옳은 일이겠는지 한번 판단해 보시오"라고 말씀하신 권능에 의지하여 전도하고 그 결과를 달게 받는 것일 수밖에 없었다. 다른 이들은 전도 사업을 중단했다. 유감스러운 일이긴 하나 자기의 양심에 따라 그것이 최선의 방법이라고 믿는다면 어쩔 수 없는 일이었다. 그러나 우리 몇 사람은 작은 집에 모여 멀리에서도 들을 수 있는 소리로 찬송가를 부르며 공공연히 설교와 교육을 계속했다. 어떤 식으로든 우리의 행동을 감추려는 짓은 결코 하지 않았다. 예배에 참석하는 기독교인들과 다른 사람들은 모두 아무 탈 없이 오갔다. 그때부터 기독교는 크게 자랐고 이제는 어떤 한 지방의 정치적인 문제를 넘어선 문제로 인정을 받았다. 이제 어떤 식으로든지 우리의 일을 위장하거나 감추거나 하려고 생각하는 사람은 아무도 없다. 그러나 '그 법령은 오늘에도 여전히 폐지되지 않았다.' 이것이야말로 그대로 동양적인 전통에 맞는 일이다. 그 법령이 이미 사문화되고 쓸모없이 되었어도 절대로 쉽사리 폐기하는 법이 없다.

내가 조선에 도착한 뒤 처음 몇 달 동안에 일어났던 또 다른 재미있는 사건은 이른바 어린애 소동으로 그 흥분이 절정에 이르렀었다. 그보다 몇 해 전에 중국의 천진에서도 그와 비슷한 소동이 있었으며 그 결과로 예수회의 신부들과 수녀들 그리고 프랑스 관리 몇 사람을 포함한 수많은 외국인이 학살당했다.

몹시 악의를 품은 몇몇 사람들이, 외국인들이 어린아이의 염통과 눈알을 도려내어 약에 쓰려고 원주민 어린아이를 훔쳐 오는 흉악한 조선인들에게 돈을 준다는 소문을 퍼뜨렸다. 그 소문은 불길처럼 번져 나갔다. 주로 일본인들이 그런 나쁜 짓을 한다는 것이었는데, 아마도 그런 소문은 중국인들이 지어낸 것이거나 서울에 많이 살고 있는 일본인들에게 특별히 적의를 품은 다른 누군가가 지어낸 것인 듯했다. 언더우드 씨는 자기 자신과 동료들을 구하려고 일본 공사에게 그 소문을 알렸다. 그리고 그가 재빠른 행동을 한 덕분에 조선 정부에서는 이미 인정된 일들은 그대로 허가한다는 것, 따라서 '치사한 외국인들'―이를테면 미국인과 유럽인들―의 일은 그냥 내버려 둘 것이며 그 문제에 외국인들은 결백하다는 성명을 발표하게 되었다. 그러나 흥분과 분노는 가라앉지 않고 커졌다. 얼굴을 잔뜩 찌푸리고 중얼중얼 욕을 하면서 협박을 해대는 성난 폭도들이 떼를 지어 몰려다녔다. 아이를 데리고 다니는 조선 사람들은 행여나 남의 아이를 유괴해 가는 게 아닌가 하는 의심을 받아 얻어맞기도 하고 심하면 죽임을 당하기도 했다. 그런 사람을 보호하려고 했던 조선의 한 고급 관리는 자기 주위에 시종과 하인이 잔뜩 있었는데도 가마에서 끌려 내려왔다가 가까스로 도망쳐서 살았다. 외국인들이 길거리에 나서는 것은 위험한 일로 생각되었다. 외국 공사관을 지키려고 미국 해병대가 제물포에서 올라왔고 몇몇 미국인들은 당장 필요한 옷가지들과 귀중품을 꾸려 항구로 도망칠 준비를 하기도 했다. 끔찍한 이야기들이 떠돌았다. 이를테면 독일 공사관과 영국 공사관 그리고 미국 공사관에서 어린아이들을 잡아먹는다는 것이었다. 이 피에 굶주른 작업의 총본부는 물론 병원인데 그것은 병원이 약을 만들고 병을 치료하는 곳이기 때문이라고 했다.

어느 날 병원에서 돌아오자 험악하게 생긴 남자들이 내 가마를 둘러싸더니 가마꾼들에게 한 번만 더 나를 병원에 태워다 주면 모조리 죽여버리겠다고 했다. 참으로 무시무시한 소리였으므로 그 다음날에 가마꾼들은 나를 절대로 태워줄 수 없다고 했다. 그래서 나는 말을 타고 도시 한복판을 지나 병원으로 갔다. 학교를 책임 맡고 있던 언더우드 씨가 나를 호위해 주었다. 우리는 정말로 아무 탈 없이 갔다 왔다. 그리고 나는 위험한 순간에는 대담하게 머리를 쳐들고 하나도 겁이 나지 않는다는 무관심한 표정을 짓는 것이 아시아인들을 감동시킨다는 것, 그리고 그것이 외국인을 크게 보호해 준다는 것을 그때부터 줄곧 경험으로 깨닫게 되었다.

그러나 얼마 동안 유럽 외교관들은, 실제로 우리가 엄청난 위협을 받고 있으며 언제라도 우리의 이 작은 단체가 산산조각 날 수 있다는 사실을 경고해 주었다. 외부에서 낸 성명서는 어디에나 붙어 있었으며 이 글은 첫 마디부터 잘못 읽을 가능성이 있게 되어 있었으니, 몇몇 '치사한 외국인'이 그런 끔찍한 짓을 저지를 수도 있다는 것, 그리고 그런 외국인은 잡히기만 하면 엄중한 처벌을 받게 될 것이라는 뜻을 내비치고 있었다. 그러나 마침내 이 '치사한 외국인'들의 압력에 따라 새로운 공고가 나붙었는데, 그것은 어떤 외국인도 그런 일을 한 적이 없을 뿐 아니라 그런 중상모략을 떠들고 다니는 자는 누구라도 체포할 것이며, 붙잡힌 뒤에 자기가 한 말을 입증하지 못하면 사형을 받을 것임을 분명히 알리는 것이었다. 포졸들이 시내 곳곳에 흩어져 서너 명이 끼리끼리 모이는 걸 막았다. 잡혀간 사람도 더러 있었고 소동은 막을 내렸다.

그러나 이런 안정이 있기 전에 우리는 불안하다고는 말할 수 없지만 얼마간을 좀 어수선하게 지내야 했다. 흥분이 고조되었던 어느 날 저녁 미국 공사관에서, 폭도들이 우리가 사는 집에 쳐들어가려 한다는 제보가 있으니 공사관에서 총을 쏘아 신호를 하면 신변의 안전을 위해 공사관으로 급히 피하라는 전갈을 보냈다.

별이 반짝이는 조용한 7월의 어느 날 밤이었다. 우리는 숙소 앞에 있는 자그마한 현관에 앉아 시원한 저녁 공기를 마시고 있었다. 그때 갑자기 지평선 저쪽에서 집들이 불길에 휩싸이는 끔찍한 장면이 펼쳐지더니 폭도들의 무시무시한 고함 소리가 들려 왔다. 두근거리는 가슴을 안고 우리는 그곳을 바라보며 귀를 기울였다. 조선인 폭도들은 언제나 집에 불부터 지른다고 누군가 말했다. 그게 무슨 말일까를 생각하면서 불을 지켜보고 있는 동안 미국 공사관에서 쏘는 날카로운 총소리가 밤하늘을 찢었다.

이로써 분명히 일이 벌어졌다는 것을 알았다. 언더우드 씨와 헐버트 씨는[17] 이를 확인하려고 곧장 미국 공사관으로 갔다. 그러나 곧이어 총을 쏜 것은 돌발적인 사고였다는 반가운 소식을 갖고 돌아왔다. 집이 불 탄 것도 그저 우연한 사고일 뿐이며 함성도 불을 둘러싸고 군중들이 질러대는 흔히 있는 일에 지나지 않았다는 것도 밝혀졌다. 아무튼 기적과도 같은 일이었다. 이방인들의 광란은 가라앉았고 하느님은 우리 곁에 있었다. 피할 수 없을 것만 같았던 위험은 지나가 버리고 모든 것이 다시 평온해졌다.

이 일이 있은 뒤 얼마 지나지 않아 나는 왕비를 간호해 달라는 대궐의 요청을 받는데, 행여나 내가 생각지 않은 실수를 해서 모처럼 잘 되어 나가던 우리의 선교 사업이 지장을 받거나 중단되지 않을까 적이 염려가 되었다. 우리의 사업 터전이라는 것이 뭔지 아직은 불안한 데다가 수많은 사람이 우리 일에 전혀 무지한 상태였기 때문에 내 실수가 자칫하면 이제야 겨우 억지로 열린 문을 닫게 하지 않을지 두려웠다. 나는 대

17) 호머 베젤일 헐버트. 미국의 언어학자이자 역사학자이다. 1863년 6월에 조선 정부에서 세운 최초의 현대식 교육 기관인 육영 공원의 외국인 교사로 초빙되어 이 나라에 왔다. 그는 우리말을 연구하는 데뿐 아니라 한국의 역사를 연구하는 데 마음을 쏟아 『한국사』, 『대동기년』, 『한국 견문기』를 저술하였을 뿐 아니라 한글로 쓴 첫 지리책인 『사민필지』를 지었으며 「독립신문」의 발간을 도왔다. 미국은 말할 것도 없고 유럽의 한국 역사 연구도 그에게서 시작되었다고 할 수 있을 만큼 그 업적이 크다 하겠다. 1949년에 서울에서 사망해 서울 양화진 외국인 묘지에 묻혔다.

궐에 갈 때는 언제나 예복을 입어야 한다는 말을 들었다. 그러나 이런 일에 입으려고 미리 준비했던 옷을 담은 상자를 찾아보니 태평양을 건너오는 동안에 상자며 옷이며 모두 엉망진창이 되어 버려서 도저히 입을 수가 없었다. 맙소사! 걸맞지 않은 옷을 차려 입고 왕족을 배알한다는 것은 곧 불경스러움을 나타내는 것이니 얼마나 불길한 일인지 모른다. 그러나 가마에 얹혀서 터덜거리며 대궐을 향해 바람 부는 거리와 골목길을 지나갈 때 이보다 더 큰 근심이 내 마음을 무겁게 내리눌렀다. 나는 왕비에게 종교적인 문제는 단 한 마디도 해서는 안 된다는 엄격한 주의를 받았다. "우리가 여기에 와 있는 것을 다만 묵인할 뿐입니다." 하고 내게 그 주의를 준 사람은 말했다. "우리의 가르침을 백성들이 그냥 묵인하고 있다고 해서, 더구나 정부가 개방적이고 대담해지기도 전에 그렇게 되었다고 해서 만일에 대궐에서 우리의 종교를 퍼뜨린다면, 우리의 가장 친한 벗들조차 우리가 왕족에게 접근하는 것을 단호히 막아야겠다고 생각하거나 우리를 이 나라에서 몰아내야겠다고 생각할 겁니다." 그리고 그는 계속해서 말했다. "우리의 터전이 좀 더 튼튼해질 때까지 기다리십시오. 조급하게 모험하지 마십시오."

나는 속으로 다른 생각을 많이 하고 있었으나 이 말이 옳다는 것을 알고 있었다. 이렇듯이 나는 그 한 가지 문제는 결코 입을 열어서는 안 된다는 명령을 받고 대궐로 갔다.

2. 왕비께서 보내주신 혼인 선물
조랑말에 실려 온 백만 냥

성안에는 단층집들이 몇 채씩 모여 어루어진 대궐이 세 채가 있었으나 지금은 네 채가 있는데,[1] 그 집들은 저마다 높이가 3~4미터쯤 되는 엄청나게 두터운 돌담으로 둘러싸인 커다란 마당이나 뜰 안에 있다. 이 울 안에는 군인들의 막사와 하급 관리와 하인들의 숙소도 있다. 또 여자들의 거처에서 따로 떨어진 곳에 집 몇 채가 특별히 세워져 있었는데 여기서 늙고 좀 쇠약한 대비를[2] 뵐 수 있었다. 그 대비는 내가 온 지 한 해쯤 뒤에 사망했다. 바야흐로 내가 찾아가려고 하는 대궐에는 큰 문이 셋 있으며[3] 그 문들은 모두 그 도시에서 가장 큰 길과 마주하고 있다. 다른 두 문보다 더 큰 가운데 문은 오로지 왕족들만이 사용하는 것이며 외국의 공사라 하더라도 양옆에 있는 작은 문들의 하나로만 드나들 수 있다.

----

1) 조선 말기에 대궐로는 창덕궁, 창경궁, 덕수궁, 경희궁의 네 채가 있었으나 대원군이 경복궁을 중건함으로써 다섯 채가 되었다. 따라서 저자가 원래 세 채가 있다가 네 채가 되었다고 한 것은 잘못 안 것이다.

2) 조 대비. 익종의 비이며 순조의 며느리이자 헌종의 어머니이다. 1890년에 사망했다. 고종에게 왕위를 잇게 하고, 흥선 대원군에게 섭정하도록 했다.

3) 그때 임금 내외가 거처하던 경복궁에는 정문인 광화문, 북문인 신무문, 동문인 건춘문, 서문인 영추문의 네 대문이 있었다. 그러나 저자가 말한 문 셋은 광화문의 홍예문 셋을 일컫는다. 이 중에 가장 큰 가운데 문으로는 임금과 왕비가, 동쪽 문으로는 문반이, 서쪽 문으로는 무반이 드나들게 되어 있었다.

그 전에 한번 미국 공사에게 이 가운데 문을 열어 주도록 특별히 왕명을 내린 적이 있었는데 그것이야말로 이 나라가 언제나 우리 사절들에게 우정과 호의가 있음을 보여 주는 보기이다. 이 문들 앞에는 널찍한 돌층계와 돌로 만든 잘 생긴 난간이 있었다. 이 난간에는 문루 위에서처럼 여러 가지 신화적인 동물들을 거칠게 조각한 석상들이 놓여 있었다.[4] 그리고 이 층계 앞에 수십 발걸음쯤 떨어진 곳의 양옆에는 돌로 된 커다란 개의 모습이 있었다. 사자라기보다 차라리 개와 비슷하기 때문에 그렇게 말고는 달리 설명하기가 어렵다. 그 개에 얽힌 옛날이야기는 다음과 같다. 불의 신이 이 궁궐에 특별한 원한을 품고 있었다고 한다. 그래서 이 궁궐에 자주 불을 냈다. 이 신을 달래기도 하고 위협하기도 하며 갖가지 노력을 다했으나 별로 효과가 없었다. 마침내 중국에서 아주 값비싼 용을 한 마리 들여다가 궁궐 마당의 못에 살게 했다는 것이다. 그 용이 살고 있는 동안에는 아무 탈이 없었다. 그러나 어떤 운수 나쁜 날 적이 이 믿음직스러운 파수꾼에게 독을 먹였고, 바로 그날 밤에 대궐에 다시 불이 났다. 그래서 마침내 어떤 꾀 많은 사람이 이 짐승을 고안해 냈다. 이 짐승의 돌덩어리 밥통에는 어떤 독도 해를 끼칠 수 없었고 그 튼튼한 허파에는 어떤 두려움이나 달콤한 꼬임도 통할 수 없었다. 그래서 그들은 그 높직한 자리에 앉아 날카롭고 단호한 눈초리로 불의 신이 다가오는 곳을 마주 보면서 그 믿음직한 눈을 똑바로 뜨고 잠도 자지 않고 언제나 파수를 보았다. 사람들은 그들이 그렇게 지키고 앉아 있는 동안에는 불의 신이 절대로 대궐을 태워버릴 수 없다고 믿었다.

....
4) 여기에 묘사된 것은 저자가 본 옛 광화문의 모습이다.

나는 이 세 대문들 중에 그 어느 곳으로도 들어갈 수 없다는 지시를 받았다. 게다가 가마꾼들은 대궐 담 안에 들어올 수 없다는 엄한 규칙이 그때에도 여전히 있었으나 내 가마는 왕족의 숙소에서 아주 가까운 곳에 있는 자그마한 문 앞에까지 갔다. 그래서 우리는 그렇게 많이 걷지 않아도 되었다. 벙커 부인과 헤론 박사가 나와 함께 갔는데 우리는 매우 정중한 조선 관리의 영접을 받고 그의 안내로 한 자그마한 대기실로 들어갔다. 그 방에는 유럽식 걸상들과 탁자 하나가 놓여 있었다. 탁자 위에는 과자와 담배와 샴페인이 차려져 있었는데 그것들은 모두 우리를 위해 내놓은 것이었다. 그러나 나중에 우리들과 좀 더 사귀고 나서는 담배와 술 대신에 차를 내놓았다. 대궐 마당을 걸으면서 내가 느꼈던 열렬한 흥미를 다 적으려면 시간이 너무 많이 걸리겠다. 아주 아름답고 재미있게 생긴 정자[5]—아마도 세상에서 가장 독특하고 뛰어난 건물일 듯하다—가 연꽃이 가득 핀 연못 한복판에 서 있었다. 그 정자의 이층과 지붕은 돌기둥 마흔여덟 개로 받쳐져 있었는데 바깥 줄의 기둥들은 단면이 4평방미터쯤 되는 네모꼴이었고 안쪽 것들은 지름이 거의 같은 둥근 것이었으며 높이는 5미터쯤 되었다. 위층은 나무로 지었는데 정교하게 조각이 되어 있었고 아주 눈부신 장식이 붙어 있었다. 대궐 안의 집들은 지붕이 거의가 반짝거리는 아름다운 기와로 이어져 있었다. 그것은 왕족의 거처에서만 볼 수 있는 독특한 것이었다.

　또 흥미 있는 건물들이 많이 있었으나 그중에서도 알현실이 가장 근사했던 것 같다. 우리는 엄청나게 많은 관리들, 내시들, 주사들, 양반들

---

5) 경복궁의 경회루.

그리고 군인들을 보았는데 그들은 부류와 계급에 따라서 저마다 다른 옷을 입고 있었다.

일반 군인들의 옷은 유럽의 군복을 조선식으로 본떠 만든 것이었다. 그 결과는 위엄도 없고 쓸모도 없는 이것도 저것도 아닌 허섭스레기 꼴이 되었다. 헐렁한 윗저고리에다 얇고 검은 면으로 만든 잘 맞지도 않는 자루 같은 바지를 입고 있었는데 거기에는 주홍빛 장식이 달려 있었다. 윗저고리는 띠를 매게 되어 있었고 상투 위에다 중절모를[6] 쓰고 있었다. 그리고 턱 밑으로 가느다란 띠를 불안할 정도로 조여 맸다. 이 흉한 제복은 이제는 바뀌어서 유럽의 어느 나라 군인들 못지않게 훌륭한 것이 되었다.

조선의 관리들은 궁궐에 나아갈 때는 새까만 두루마기를[7] 입고 엄청나게 큰 띠를[8] 두르는데, 그것은 마치 커다란 굴렁쇠를 하나씩 찬 꼴이다. 수가 놓인 가슴받이가[9] 가슴 위에 달려 있는데 학이 수놓인 것은 문관을 나타내고, 호랑이가 수놓인 것은 무관을 나타낸다. 머리에 쓰는 것은 말총으로 만든 일종의 모자로 앞으로 구부러진 날개가[10] 양옆에 달려 있다. 그것은 임금의 말씀을 한 마디도 놓치지 않으려고 그렇게 만들었다고 한다. 양반들과 관리들은 귀 바로 뒤에 금이나 옥으로 된 갖

---

6) 군인이 쓰던 전립 곧 벙거지를 이르는 듯하다.

7) 단령. 조선 왕조 벼슬아치들의 관복이다.

8) 단령에 두르는 혁대. 품계에 따라 그 장식이 달랐다.

9) 흉배. 임금과 세자와 문무백관의 관복의 가슴과 등에 붙이던 새나 동물의 무늬가 수놓인 장식이다. 문관은 새를, 무관은 동물을 붙였다. 고종 때는 문관 당상관은 학 한 쌍을, 당하관은 학 한 마리를 붙였고, 무관 당상관은 호랑이 한 쌍을, 당하관은 호랑이 한 마리를 붙였다.

10) 사모뿔. 관복을 입을 때에 쓰던 모자인 사모의 양편으로 나온 뿔.

가지 모양의 단추를[11] 꿴 머리끈을 매는데 그것은 그 사람의 계급을 나타낸다.

임금의 식구들이 우리를 만날 채비가 다 되었을 때 벙커 부인과 나는 안내를 받아 가까운 곳에 있는 마당을 거쳐 대문을 몇이나 지나서 마침내 한 작은 방 앞에 서게 되었다. 그 방에는 관리들과 내시들 그리고 나인들이 반쯤 들어차 있었고, 그 방 위쪽에 있는 아주 조그마한 방에 임금과 왕비, 그리고 열여섯 살쯤 되어 보이는 그들의 아들이 있었다. 빙그레 웃으면서 우리를 기다리고 있는 그 세 사람을 향해 우리는 허리를 잔뜩 구부리고 연거푸 절을 하면서 앞으로 나아갔다.

식민지 독재의 쇠사슬을 풀어 던진 조상을 둔 미국인인 나는 지금껏 그렇게 깊은 절을 해본 적이 없었다. 또 나는 실제로 살아 있는 임금과 왕비를 처음으로 마주칠 때 기분이 어떨지 생각해 본 적도 없었다. 임금의 식구들은 지극히 정중한 태도로 일어나서 우리를 맞았고, 우리더러 자리에 앉으라고 권했다. 적어도 그때는 조선의 양반들이 바닥에 납작 엎드리지 않고 임금 앞에 나선다는 것은 있을 수 없는 일이었고 그런 식으로 앉는다는 것은 꿈도 꿀 수 없는 일이었다. 그렇게 행동했다가는 기독교에 대한 질투심을 불러일으키고 적개심을 생기게 할지도 모르므로 절대로 그래서는 안 된다고 단단히 주의를 받았기 때문에 우리는 임금이 권한 걸상을 사양했다. 그러나 정중한 사양을 더 할 수 없을 만큼 자꾸 강요해서 마침내 가로가 1.2미터, 세로가 2.5미터쯤 되는 작은 방에서 조선의 임금과 왕비와 함께 서로 마음대로 떠들 수 있을 만큼 얼굴을

11) 관자. 망건에 달아 당줄을 꿰어 거는 작은 고리. 옥, 금, 호박, 마노, 뼈 따위로 만들었으며, 품계에 따라 그 재료가 달랐다.

맞대고 앉게 되었다. 그때도 그랬고, 그 뒤에도 만날 때마다 아주 잘 생기고 온화한 신사인 임금에게서 나는 깊은 감명을 받았다. 그는 새빨간 (그것이 왕족을 나타내는 빛깔이었다) 비단 두루마기를 입고 있었고 머리에는 양옆의 날개가 뒤쪽으로 구부러진 것 말고는 관리들이 쓰는 것과 같은 모자를 쓰고 있었다.

내가 왕비에게 깊은 흥미를 느꼈음은 말할 나위도 없다. 좀 창백하고 아주 바싹 마른 얼굴에 이목구비가 어쩐지 날카로운 느낌을 주며 사람을 꿰뚫어보는 것 같은 총명한 눈을 지닌 그는 첫눈에 아름답다는 인상은 주지 않았다. 그러나 그 얼굴에서 힘과 지성 그리고 강한 개성을 읽지 못할 사람은 없을 것이다. 그리고 얘기를 나누면서 보니까 그 생기발랄함과 소박함, 재치 같은 것들이 그의 용모를 환히 비추었고, 단순한 겉모습의 아름다움보다 훨씬 더 큰 매력을 느끼게 해주었다. 그가 아주 아름답게 보이는 순간에 나는 비로소 그가 진정한 조선의 왕비임을 깨닫게 되었다.

나는 그가, 정신 수준이 매우 높은 사람임을 곧 알아차렸다. 그리고 다른 모든 아시아인들과 마찬가지로 그의 지식은 대개 중국의 고전에서 얻은 것들이지만, 그는 세계의 여러 강대국들과 그 정부에 대해 썩 잘 알고 있었다. 그는 질문을 많이 했고 자기가 들은 것은 모두 기억했다. 그는 숨어 있는 유능한 외교관이었고 자기에게 몹시 반대하는 사람들의 허술한 데를 찌르기 일쑤였다. 그리고 그는 진보적인 정책을 널리 펴는 실력자였고 애국자였으며 자기 나라에 이익이 되는 것을 위해 몸을 바치고 있었고 백성의 복지를 찾고 있었다. 이것은 모두 우리가 동양의 왕비에게서 기대할 수 있는 수준을 훨씬 넘어서는 것이었다. 더구나 그는 마음씨가 무척 따뜻했으며 어린아이들에게 자애롭게 대했고 자기 주위의 사람들에게 자잘하게 마음을 써주었다. 적어도 우리 선교사들에게는 마치 유럽의 귀족 부인들에게나 베풀 영광을 베풀어 주었다. 왕비는 외국의 궁전은 한 번도 본 일이 없는 조선 사람이었으나 완벽한 귀부인이었다. 조선에서도 귀한 집안에서 태어나 자란 사람과 일반 백성들과의 사이에는, 마치 유럽에서 귀족과 날품팔이 노동자들 사이가 그렇듯이 엄청난 차이가 있음을 보고 무척 놀랐다. 임금은 무엇보다도 내게 아주 친절하게 관심을 보이면서 조선으로 오는 여행은 어땠는지, 지금 생활은 편안한지, 미국에 있는 내 친구들과 가족들은 어떠한지를 자상하게 물었다. 우리의 대화는 통역을 통해 이루어졌는데 통역사는 커다란 휘장 뒤에 서 있었다. 그는 존경의 표시로 몸을 거의 반으로 접은 채로 서서 절대로 눈을 들지 않았다.

　나중에 나는 조선의 의사들이―언제나 남자이다―왕비를 진찰할 때는 왕비의 손목에 실 한쪽 끝을 묶고 다른 방에서 그 실의 또 다른 한 끝으로 전해지는 맥박을 손끝에 느낀다(?)는 것을 알았다. 또 왕족이 혀를 진찰받을 때는 휘장을 치고 그 한 곳을 조금 찢어서 그 사이로 혀를 내민다는 말을 들었다. 왕비의 병은 그저 조금 째기만 하면 되는 별로 대수로울 것이 없는 작은 부스럼에 지나지 않았다. 그러나 외과 수술 도구를 가지고 그 존귀하신 분에게 가까이 다가가야 한다는 뜻을 넌지시 비치기만 했는데도 주위에 있는 사람들은 모두 그것이 위험천만하고 불경스러운 짓이라고 생각했고 임금과 환자 자신도 그 일을 단호히 거절했다. 그러니 좀 더 차근차근하게 필요한 수단을 취하는 수밖에 없었다.

　왕비의 측근들이 그의 안전에 대해 지나치게 조심하고 두려워하는 것은 그다지 이상한 일이 아니었다. 왕비는 시아버지의[12] 손아귀에서 오랫동안 가혹한 박해를 받았는데, 그의 야망에 가득 찬 음흉한 계획과 정권욕은 왕비의 저지로 꺾이고 말았다.

그러자 왕비의 꾀 많은 적들이 부자들과 세도가들과 결탁해서 이 불행한 왕비를 파멸시키려 했다. 중상모략, 암살, 폭동, 방화, 적국과의 공모 등, 그들은 쓸 수 있는 수단을 모두 썼으나 왕비는 그 수많은 고비를 아슬아슬하게 넘기고 겨우 살아났다. 한번은 변장을 하고 신하의 등에 업혀 서울의 이쪽 끝에서 저쪽 끝까지 달아난 적도 있었고, 또 평민들이 타는 가마를 타고 숨어 있을 만한 안전한 장소를 찾을 때까지 그 안에서 버틴 적도 있었다.[13] 얼마 전에는 교묘하게 장치된 폭탄이 터져 그의 친정 식구들이 크게 다쳤다.[14] 폭탄은 산속에 숨어 사는 어떤 사람이 보낸 값비싼 선물 속에 들어 있었으며, 식구 모두가 모인 앞에서만 열어 달라는 것이었다. 다행스럽게도 어떤 일 때문에 왕비는 친정에 가는 일을 미루었다. 그러나 그 선물은 당장에 그의 친정 식구들을 죽이고 끔찍한 상처를 입혔다. 이 원한의 배경을 이해하려면 왕실의 역사를 좀 더 자세히 알 필요가 있겠다.

....

12) 흥선 대원군.

13) 임오군란. 1882년 구식 군대의 봉기로 일어난 병란이다. 대원군이 실각한 뒤에 한일수호조약이 체결되자 대원군의 쇄국 정책은 무너졌고 고종과 명성황후 민씨의 세력이 개화를 밀고 나감으로써 개화파와 수구파의 대립이 생겼다. 이 난은 대원군을 미는 수구파가 일으켰다. 이 난으로 위기에 몰린 왕비는 변복을 하고 충주 장호원에 있는 충주 목사 민응식의 집으로 피신했고, 병권과 재정권을 손아귀에 쥔 대원군은 왕비가 죽은 것으로 단정하고 국상을 선포하기도 했다. 이 난으로 조선과 청나라와 일본은 미묘한 관계에 빠졌으며 개화파와 수구파 갈등이 본격으로 시작되었다.

14) 1874년에 한 고을 수령이 왕비의 오빠인 민승호의 집에 폭약을 선물처럼 꾸려 보내어 터지게 함으로써 민승호 모자가 죽고 그 밖에 여러 사람이 다친 사건. 저자는 산속에 사는 이가 보낸 것이라고 잘못 전해 들은 듯하다.

지금의 임금은 자식이 없었던 이전 임금의 양자였다. 이전 임금의 아내는 지금 임금의 아버지에게 아들이 성인이 될 때까지 섭정을 해주도록 지명했다.[15] 이 노인은 정권에 대한 욕심이 아주 많은 빈틈이 없고 교활한 사람이었다. 그는 절대로 남에게 정권을 넘겨줄 사람이 아니었다. 그래서 그는 가까운 친구의 집안에서 자기가 쉽게 조종할 수 있을 만한 여자를 골라 며느리로 삼았다. 그러나 그는 며느리의 성품과 재질을 잘못 보았던 것이다. 세월이 흘러 임금이 정치를 맡을 만큼 자란 지 오래되었건만 대원군은 정권을 넘겨주려 하지 않았다. 그러나 모든 조선 사람이 그렇게 배워온 것처럼 임금도 자기 아버지에게 양순하게 복종하는 사람이었기 때문에 아버지를 강제로 내몰려고 하지 않았다. 그러나 어느 날 아침에 그 노인은 왕비의 쿠데타로 자신이 이미 면직되었으며 왕비의 친구들과 사촌 형제들로 새로운 내각이 짜인 것을 알게 되었다.[16] 그는 분노를 억누르지 못하고 그때부터 며느리를 파멸시킬 준비를 했다. 그가 그 악랄한 계획을 어떻게 이루었는지는 나중에 이야기하겠다. 아무튼 지금까지는 왕비 또한 빈틈없는 행동과 행운으로 그 그물을 피해 왔다.

　　그 이야기는 이만 해두고 대궐을 방문했던 이야기로 돌아가자. 중전마마의 병을 진찰하고 처방전을 쓴 뒤에 우리는 마치 궁중에서 태어나 궁녀로 자란 사람들처럼 깊이 절을 하면서 물러 나왔다. 나는 대궐에 들어가서는 반드시 최고의 존칭 어미인 "십나이다", "십나이까", "십시오"

15) 저자는 먼저 임금의 아내라고 하였으나 실제로는 순조의 세자로 왕위에 오르지 못하고 죽은 뒤에 임금으로 추존된 익종의 비조 대비의 부탁에 따라 대원군이 섭정했다.
16) 1873년 11월 3일에 왕비의 명을 받들어 동부승지 최익현이 대원군의 실정을 강경히 탄핵하자 고종이 이를 받아들여 그의 정치 간여를 금하고 친정을 선포했다.

라는 긴 꼬리를 모든 동사의 끝에 달아야 한다는 걸 배웠다. 조선말의 동사에는 이러한 어미들이 아주 많은데, 외국인으로서는 혼동할 수밖에 없었고 실수할 수밖에 없었다. 계층이 나누어지는 조선 사람에게 말을 할 때는 모험을 각오하고 그 가운데서 하나를 골라야 한다. 그러나 다행스럽게도 궁중에서 쓰는 말의 어미에는 의심할 나위 없이 모든 동사의 끝에 "십나이다"든지 "십나이까"만 달면 절대로 안전하다. 앵글로 색슨어―조선말이 그럴 것이다―처럼 쉽고 순수한 말 대신에 대궐에서는 언제나 중국어에서 파생된 고급 언어를 쓴다. 그러나 경험 없는 외국인들이 그런 말을 알 것이라고는 기대하지 않고 모든 실수를 정말로 너그럽게 용서해준다. 이런 점에서 조선 사람들이야말로 친절과 예의의 표본이다. 그리고 새로 들어온 사람이 참으로 우스꽝스럽고 어처구니없는 실수를 저질러도 그것을 알아차렸다는 기색을 조금도 나타내는 법이 없이 낯 한 번 찡그리지 않고 귀를 기울여준다.

대궐을 방문한 지 며칠 지나지 않아서 왕비가 보낸 관리가 아주 멋진 선물을 한아름 안고 내 집에 나타났다. 멋지게 수를 놓은 발, 베개, 이불, 토속 비단, 아마천, 무명 옷감, 부채, 주머니, 그 밖에 여러 가지가 있었다.

중전마마는 말할 수 없이 너그러운 분이었으므로 자기가 만난 선교사들과 공사관의 부인들에게 이렇게 많은 선물을 보내는 것도 특별한 일은 아니었다. 해마다 조선의 설날이면 우리들 중에서 대궐이나 정부의 기관과 조금이라도 관계가 있는 사람은 누구나 푸짐한 꿩고기 그리고 호두, 밤, 개암 따위의 과실 한 보따리, 쇠고기 한 아름, 큼직한 생선, 달걀 수백 알, 곶감 한 접씩을 받았다.

또 왕족의 생일에는 맛있는 음식을 보내왔고 여름철이 시작될 때면 부채 한 다발과 꿀물을 담은 항아리를 선물로 보내왔다. 이런 선심은 왕비의 친절한 마음씨를 보여 주는 것이었을 뿐 아니라 조선 정부가 모든 미국인에게 갖고 있는 호감의 표시이기도 했다. 그 호감은 주로 알렌 박사에게서 받은 좋은 인상 덕분에 생겼고, 또 우리가 동양의 정치에 어떤 식으로든지 간섭함으로써 조선에 손해를 끼칠 생각은 조금도 없는 강대국의 국민이라는 점, 언젠가는 쓸모 있는 동맹국으로서 조선을 지켜 줄 강대국의 국민이라는 점을 믿었기에 생긴 것일 수도 있었다.

조선에 온 첫해에 나는 동네 싸움 또는 돌싸움을[17] 구경하는 영광을 얻었다. 그것은 참으로 흥미진진하긴 했지만 정말 영광이라고 할 수 있을지는 의심스러운 것으로, 적어도 현명하고 양식 있는 여자라면 단 한 번도 보고 싶지 않을, 언제나 삼가야 할 일이었다. 서로 원한을 갖고 있는 두 이웃이나 두 지역 사이에 한 해에 한 번씩 어떤 특정한 철에 이런 싸움을 벌여 서로의 원한을 풀어 버린다. 그들은 우두머리를 뽑고 상대편을 정한 뒤에 돌멩이를 던지기 시작한다. 이쪽이 이기는가 하면 금세 저쪽이 이기기도 하고, 뒤를 쫓던 사람들이 쫓기던 사람들 앞에서 도망치기도 하고, 어느 순간에 이긴 것 같던 사람들이 바로 다음 순간에 여지없이 무너져서 힘껏 도망을 치는 경우도 자주 있기 때문에, 그 싸움을 보고 있는 쪽에서는 확실히 유리한 쪽이 어느 쪽인지를 알아내기가 거의

---

17) 돌싸움 또는 편싸움이라고도 불렸던 민속놀이. 서울에서는 정월 보름날 저녁에 아현동 사람들과 삼문(동대문, 서대문, 남대문) 밖의 사람들이 만리동 고개에서 돌싸움을 벌였다. 돌싸움을 벌일 적에는 돌을 던지기만 하는 것이 아니라 배수진, 장사진들과 같은 여러 가지 진형과 전법을 써서 실제 전투에 못지않을 만큼 격렬하게 했다. 이 싸움으로 부상자가 많이 나고 때때로 사람이 죽기도 하자 관청에서 못하게 했으나 쉽사리 사라지지 않았다고 한다.

불가능하다. 쉽게 움직일 수 있는 안전한 장소를 한편에서 정하면 바로 그 순간에 그곳은 치열한 싸움터가 되어 버린다. 때로는 굉장히 큰 돌을 던지기도 하여 치명적인 상처를 입는 사람도 있다. 그러나 그런 경우는 생각보다 많지 않다. 수백 명이 죽거나 다치지 않는다는 것이 참으로 신기한 일이다. 조선에 온 지 몇 주일 뒤의 어느 날 내 친구를 만나러 가는 길에 나는 남자들이 잔뜩 몰려 있는 곳을 지나가게 되었다. 그들은 두 패로 나뉘어 있는 것 같았는데 무척 시끄럽게 고함을 치고 있었다. 나는 이 일을 내 친구에게 말했다. 그리고 사람을 보내서 알아보니 앞서 말한 돌싸움이 바야흐로 시작되려는 참이라고 했다. 그 친구의 남편은 나더러 혼자 집에 돌아가는 건 위험할 거라고 했다. 그러면서 내가 지금껏 고마워하는 터이지만, 그 싸움을 끝까지 구경하는 게 어떻겠냐고 내게 물었다.

우리는 돌멩이가 우리 쪽으로 날아오는 걸 곧 깨달았고, 할 수 없이 피신처를 찾아서 어떤 조선 사람 집으로 달려갈 수밖에 없었다. 얼마 동안 싸움이 우리 주변에서 치열하게 벌어졌다. 그러다가 전투가 지나간—저 멀리 거리 쪽으로—듯해서 우리는 위험을 무릅쓰고 집 앞으로 나왔더니 싸움의 물결은 다시 바뀌어 사람들이 죄다 우리 쪽으로 무섭게 몰려들고 있었다. 벙커 씨는 그 반쯤 부서진 벽을 넘어 어느 집으로 들어가서 거기서 그리 멀지 않은 곳에 있는 길모어 씨의 집으로 도망치는 길밖에는 도리가 없다고 말했다. 그래서 나는 싸움 구경하기 가장 좋은 곳을 미련 없이 버리고 놀랄 만큼 재빠른 동작으로 담을 타 넘어서는 부끄러운 줄도 모르고 냅다 도망을 쳤다. 엄청나게 큰 돌멩이가 우리 주위에 비 오듯이 쏟아지고 있었고 누군가가 곧 우리들 머리 위에 불빛을 비춰댈지도 몰라서, 아니 꼭 그럴 것만 같아서 걸음아 날 살려라 하고 도망을 쳤다. 이 사건은 나중에 생각해 볼 때는 퍽 재미가 있었지만 당장 어떻게 될지 영 불안하기만 했던 그때에는 엄청난 비극의 조짐으로 생각되었다. 아무튼 이리저리 몸을 피하고 맴을 돌아 담벼락 뒤에 몸을 숨기기도 하면서 마침내 길모어 씨의 집에 다다랐다. 몸과 마음이 지치고 헝클어진 채로 나는 소동이 가라앉을 때를 기다렸고 마침내 집으로 돌아왔다. 그리고 현명하고 사려 깊은 여자의 모습으로 되돌아왔다.

이런 일이 있고 나서 얼마 지나지 않아 아주 성질이 급한 젊은 우리 동포에게 매우 심각한 일이 일어났다. 그는 이 싸움 사진을 찍으러 갔다. 얼마 전에 침착한 한 미국 사람이 호랑이 한 마리를 잡기 바로 전에 먼저 사진을 찍은 일이 있었다. 그 일이 아마 이 청년의 경쟁심을 자극했던 모양이다. 이 젊은 친구도 그 비슷한 일을 벌인 것이다. 그러나 그는 돌멩이란 돌멩이가 모두 자기를 겨냥하고 날아오고 있다는 것, 그리고 이 물불 안 가리는 무법자들이 모두 자기의 목숨을 노리고 있다는 것을 곧 깨달았다. 불법으로 총을 지닌 것도 문제였는데 불행하게도 그는 너무나 흥분하고 놀란 끝에 군중을 향해 총을 쏘고 도망을 쳤다. 그 총알이 조선인 한 사람의 넓적다리를 꿰뚫었다. 그러자 누구나 그가 치명적인 상처를 입었다고 생각했다. 이제 양편에 있던 군중들의 분노는 모조리 이 겁에 질린 청년에게 쏟아졌다. 그는 살려고 도망쳤고, 군중은 화가 나서 소리치면서 그를 뒤쫓았다. 사진기와 외투를 내팽긴 채로 그는 미국 공사관까지 거의 1.5킬로미터쯤 달렸는데 가까스로 도착했을 때는 숨을 헐떡거리며 거의 탈진해 있었다. 그가 쏜 총에 맞은 희생자가 그다지 심하게 상처를 입지 않아서 그는 벌금을 물고 몇 주일 감옥살이를 한 후 이 나라를 떠나라는 추방 명령을 받는 것으로 사건은 일단락되었다.

조선 사람들은 이런 민간 전투에서 흔히 놀라운 전술을 발휘하곤 한다. 돌팔매질 장비로 무장한 저격수들은 높직한 곳에 자리를 잡는다. 그러면 상대편에서는 기습조를 파견한다. 그들은 뒤쪽에서 다가가 갑자기 덮치거나 적의 눈앞에서 성벽을 타고 오르기도 하면서 저격수들을 무찔러 버린다. 이 사람들은 장비와 솜씨가 그렇게 큰 차이가 나지 않는 한에는 자기들이 이 훌륭한 투사이며 결코 겁쟁이가 아니라는 것을 연거푸 과시한다.

조선에 와서 처음 맞는 여름에 나는 대궐에서 열리는 과거를 참관하는 초대를 받았다. 이것은 아주 재미있는 조선 선비들의 집회로서 그들을 대궐 마당에 친 자그마한 차일이나 칸막이 속에서 임금이 낸 주제를 가지고 한문으로 글을 지었다. 그 시험을 통과한 사람들에게는 신분에 맞추어 벼슬을 주었다. 온 나라의 방방곡곡에서 천 명도 넘는 사람들이 이 마당에 모인 것 같았는데, 그들은 저마다 부지런히 답안지를 쓰고 베끼고 했으며 더러는 채점관에게 답안지를 내기도 했다.

그러나 요즘에는 점수를 잘 받으려면, 아니 채점관의 마음을 움직이려면 돈이 필요하다고 한다. 우리는 매우 융숭한 대접을 받았다. 나중에는 왕실의 식당에서 간단한 다과를 대접받았다. 이 낡은 제도는(모욕적인 말이겠지만) 그 몇 해 동안 아무 쓸모 없는 것이 되고 말았다. 처음에 이 제도가 관리를 뽑기 위한 진정한 경쟁으로 깨끗하게 시작되었을 때는 아주 훌륭하고 쓸모가 있었을 것이다. 그러나 점차 폐단이 생김으로써 이 제도는 아무 효과 없는 옛날의 찌꺼기가 되어 마침내는 없애야 할 허울뿐인 형식이 되고 말았다.

그 여름에 있었던 또 다른 일은 서울에서 16킬로쯤 떨어진 곳에 있는 북한산성, 또는 북쪽에 있는 요새라는 곳으로 짧은 여행을 한 일이다.

조선 사람들의 말로는, 거기서부터 서울의 대궐까지 비밀 땅굴이 뚫려 있기 때문에 어떤 위험이 닥치거나 도시가 적에게 포위되거나 해도 왕족들은 그리로 안전하게 피할 수가 있다는 것이다. 정말이지 그런 목적을 위해서는 참으로 이상적인 장소였다. 유럽 군인들은 이 요새가 아주 잘 쌓은 것이어서 몇 달 아니 몇 년이 걸려도 함락하기 어려울 것이라고 말했다. 우리는 조선에서 가장 아름다운 계절인 5월에 그곳을 찾았다. 이런 말이 가능할진 몰라도 아무튼 조선의 5월은 이 세상 어느 나라의 5월보다도 아름답다. 참으로 절묘한 빛깔과 향기를 지닌 들꽃들이 어디에나 탐스럽게 피어 있었다. 그런데 그 꽃들은 북한산성에서는 더욱더 아름다워 보였다. 산은 몹시 험준하여 능선이 가팔랐고 주변은 아주 적막했으며 거의 모든 곳에 들어갈 수가 있었다. 한쪽 옆으로 매우 아름다운 개천이 흐르고 있었는데 그 개천은 어마어마하게 큰 바위를 건너지르며 마치 발을 뗄 때마다 향긋한 꽃들이 피어오르고, 입을 벌릴 때마다 아름다운 보석이 떨어진다는 옛날 이야기의 선녀들처럼 흐르는 곳마다 모든 것을 화려하게 바꾸어 놓았다.

그 개천은 산꼭대기에서 솟아나는 샘에서부터 흐르고 있었다. 따라서 거기에 주둔하는 군대는 절대로 먹을 물이 부족할 염려도 없었고 또 양식이 모자랄 턱도 없었다. 1.5킬로미터쯤 되는 비탈길을 오르고 나니 바위 사이의 오솔길이 나타났다. 그 길은 그린 듯이 아름다운 문으로 통하는 것이었고, 그 문은 또 온통 녹음이 울창한 계곡에 가려진 채 담쟁이가 뒤덮여 더 아름다운 바위 벽에 붙어 있었다. 이곳에는 최악의 경우에 대비하여 손쉽게 양식을 마련할 수 있는 기름진 밭이 있었다.

우리 선교사 가운데 어떤 이들은 이곳에 자주 오곤 했다. 무덥고 건강에 좋지 않은 여름 한때를 이 커다란 바위 밑의 서늘한 그늘에서 지내기도 했고 더러는 절에서 지내기도 했다. 맑고 시원한 연못 근처에는 기가 막히게 근사한 자그마한 정자들이 있었고 그 언저리의 경치는 너무나도 싱싱하고 아름다워서 한 폭의 그림 같았다.

그때 거의 모든 외국인은 아주 순하고 타기 쉬운 중국산 조랑말을 가지고 있었다. 그 말들은 사람의 성질에 익숙해져 있지 않아서 갑자기 위험한 일이 생기기 일쑤였다. 그래서 우리는 이 위험을 피할 방도를 갖추고 있어야 한다고 크게 걱정하고 있었다. 그래도 우리는 그 말들이 아주 쓸모 있고, 기분 좋은 액세서리임을 알게 되어, 뜨거운 오후의 해가 뉘엿뉘엿 저물 때면 종종 조랑말을 타고 서울 주위의 아름답고 재미있는 곳을 찾아 나서곤 했다.

이 도시는 나무 한 그루 없는 헐벗은 능선이 가파른 모습으로 하늘을 찌르고 있는 나지막한 산들에 둘러싸여 있다. 비탈길과 산길 사이에는 예쁘장한 수풀들이 우거져 있고 여기어 클레마티스, 들장미, 라일락 따위가 활짝 피어 숲을 이룬 오솔길로 들어서면 작은 마을들이 마치 둥지를 튼 듯이 들어앉아 있다. 이 외출에서 언더우드 씨는 내게 종종 길 안내를 해주곤 했다. 가끔 우리는 도시의 성벽을 따라 걷곤 했는데, 그때마다 황홀한 달빛에 젖어 우리들 발아래 고요히 잠들어 있는 마을과 먼 산을 바라보면서, 이토록 아름다운 나라에, 이토록 친절하고 순박한 사람들 사이에 우리의 삶을 맡겨 주신 하느님께 깊이 감사드렸다.

그 몇 달 동안 그리고 그 뒤 겨울 내내 우리는 선교 사업의 기초를 닦느라고 매우 바빴다. 각종 도서와 성경의 번역이 진행되고 있었고, 선교

사업뿐 아니라 병원과 학교를 통해서도 사람들에게 구원의 손길을 뻗치게 되었다. 작은 교회의 예배에 참석하는 사람들의 수효는 날로 늘어갔고, 기독교에 대해 알고 싶어 하고 개종하려고 하는 시골 사람들 사이에서 일하고 있는 원주민들의 보고서가 도착했다. 그것은 또 여행을 떠나야 한다는 뜻이었고 할 수 있는 만큼 오래 여행을 해야 한다는 것을 뜻했다. 언더우드 씨는 이미 두 번째 여행을 떠나서 책과 간단한 의약품을 팔면서, 얼마 안 되지만 기독교로 개종하려는 사람들을 여기저기서 모으고 있었다. 그는 크게 용기를 얻기는 했으나 막상 세례를 준 사람은 얼마 되지 않았다. 첫 여행에서 그는 조선의 북쪽 국경 지방을 다녔는데 송도, 안주, 평양, 강계, 해주, 의주 같은 곳에서 머물렀다. 그 한 해에 그가 세례를 준 사람은 스물다섯 명도 안 되었고 그때까지를 모두 합해도 쉰 명도 안 되었으며 1889년까지의 감리교 신자와 장로교 신자를 모두 합해도 겨우 백 명이 조금 넘을 뿐이었다. 1888년 4월에 그는 황해도에 있는 솔내[18]라는 마을에서 남자 일곱 명에게 세례를 주었다. 그 마을은 로스 씨가 개종시킨 서상윤이라는 사람이 중국에서 복음을 전한 곳이었다. 1887년 봄에는 몇몇 신자들이 서울에 왔었고 엄격한 심사를 거쳐 그 중 세 사람이 세례를 받았다.

자기 마을에서 세례를 받았던 일곱 명은 이미 한 해 넘어 준비 과정을 거쳤고, 그런 뒤에야 언더우드 씨가 그 마을에 가서 열흘 동안 그들과 대화를 해보고 시험을 치게 하고 나서 세례를 주었다. 토착 교회의 첫 승인이 지극히 조심스럽게 이루어졌다는 것, 그리고 그것은 좀 늦어

---

18) 황해도 장연군 대구면 송천리의 토박이 이름.

질지라도 교회의 주춧돌을 안전하게 놓아야 하기 때문이었다는 것을 알려 주려고 이런 얘기를 하는 것이다.

1888년 11월의 여행에서는, 자기 마을에서 기독교도 가르치고 책자도 팔면서 외국인들이 지방을 찾아갈 때 수월하게 일을 볼 수 있도록 해 줄 조선 사람 몇을 지방 책임자로 임명해 놓았다. 한 사람은 평양에 주재했고, 또 한 사람은 장연에, 또 한 사람은 의주에 주재하고 있었다. 이 모든 곳에서 이루 말할 수 없이 희망적인 또 더러는 지나치게 부풀린 보고서가 올라왔다. 기독교를 알고 싶어 하는 사람들이 날로 늘어가고 있음을 알리는 이 보고서들은 새로운 신자들에게 시험을 보게 하고, 용기를 주고, 가르침을 주고, 또 아직은 꼭 믿을 수만 없는 고용된 주재원들의 업무를 감독하러 봄이 오면 선교사가 곧바로 다녀가야 한다고 명령하는 것만 같았다.

언더우드 씨와 나는 초가을에 약혼을 했고 3월 14일에 혼인을 하면서 함께 지방으로 떠나기로 약속했다. 그 일에 대해 모든 외국인 단체가 다투어 우리에게 우정 어린 인사를 했다.

그 소중한 날 아침에 조랑말들의 방울 소리가 우리 앞마당에서 들려왔다. 나는 곧 그 앙증맞은 짐승들의 긴 행렬이 중전마마의 선물을 잔뜩 싣고 도착한 것을 알았다. 자그마치 현금 백만 냥이었다. 꼭 『아라비안 나이트』속의 이야기처럼 들리겠지만, 그때는 2,500냥에서 3,000냥이 1달러쯤 되었기 때문에, 그 돈은 너그러운 조선 왕비께서 손쉽게 주실 만한, 또 선교사 한 사람이 쉽게 처리할 만한 액수였다. 두 분 마마께서는 우리의 혼례에 나인 네댓 사람을 보내주셨다. 군대에서는 아주 계급이 높은 양반인 한규설 장군이 대표로 왔고, 내각에서는 왕비의 가까운 친척이며 두 분 마마께 가장 신임을 받고 있는 민영환이 참석했다.

궁중의 나인들도 발 뒤에 숨어서 의식을 지켜보았고 조선인 신자들도 몇 사람 참석했다. 식이 끝나자마자 미국에 있는 우리 양가에서 보낸 축전들이 손에 쥐어졌다.

1889년 3월 14일 이른 아침에 우리는 신혼여행을 떠났다.

서울에 살고 있는 선교사들과 외국인들은 우리의 이 여행을 막으려고 폭력만 빼고는 할 수 있는 방법을 죄다 썼다. 유럽에서 온 여자로 조선의 내륙 지방을 여행해 본 사람은 아직 하나도 없었고, 항구 말고는 서울의 성 밖으로 15킬로미터 이상을 나가 본 남자도 네댓 명에 지나지 않았다. 산속에 호랑이와 표범이 있다는 것은 잘 알려진 일이었고 우리들 대부분이 아직 원주민들의 기질을 충분히 이해하지 못한 상태였다. 게다가 여인숙에서 돌림병에 걸릴지도 모르고, 군중들은 포악하고, 좋은 물을 얻기도 어렵고, 서울에 빨리 연락할 방도도 없으며, 오랫동안 걸어 다녀야 하는 이 모든 것이 이 여행의 위험 요소였다. 그러나 그것은 너무나 지나친 편견이기도 했다. 사람들은 내가 만일 돌아온다면 죽어서 돌아오게 될 것이며, 내 불쌍한 남편은 나를 데리고 갔기 때문에 뜨거운 여론의 비난을 받게 될 것이라고 제멋대로 내다보았다. 그러나 그는 이미 두 번씩이나 여행했는데도 아무 어려움도 겪지 않았으므로 나는 그의 판단을 믿을 수 있었다. 시골에 가보는 일은 내가 오랫동안 바라던 처음부터의 나의 꿈이었으므로 나는 시골 여행을 아주 기쁜 마음으로 기다렸고 그 여행이 신의 은총이 가득 찬 예배로 메워지기를 바랐다. 그 누구도 그토록 기쁨에 넘치는 신혼여행을 계획해 보았을 것 같지 않았다.

나는 상자 같은 토속 가마를 타고 가기로 되었다. 그 상자 같은 것은 내가 충분히 앉을 수 있을 만한 높이의 터키식 가마였는데, 천장에는 기름을 먹인 색종이가 발려 있었고, 벽은 파란 모슬린 천으로 발려 있었으며, 양옆에 색유리가 끼워진 자그마한 창문이 나 있었다. 앞에 있는 휘장은 찬 기운이 들어올 때 또는 호기심 많은 나그네들, 즉 조선에서 말하는 대로 하면 '구경꾼들이 달갑잖은 눈초리'를 보낼 적에 들어 올리거나 내려칠 수 있도록 되어 있었다. 등에 댄 푹신한 방석과 자리 뒤쪽에 바람을 막으려고 빙 둘러 쳐 놓은 숄 덕분에 내 가마는 더없이 편안했다. 게다가 곁에는 따뜻한 물병을 두고 발에는 담요를 덮으니 나는 잔뜩 사치스러운 기분에 젖어 힘든 선교 사업에 대해 어린애 같은 즐거움을 느꼈다.

내가 탄 가마는 가마꾼 두 사람이 들고 있었는데, 그 가마꾼들의 어깨에 늘어진 가죽 띠에 가마에 달린 긴 막대를 끼었다. 그러니까 그 막대를 쥔 손에 가마의 무게가 걸린다기보다는 어깨에 주로 걸리는 셈이었다. 가마꾼은 넷이었는데 두 사람은 가마를 운반하고, 나머지 두 사람은, 10분마다 한 번씩, 가마 밑에다 튼튼한 막대를 걸치고는 한 30초쯤 동안 고무를 댄 어깨로 가마를 들어 올리곤 했다. 5킬로미터쯤 가면 이렇게 들어 올리는 사람과 운반하는 사람이 서로 자리를 바꾸었다. 그래서 이런 직업을 몇 해 동안 해온 이 튼튼한 남자들은 그다지 지치지 않고도 날마다 하루에 50킬로미터가량을 쉽게 갈 수 있었다.

나는 이 가마꾼들이 아주 고약한 사람들이 아닐까, 또 그들 때문에 적어도 한두 번 곤란을 당하지 않을까 무척 걱정되었다. 그러나 그들은 아주 재미있고 재치가 넘치는 사람들이었다. 그들은 시골 사람들과 오랫동안 무슨 얘긴지를 지껄이기도 했고, 또 여행의 지루함을 잠깐이나

마 잊어보려고 그 소박한 시골 청년들에게 가끔 짓궂게 장난을 치기도 했다. 그들은 시골 사람들에게 우리 선교사들의 짐 속에 얼마나 어마어마한 것들이 들었는지를 얘기해 주었다. 그렇게 하여 그들은 그 시골 사람들이 두려움과 부러움을 느끼게 했다. 그들의 말에 따르면, 선교사는 이 세상에서 무엇이든 다 할 수 있고, 또 무엇이든 다 가지고 있었다. "이 보라구. 저 궤짝 속에는 나룻배도 들었다구." 하고 그들은 말했다. "그 배는 아주 조그맣게 접히는데 바람을 넣으면 점점 커지고 단단해진단 말씀이야. 그리고는, 놀라지 말라구! 나룻배가 된다 이거야." 그것은 고무로 된 우리의 욕조에 대해 떠벌이는 것이었다. 그러한 친구들과 함께 우리가 별 어려움 없이 여행을 끝냈다는 것은 조선 사람들의 소박하고 착한 마음씨를 잘 말해준다.

물론 나는 될 수 있는 대로 걸었으나 그래도 규칙적으로 몇 센티씩 뛰어 오르는 가마 속에서 지긋지긋한 흔들림에 시달리면서 상당한 거리를 가야 했다. 보통 길을 갈 때는 그런대로 견딜 만했으나 어스름한 새벽에(그보다 더 나쁜 때는 하루 종일 걷고 나서 잔뜩 피곤해진 저녁 때에) 반쯤 물에 잠긴 논 사이로 난, 진흙으로 미끈미끈한 좁은 논두렁 위를 들어설 때, 또는 뒤의 가마꾼은 오로지 앞의 사람만 믿고 가는데 앞에서는 도랑을 펄쩍 건너뛸 때는 정말이지 편하다거나 기분이 좋다고는 도저히 말할 수가 없다.

우리는 작은 행렬이었다. 언더우드 씨는 길을 안내하고 말을 보살펴 줄 '마부'가 딸린 말을 타고 갔다. 이 말들은 모두 따뜻한 콩과 잘게 썬 마른풀을 잔뜩 먹었고 아주 조심스러운 보살핌을 받았다. 또 의약품과, 대부분이 한문으로 적혀 있어서 선비들만이 읽을 수 있었던 작은 기독교 책자들, 담요와 침구, 요리 도구 몇 가지와 외국산 식품, 그리고 옷을 실은 작은 조랑말 두세 필이 뒤를 따랐다. 돈 문제 그리고 말을 바꾸어야 하는 문제는 아주 어려운 것이었으나 조선의 외부에서 지방 관아에 우리에게 필요한 돈은 얼마든지 영수증을 받고 내어 주고 말도 바꾸어 주도록 지시했으므로 해결되었다. 이 계산은 모두 서울에 돌아가서 했다. 그 돈은 부피가 어마어마하게 커서 우리 조랑말이 이틀을 실어내도 남았다. 지난번 여행 때 언더우드 씨는 커다란 은덩이를 가져가서 마을에서 그걸 현금으로 바꾸어 썼었다.

길가에 있는 작은 여인숙에서는 방값을 받지 않았다 수많은 밥상과 말먹이 따위를 여인숙 주인의 계산서에만 적어 넣을 뿐이었다. 가마꾼들와 마부들 말고도 우리를 도와줄 젊은 기독교인 한 사람과 요리사 하나, 그리고 기수 한 사람이 더 붙었다. 뒤의 두 사람은 평양에서 우리와 헤어져 집으로 돌아갔다.

3. 가마 타고 떠난 신혼여행
한양에서 의주까지

우리는 이른 새벽에 아치형의 문 밑으로 지나는 길을 따라 정북 쪽으로 방향을 잡아 여행을 떠났다. 그 문은 해마다 조선의 관리들이 조공을 받으러 온 중국 사신들을 만나는 장소로 정해진 곳이었다.[1] 이 관습은 조선의 독립이 선포될 때까지 계속되었다.[2] 그 뒤로 옛 문은 헐렸고 독립을 기려서 멋진 문 하나가 새로 세워졌다. 이 문 너머 산으로 들어서니 좀 더 질퍽거리는 자갈길이 뻗어 있었다. 이 길은 서울로 오가는 소들과 짐을 실은 조랑말들로 북적거렸다. 게다가 소리소리 지르는 마부들과 가마꾼들 때문에 혼잡은 더했고 엄청나게 큰 바위들이 금방이라도 떨어져 재수 없는 행인을 덮칠 것만 같았다. 실제로 굴러떨어지는 바위도 많아서 그것이 길을 가로막고 있었다. 이제는 언덕을 가로지르는 길이 잘 닦였고, 위험스럽고 불안하기만 했던 옛 길은 없어졌다. 그 캄캄한 어둠이며, 지독한 시끄러움이며, 소름끼치는 냄새며, 험악한 도로 상태며,

---

1) 서울 서대문구 교북동에 있었던 영은문. 청일전쟁이 끝난 뒤인 1890년에 독립협회에서는 이 문을 헐어내고 그 자리에 독립문을 세웠다.
2) 저자는 청일전쟁에서 청나라가 패배하여 조선이 청나라에 대해 자유로워진 것을 독립으로 잘못 받아들인 듯하다.

아무튼 번연의 '죽음의 계곡'에[3] 딱 어울리는 모습이랄 수 있었다. 아직 3월이었으니까 구석진 곳에는 여전히 눈이 쌓여 있었고 아침 공기는 매섭게 쌀쌀했다. 여기를 벗어나자 우리는 송도까지는[4] 내내 아주 좋은 길을 찾아서 갈 수 있었다.

정오에 서울과 송도 사이에 있는 한 작은 마을에서 처음으로 멈추었다. 그리고 나는 여인숙에 들어가 보았다. 조선의 여인숙은 불결하고 답답하고 악취가 나고 그리고 불편한 것으로 중국의 여인숙에 뒤지지 않았다. 여자들 방은 딱 하나가 있었는데, 그 방에는 부엌과 마당 그리고 사랑방 쪽으로 종이가 발린 문이나 창문—그것들은 거의 언제나 똑같은 크기였고 이름도 똑같았다—이 하나 또는 네댓 개까지 나 있었다. 이 방들의 크기는 거의가 가로 2.5미터이고 세로가 3미터나 3.5미터가 채 안되었으며 천장이 아주 낮았다. 문에 바른 종이는 거의 때가 타서 까맣게 되었기 때문에 이 어둑한 작은 방 안으로 기를 쓰고 들어올 빛이란 정말이지 한 줄기도 없었다. 가구도 거의, 아니 아예 없다시피 했다. 조선식 장(골동품처럼 보이는 아주 독특한 궤짝인데, 쇠라든지 까만 강철로 된 경첩, 자물통 따위로 잔뜩 장식을 한 것이다)이 벽 한쪽에 놓여 있었고, 그 위에는 빛깔이 아주 요란한 이불과 베개를 쌓아 놓았다. 그 베개는 흔히 말하는 목침이 아니라 편하고 푹신푹신한 긴 베개였다. 천장 한복판 곧 대들보 바로 아래에 지저분한 누더기 옷 뭉치와 지팡이가 걸려 있는 걸 볼 수 있었는데, 그곳은 집안을 지키는 귀신의 보금자리라 했다. '화로'라고 하는

---

3) 존 번연. 영국의 작가이자 목사이다. 영국의 국교가 아닌 개신교의 전투적인 설교자로서 여러 번 투옥되었다. 『천로 역정』, 『큰 죄인에게 넘치는 은총』, 『성스러운 싸움』 같은 저술을 남겼다.

4) 개성의 옛 이름.

것은 석탄을 넣어 불을 지피는 항아리로 아마 마루 어딘가에 있는 것 같았다. 이런 화로는 그 곁에 있다간 심한 두통이 일어나기도 하고, 때로는 숨이 막힐 수도 있기 때문에, 언제라도 옮길 수 있어야 한다. 우리 선교사 가운데 어떤 사람은 이런 화로 때문에 몇 번씩이나 기절했고 그때마다 한 동료가 몇 시간씩 애를 써서 가까스로 살려냈다.

대개의 여인숙에서는 아주 아름다운, 놋쇠나 나무로 된 등잔대를 볼 수 있다. 이 등잔대는 높이가 50센티미터 이상 되고, 꼭대기에는 피마자 기름을 담을 수 있는 작은 받침대가 아주 튼튼하게 달려 있으며 그 밑에는 황소 뿔이 하나 걸려 있다. 등잔에는 어둠 속에서 겨우 분별을 하고 볼 수 있을 만큼 가는 불빛을 내는 작은 심지가 들어 있다. 낮에는 이 등잔대를 벽의 움푹 들어간 곳이나 벽장 속에 넣어 두기도 한다. 거의 어느 곳에서나 벽에서 한 발짝쯤 떨어지고 바닥에서 1미터쯤 되는 곳에 아주 튼튼한 막대가 방을 가로질러 있고 그 위에 옷가지를 건다.[5] 그리고 대체로 방의 두 벽이나 세 벽에 널찍한 시렁을 얹고 그 위에다 햇볕에 말린 가재도구들, 겨울에 먹을 채소들, 맥주를 만들 때 쓰는 누룩 덩어리 같은 것들,[6] 그리고 낱낱이 말하기에는 너무나 많은 잡동사니를 얹어 둔다. 지저분한 옛날 책이 여기저기에 널려 있는가 하면, 일할 때 쓰는 바구니가 저만큼 팽개쳐져 있기도 하고, 다듬이질할 때 쓰는 홍두깨, 약병, 포개 놓은 밥주발, 성냥갑 따위가 얹혀 있다.

기름이 칠해진 종이[7] 위, 좀 더 솔직히 말하면 그냥 땅바닥 위에 깔

---

5) 횃대. 두 끝에 끈을 매어 벽에 달아매어 두고 옷을 걸 수 있도록 한 대나 나무 막대기.

6) 메주를 일컬은 듯하다.

7) 장판.

린 담요는 먼지와 아무 데서나 법석을 떠는 갖가지 해충으로 가득했다. 얼마나 많은 사람이 이 방에서 똑같이 이질과 천연두, 콜레라, 발진티푸스 따위로 죽었을지는 아예 생각을 안 하는 게 좋을 것 같다. 방은 한 번도 쓸지 않았고 담요는 한 번도 털지 않은 것이었기 때문이다. 그들은 '진짜' 빨래라는 걸 아예 모른다. 살균이나 소독이라는 것은 그들의 짧은 상상력으로는 마치 달나라 사람의 생활만큼이나 먼 세계의 이야기이다. 우리가 줄곧 궁금해하고 경이로워하는 기적은 우리보다 먼저 내륙으로 여행했던 많은 사람이 세균과 박테리아, 그리고 그 이름이야 어떻든 현대 과학에 따르면 눈 깜짝할 새 사람을 공격하여 쓰러뜨리는 그 모든 적들에게서 자신을 지킬 수 있었던가 하는 점이다.

거의 모든 여인숙에는 알리바바 이야기에 나오는 흉악한 도적들도 쉽사리 숨을 만한 높이가 60~80센티미터, 또는 드물게는 1미터는 훌쩍 넘고 지름이 60~80센티미터씩 되는 커다란 질항아리들이 흔히 담장을 따라 죽 놓여 있다.[8] 그 안에는 갖가지 곡식이며, 절인 음식이며, 보리술이며, 과실주 따위가 들어 있고 어디에나 반드시 꼭꼭 눌러 놓은 '김치'(사우어크라우트의[9] 일종)라는 것이 있는데, 조선 사람들은 이것 없이는 절대로 밥을 안 먹는다.

발치 아래 마당에는 개, 고양이, 닭, 돼지 그리고 오리 따위가 득시글거리고, 종이로 바른 방문 바로 밖에서는 황소와 조랑말들이 우리와 똑같은 지붕 아래에서 요란스럽게 여물을 먹고 있었다. 그러니까 잠을 좀 자려 하면 꿀꿀거리는 소리, 꽥꽥 소리, 꼬꼬댁 소리, 푸푸 소리 그리고

---

8) 장독대.
9) 잘게 썬 양배추를 소금에 절여 발효시킨 독일 음식.

멍멍 짖는 소리, 이 모든 소리가 뒤범벅이 된 소리를 들으며 잘 각오를 해야 하니 잠은커녕 도무지 편안히 쉴 수조차 없었다. 앞서 말한 대로 대개의 여인숙에는 안방이 오직 하나뿐이고 그곳만이 여자가 머물기에 적당하다. 조수와 가마꾼들, 마부들 그리고 다른 여행자들은 사랑방에 들었는데, 꼭 통 속에 빽빽이 들어찬 것 같았다. 주인 식구는 큰길가에 있는 커다란 여인숙이 아니면 이웃집에서 밤을 보냈다. 조선에서 아주 큰 일류 여인숙일지라도 객실이 아마 다섯 또는 여섯에 지나지 않을 것이다. 나는 그렇게 방이 많은 여인숙을 본 기억이 나지 않지만 말이다.

요즘에 우리는 자그마한 간이침대를 가지고 여행을 한다. 그 침대는 둘둘 말아서 가방 속에 집어넣을 수 있어서 그렇게 큰 짐이 되지 않는다. 그 덕분에 우리는 이제 그 지저분한 방바닥에서 자지 않아도 된다. 그런 방은 오랜 여행 끝에 온몸이 젖거나, 추위에 떨거나, 몸이 아플 때, 특히 감기나 류머티즘을 막는 데에는 아주 좋으나 그렇지 않으면 너무 더워서 건강에 나쁘다. 그러나 우리는 그 처음 여행 때에는 이런 물건을 하나도 가져가지 않았다. 그래서 사람을 시켜서 초가지붕을 일 때 쓰는 깨끗한 새 짚을—어떤 마을에나 이것들은 엄청나게 많이 있다—몇 다발씩 가져오게 했다. 그러고는 그 짚을 한발도 넘게 높이 쌓고 그 위에다 이부자리를 깔았다. 그렇게 함으로써 우리의 작은 적들이 밤새도록 그 짚 사이의 미로를 갈팡질팡 헤매다가 지쳐 나가떨어지기를 바랐다. 이렇게 해서 우리는 편안히 잘 잤다. 그러나 때로는 방바닥이 견딜 수 없이 뜨거워지고 그에 따라 이부자리도 뜨거워져서 마침내 자리에서 일어나 또 다른 곳에다 짚을 쌓아 잠자리를 만들고는 다시 잠들려고 뒤척거리곤 했다. 이렇게 하기를 하룻밤에 세 번 넘게는 하지 않았으니까 그쯤은 그저 유쾌한 놀이일 수 있었다.

그러나 정작 뜨거운 날씨에 여행해야 할 때는, 앞에서 잠깐 비쳤듯이 그렇게 가볍게 웃어넘길 수만은 없다. 사람과 짐승이 먹어야 할 쌀과 콩 따위를 요리해야 하는데, 그것은 곧 거의 반드시 방 밑에다 불을 때야 한다는 것, 그러니까 뜨거운 난로 위에서 잠을 자야 한다는 뜻이 된다. 불을 지피기 전에 방 안 온도가 이미 20도여도 그렇다는 말이다. 방은 아주 작고 낮으며, 마당으로 난 창문이 거의 없다는 것을 생각해 보라. 탁 트인 현관이나 '마루'로 나가고 싶어 죽을 지경이지만, 거기에는 들쥐, 족제비, 뱀 따위가 득시글거리고 또 밤이면 이런 것들을 찾아 돌아다니는 호랑이와 표범도 있다. 게다가 아주 지독한 냄새를 풍기는 수증기며, 푸르스름한 웅덩이며 하수도 따위가 곳곳에 있다. 하수도라는 것은 후텁지근한 밤공기 속에서 들짐승보다 더 살인적인 말리리아균을 내뿜는 곳으로 이름이 높다. 그러니 별 수 없이 한숨을 내쉬면서 그 뜨거운 화덕 위에서 돌아눕는 도리밖에 없다. 최악의 상태를 각오하면서 말이다. 점차로 온도는 올라가 맥박은 빨라지고, 머리는 지끈거리고, 숨은 헐떡헐떡 넘어가고, 그러다 보면 마침내 새벽이 다가와 불이 꺼지고 달아오른 돌들이 조금씩 식는다. 그제야 완전히 지쳐서 열병 같은 잠에 빠져든다. 그러나 다음날 여행을 하려면 일찌감치 준비를 해야 하기 때문에 적어도 새벽 네 시에는 밥을 지으려고 불을 새로 지핀다. 그러니 끝내는 문 밖으로 뛰쳐나와 신선한 공기를 들이마시고 화끈거리는 머리를 식힐 수밖에 없다.

그러니까 비가 온다거나, 길이 물에 잠겼다거나, 홍수가 났다거나, 강에 다리가 놓이지 않았다거나 하는 문제가 없더라도 우리는 꼭 급박한 용무가 아닌 다음에는 여름에 여행을 할 수가 없었다. 선교사들은 비가 많이 내리는 철에는 천막을 가지고 다니면 퍽 쓸모가 있다는 것을 모르고 있다가 아주 심한 병, 심지어는 치명적인 병에 걸려 본 뒤에야 천막을 쓰게 되었다. 특히 우리의 이 첫 번째 여행에서 여인숙에서 겪은 아주 큰 골칫거리 하나는 '구경꾼'들이었다. 종이로 바른 방문은 우리를 엿보기 위해 구멍을 뚫기에는 안성맞춤이었다. 가는 곳마다 '외국인'이라는 말, 더구나 '외국 여자'라는 말이 불길처럼 퍼져 나갔다. 미국의 한 시골에 사자나 코끼리가 나타난다 해도 그렇게 어마어마한 흥밋거리가 되지는 못할 것이다. 우리가 여인숙에 들면 눈 깜짝할 사이에 사람들이 와글와글 몰려들어 집 안을 꽉 메웠다. 문이란 문은 모조리 구멍이 잔뜩 났다. 손가락 끝을 침으로 발라 문의 종이에 살짝 눌러 구멍을 내는 것이다. 이제 정말로 혼자 되었다고 생각하고 있으면 느닷없이 그 구멍이 온통 탐욕스러운 눈길로 가득 찬 것을 보게 되어 정말로 당황스럽기 그지없었다. 나는 여태껏 야생 짐승이나 무슨 괴상한 인간들이 벌이는 쇼를 구경해 볼 생각을 한 적이 없다. 그러나 그런 사람들에게 충분히 동정이 갔다. 그 정도의 대가로 호기심을 만족시킬 만한 오락이라는 게 도무지 없는 것이다. 우리는 사람들을 만나고 싶었으나 그런 사람들에게는 어떤 식으로든 만족스럽게 얘기를 건넬 수가 없었다. 왜냐하면 우리들에 대한 그들의 호기심은 참으로 광적인 것이어서 그것을 얼마만큼 채워 주기 전에는 도대체 그들로 하여금 우리가 하는 말을 좀 들어 달라고 할 수가 없었기 때문이다.

송도 쪽으로 30킬로미터쯤 가면 임진강을 건너야 하는데, 그곳에는 행인과 행인들의 짐을 강 건너로 실어다 줄 나룻배가 기다리고 있다. 여기에는 어떤 선비의 애국심에 대한 이야기가 전해져 온다.[10] 그는 이 강이 내려다보이는 높은 벼랑 위에 멋진 정자를 짓고 살았다고 한다. 그런데 '히데요시의 난'[11] 때 일본 사람을 피해 도망쳐 온 임금이 한밤중에 이곳에 도착해서는 그에게 나룻배가 강을 건널 수 있도록 불을 비춰 달라고 했다고 한다. 그는 자신의 아름다운 정자를 불태워 임금이 무사히 강을 건너 몸을 피할 수 있게 했다고 한다. 그래서 임금은 그 정자가 없어진 자리에 이 충성스러운 벗을 기려 정자를 지어 영원히 보존하도록 명령을 내림과 아울러 그에게 큰 영예와 상을 내렸다는 것이다.

송도는 조선에서 큰 도시 가운데 하나로 조선 사람의 입장에서는 상업적으로 아주 중요한 곳일 뿐 아니라 부유한 도시이다. 여기서는 인삼을 재배하는데, 인삼은 조선과 중국과 일본에서는 굉장히 값나가는 물건으로 가장 좋은 것은 500그램에 45달러씩에 팔린다. 무게로 따지면 금보다 더 비싸다. 그 전에는 송도가 수도였으나 반란에 성공하여 스스로 임금이 된 장군이 서울에 정부의 터를 닦았다.[12]

해질 무렵에 우리는 이 옛 서울에 도착하여 곧 예비 신자 열 사람을 만났다. 단 며칠 만에 우리는 가져갔던 책과 약을 모조리 팔았다. 당초에는 이번 여행에서는 그걸로 충분히 버틸 수 있을 것이라고 생각했었

---

10) 조선 왕조 선조 때의 학자 율곡 이이는 임진강가에서 살 적에 아랫사람들에게 늘 강가에 있는 화석정에 기름을 발라 두라고 일렀다고 한다. 그런데 율곡이 죽은 뒤에 임진왜란이 일어나 의주로 피난길에 오른 선조가 한밤중에 이 강가에 닿았다고 한다. 임금 일행이 어둠 속에서 어쩔 줄 모르고 있을 때 느닷없이 강가가 온통 대낮처럼 환해져 선조는 탈 없이 강을 건널 수 있었다고 한다. 율곡이 이런 일이 있을 줄 내다보고 미리 기름을 먹여 둔 화석정에 한 신하가 불을 지른 것이었다. 임금은 전쟁이 끝나자 율곡의 충성심을 기려 다시 화석정을 지어주도록 했다고 한다.

11) 임진왜란. 토요토미 히데요시가 일으킨 난이어서 이렇게 일컫은 듯하다.

12) 이성계의 조선 왕조 창업과 한양 천도를 말한다.

다. 그래서 책과 약을 더 얻으러 서둘러 사람을 보내야 했다. 거기에 머물러 있는 동안 우리 주위에 어마어마한 사람들이 몰려드는 바람에 별수 없이 대문에 파수꾼을 한 사람 세워 놓아야 했다. 우리는 한 번에 쉰 명씩 받아들였는데, 그들의 호기심을 다 풀어 주고 병을 진찰하고 나면 호기심에 굶주린 또 다른 쉰 명이 아우성을 치면서 밀어닥치는 통에 먼저 번의 쉰 명은 자리를 비켜 주어야 했다. 언더우드 씨는 아무에게도 세례를 주지 않았으나 예비 신자들을 만나 시험을 보이고 가르쳤으며 그곳 조수들의 일을 지도하고 고쳐 주었다.

송도는 서울에서 70킬로미터쯤 떨어져 있으며 인구는 20만 명쯤 된다. 여기에 지부를 두고 있는 교파는 아직까지는 남감리교밖에 없다. 이렇게 중요한 중심지에 다른 선교 단체가 어째서 사업을 벌어지 않았는지 그 까닭을 정확히 알기는 어려운 일이나 이것만은 알 수 있다. 곧, 여기서는 우선 다른 곳만큼 그렇게 확실한, 다시 말해서 눈에 두드러질 만한 발전이 있을 것 같지 않다는 점이다. 우선 당장 급한 일들이 다른 데에 너무 많았고 우리는 그 수요를 다 채울 만한 일꾼을 얻을 수도 없었으니 새로운 지부를 연다는 것은 더더구나 어림도 없는 일이었다.

송도에는 성문이 없다. 이 도시 사람들은 서울의 권위를 고집스럽게 경멸하기 때문에 '과거'를 볼 자격도 빼앗겼고, 그뿐 아니라 성문도 죄다 옮겨졌다고 한다. 대개는 서울로 '올라간다'고 말하는 게 습관이나 이 도시 사람들은 서울로 '내려간다'고 말한다. 또 사람들은 됫박 위의 곡식을 밀 때 서울에서처럼 오른쪽에서 왼쪽으로 미는 게 아니라 왼쪽에서 오른쪽으로 민다. 그리고 무엇보다 지독한 것은 임금을 이야기할 때는 언제나 돼지로 비유해서 말을 하고, 돼지를 들먹일 때는 임금의 이름을 들어 얘기한다!

　우리는 송도에서 다음 중요한 장소인 평양을 향해 서둘러 북쪽으로 떠났다. 평양에는 이미 기독교 신자가 몇 사람 있었고 언더우드 씨는 그곳에도 예비 신자가 생기기를 바랐다. 우리는 대동강에 도착했다. 평양의 성문 바로 밑을 흐르는 그 강에는 눈보라가 휘몰아치고 있었다. 우리 일행은 나룻배를 타려고 있는 힘을 다해 오랫동안 소리를 질러 댔다. 마침내 더 견디기 어려울 만큼 기진맥진했을 때 사공 하나가 바닥이 편편한 나룻배 한 채를 끌고 나타났다. 그는 돈을 조금 받고 그 배로 우리 모두를—조랑말이며 짐이며 가마꾼들이며 가마며 조수들 그리고 선교사들—태워 건너편 모래밭에 탈 없이 내려주었다. 그러나 나는 이 뱃길의 그 아름다운 경치, 아치처럼 우거진 멋진 나무들과 가지각색의 아름다운 숲과 꽃들을 어떻게 말해야 할지 거의 잊어 버렸다. 겨울처럼 쌀쌀한 날씨였는데도 경치는 참으로 아름다웠다. 그리고 한 달 뒤에 다시 돌아와 보았을 때 그 짙은 숲과 향기롭게 활짝 핀 꽃송이들은 이루 말할 수 없이 매혹적이었다. 아! 그러나 지금은 청일전쟁 때 나무들을 모두 베어 없앴기 때문에 그 아름다움은 영영 사라지고 말았다.

　우리가 성문 안에 들어서자마자 사람들이 자꾸자꾸 모여들어 와글와글 떠들어대며 따라다니기 시작했다. 그들은 점점 더 우리를 성가시게 하더니 마침내는 그 규모며 행동이 영락없는 폭도처럼 되고 말았다. 가는 곳마다 겁에 질린 여인숙 주인들은 문을 닫아버렸고, 마침내 우리는 길거리에서 밤을 보낼 수밖에 없을 것 같은 불안한 예감이 들었다. 그러나 잠깐 뒤에 겨우 안전한 장소를 한 군데 찾아냈고, 지방 관아에서 나온 한 순검의 도움을 받아 송도에서와 마찬가지로 한 번에 일정한 수

효의 사람만 만남으로써 그 사람들의 접근을 막아낼 수 있었다. 거기에 머물러 있는 동안에 내내 비가 왔으나 나는 가마를 타고 시내에 나가도 전혀 편안하거나 안전할 수가 없었다. 왜냐하면 우리를 엿보는 눈초리가 너무나 많았기 때문에 누군가 한 사람만 외국 여자를 보게 되면 곧 사람들이 떼를 지어 몰려들고 그러면 움직인다거나 무슨 일을 하기는 아예 불가능했다. 평양을 떠나기 전에 나는 언더우드 씨를 따라 성문 밖의 아주 근사한 곳에 한번 가보았다. 언더우드 씨는 그곳이 지부를 세울 좋은 장소라고 생각하고 있었다. 그리고 우리는 우리 신자 한 분의 어머니를 방문했다. 그 여자는 몹시 아팠으나 얼마 지나지 않아 회복되었다. 그래서 우리는 좋은 인상과 친밀감을 뒤에 남겨 두고 떠나게 된 것이 무척 즐거웠다.

나는 이 마을에서 조선의 빨래 방법이 얼마나 불편한 것인지 그 생생한 보기를 보았다. 조선 여자가 하는 대로 내버려두면 수많은 옷들이 모조리 단추가 떨어진 채로 돌아오고 만다. 냇물의 바위 위에다 옷을 올려놓고 꽝꽝 두들겨 댔으니, 그리고 그러기 전에 조심한답시고 단추들을 모조리 뜯어 버렸으니 그럴 수밖에 없다. 옷에 풀을 먹이거나 표백제를 쓰거나 다림질을 하는 법은 아예 없다. 또 아주 반짝반짝 윤이 날 때까지 매끈한 나무 방망이로 몇 시간씩 두들겨 대니 다림질을 하기 전에 죄다 해지기 마련이다. 그러나 조선 사람들에게 '쇠로 된' 다리미가 없는 건 아니다. 뜨거운 숯을 넣는 아주 커다란 다리미가 있고, 넓이가 1, 2센티에 길이가 5, 6센티밖에 안 되는 긴 손잡이가 달린 작은 다리미가[13]

---

13) 인두.

있는데, 그것은 소매의 솔기 따위를 누르는 데밖에는 달리 쓸모가 없는 것이다.

우리가 밤을 보낸 작은 마을 가운데 은산이라는[14] 곳은 아주 험악한 지역임을 알게 되었다. 여인숙에서는 우리를 받아주지 않았고, 또 더러는 호기심에 가득 찬 사람들이 몰려와서 거칠게 굴어도 보호해줄 수가 없다고 했다. 게다가 그곳에는 의지할 만한 기독교의 기틀도 없었기 때문에 우리는 관아에서 쉴 만한 곳을 얻으려고 조선의 외부에서 준 통행권을 사용할 수밖에 없었다. 은산이라는 이 유별난 곳에서는 원님도 출타하고 없었고, '잡인들'(깡패들이라는 뜻이다)을 제대로 제지하지 못했다.

아침에 막 떠나려는데 남자들과 덩치 큰 사내애들 백 명쯤이 자그마한 앞마당에 모여 신기한 사람들을 '구경'(본다는 뜻이다)하려고 기다리고 있었다. 조선에서는 낯선 사람에게 아내를 보이는 일이 그다지 점잖은 일이 못 된다는 걸 잘 알고 있는 내 남편은 내 걸상을 방 안으로 들여놓고 문을 닫아 버렸다. 그래서 나는 누구의 눈에도 띄지 않는 곳에 갇힌 신세가 되고 말았다. 그러자 이렇게 이상하고 야만적인 동물을 볼 수 있는 평생에 한 번뿐인 기회를 놓쳐버린 것을 안 그들 가운데 몇몇 고약한 친구들이 도저히 호기심을 억누를 길이 없어 마침내, 아마도 다른 사람들이 부추겨서 그랬겠지만, 내 방문을 부수고 말았다. 이 나라에선 이런 행동이 가장 큰 범법 행위나 재산 침해로 여겨진다. 그리고 그런 죄를 저지른 사람은 해를 입은 여자 쪽에서 어떤 벌을 내려도 달게 받아야 한다. 문 앞에 서 있던 내 남편은, 이런 때에 감정을 나타내기에 아주 알맞은

14) 평안남도 순천군 은산면.

몸의 한 부분인 발을 번쩍 들었다. 말로 뭐라고 하는 것은 별 효력이 없고 손도 그러니까 그저 그래본 것일—그 남자를 치지는 않았다—뿐이었는데, 이 행동이 내 가마를 메는 가마꾼들에게 큰 용기를 주었다. 그들은, 아무튼 앞으로 얼마 동안은 자기들의 명예와 나의 명예가 떼어놓을 수 없는 관계에 있다고 여기고 있었기 때문에, 우리를 모욕한 그 '괘씸한 작자'를 혼내주려고 뛰어나갔다.

그중에는 우리가 패트(아일랜드 사람의 별명)라고 부르는 건장한 친구가 있었다. 이 친구가 꼭 아일랜드 양반같이 생겨서 그리 불렀는데 그는 그 별명을 퍽 좋아했다. 그런데 그가 마치 먹이를 잡아채듯이 단숨에 사람들 가운데서 범인을 집어내더니 주위에 둘러선 그의 친구들이며 같은 편 사람들을 제치고 질질 끌고 왔다.

그는 조선에서 흔히 하는 방식대로 상투를 움켜쥐고 끌고 왔다. 이런 상황에서 상투는 매우 편리하고 효과적인 손잡이 구실을 한다. 이런 식으로 상투를 잡힌 사람은 별 수 없이 상대방의 처분만을 기다려야 하기 때문이다. 그는 곧 땅바닥에 내동댕이쳐져 주먹으로 두들겨 맞았다. 그러나 우리 쪽은 기껏해야 가마꾼 넷, 조수 하나, 선교사 하나, 여자 하나뿐인데 저 쪽은 백 명이나 되고 힘도 세다는 점을 알아야 했다. 우리는 좀 더 심하게 다루려는 그를 소리를 치고 애원해서 겨우 뜯어말렸다. 비록 권총 따위를 쏜다 해도 그런 방법은 그다지 오래 효과가 있을 것 같지 않았고 그래봤자 우리 주위에 있는 모든 사람을 적으로 만드는 결과밖에는 안 될 터였다. 모인 사람들이 점차로 정돈되어 가는 것에 우리는 겁이 났다. 빨리 안정을 시켜야 했다. 붙들린 사람의 친구들이 험상궂은 얼굴로 위협적인 말을 중얼거리며 그를 구하려고 가까이 다가오고 있었기 때문이었다.

그래서 언더우드 씨가 사람들 사이로 뛰어 내려가서는 흥분된 우리 가마꾼을 뜯어 말리고 바야흐로 몰아닥치려는 폭풍우를 가까스로 가라 앉혔다. 그러나 패트는 뭔가 자기의 성을 풀지 않고는 물러날 수가 없었 던지 층계 꼭대기에서 서서 등을 돌린 채, 가마를 메는 막대를 마치 곤 봉처럼 머리 위로 흔들어 대면서(순수한 조선식 싸움이 이렇다) 그런 행동에 대해 자기는 대체로 이렇게 생각하노라 하는 것을 그 사건 관계 당사자 가 들을 수 있도록 소리 높여 말했다. 그런데 좀 특별한 것은 마치 제임 스 피츠제임스[15]가 개울가에서 이렇게 읊었던 것과 같은 기백으로 사람 들에게 단호히 선언한 것이다.

"하나씩 오든, 모두 오든, 올 테면 오너라, 이 바위를 뿌리째 날려 보 내리라."

그러나 내 남편은 그들의 기분이 다시 나빠지기 전에 그들을 더 흥분 시키지 않고 서둘러 떠나는 게 상책이라는 것을 알았다. 일본이나 중국 에서도 이와 비슷한 일이 있었는데 그 결과는 이번 경우와 아주 달랐다.

조선 사람들은 원한을 품는 법이 없고 몹시 화가 나지 않고는 보복 하거나 잔인한 짓을 하지 않는다. 우리는 다만 좀 거친 사람들을 만났을 뿐이었다. 그들은 우리가 아주 점잖은 조선 사람처럼 구는 것을 보고 우 리의 체면을 세워주었고 호기심을 거두어들였다. 비록 몇몇 아이들이 돌 을 던지고 야유하며 마을 바깥 얼마쯤까지 우리를 따라왔으나 그들도 곧 물러가고 우리만 남게 되었다.

---

15) 베릭 공작 1세. 잉글랜드의 귀족이자 프랑스의 군사 지도자로 재능과 성실함, 용기로 인해 높은 평가를 받았다.

더 나가기 전에 여기서, 조선의 상투가 얼마나 쓸모있는 것인지를 말해야겠다. 미국에서도 남자들이 머리를 이런 식으로 묶지 않는 게 참으로 섭섭하다. 제 권리를 지키는 여자라면 이것이 참으로 못 이룰 것이 없는 손잡이임을 곧 알게 될 것이다. 왜냐하면 총명한 여자의 손아귀에 상투가 잡혔다 하면 그것은 참으로 무한한 가능성을 지닌 도구가 되기 때문이다. 집 바깥에서 누가 대권을 쥐느냐의 문제가 아니다. 문제는 집안에서 누가 상투를 움켜쥐느냐 하는 것이다. 나는 머리끝까지 화가 치민 어떤 아낙이 술 취한 자기 남편을 술집에서 질질 끌고 집으로 데려가는 것을 본 일이 있다. 또 화가 치민 아낙이 자기의 주인인 남편의 상투를 꽉 움켜쥐고는 푸짐하게 벌을 주는 것을 여러 차례 보았다. 조선의 아내들은 남편이 밥을 먹는 동안 곁에 서서 시중을 들고 남편이 담배를 피우는 동안 일을 한다. 그러나 일단 집안에 어떤 위기가 닥치면 아낙이 손잡이(다시 말해 상투)를 틀어쥐고 배를 운전한다.

이 여행길에 우리는 어떤 곳에 머무르게 되어 거기서 그곳 원님을 만났다. 그는 오랫동안 내륙에서만 근무했는데 너무 무식하여 통행권의 쓰임새도 몰랐고, 그것을 내밀어도 읽을 줄도 몰랐다. 그것은 참으로 심각한 문제였다. 왜냐하면 여기서는 원님의 힘으로도 그 거칠고 호기심이 많은 사람들을 막아낼 수가 없으니 우리는 꼼짝없이 그 사람들의 폭력의 대상이 되어 길거리에서 밤을 보내야 한다는 것이 거의 확실해졌기 때문이다. 여기서 우리는 지친 조랑말을 새 조랑말로 바꾸어야 했고, 다음 여행에 쓸 돈과, 지칠 대로 지친 가마꾼들과 우리들이 먹을 음식과, 따뜻한 불도 얻어야 했다. 그래서 우리 조수가, 원님이 결코 우리를 달가워하지 않는다는 것, 그 '수령'께서 관복을 걸쳐 입으시고 손에 통행권을 들고는, 턱하니 풍채를 잡고 앉으셔서 손짓발짓해 가며 그런 말을 했다는 불안한 소식을 갖고 돌아왔을 때에 나는 너무나 걱정이 되어 발을 동동 구르며 통행권을 공중으로 쳐들고 흔들어 대다가 땅바닥에 내던졌다. 그런데 이렇게 소란스럽게 법석을 떨었더니 이 소심한 관리는 깜짝 놀라서, 그제야 이 맹렬한 서양인의 손에 든 조선 외부의 통행권이 얼마나 위엄 있고 중대한 것인지를 깊이 깨닫게 되었다.

그는 곧 아주 공손하게 방과 돈과 조랑말, 그 밖에 우리가 원하는 건 뭐든지 내주었다. 아마도 우리에게서, 그리고 우리와의 입씨름에서 벗어나고자 함이었을 것이다. 그는 아직껏 우리를 별나고 심상찮은 침입자 곧 조용하고 평온하기만 한 자기의 생활에 느닷없이 끼어든 사람으로 기억하고 있을 터임이 틀림없다.

관아의 담장 속으로 간신히 피난을 했으나 귀찮은 일은 여전히 끊이지 않았다. 외국인들이 왔다는 소문은 멀리까지 퍼져나갔고 사람들은 점점 더 몰려들었다. 그들은 그저 시끌시끌하고 좀 짓궂은 호기심에 차 있을 뿐이었지만, 호기심이라는 것은 그 피해를 당해본 사람만이 알 수 있는 참으로 괴상한 열정이다. 사람들은 이 열정을 채우려는 욕망에서 몇 킬로미터쯤을 기꺼이 달려오고, 일찍이 듣도 보도 못한 수고를 즐겁게 해냈으며 그런 욕망을 막으려는 사람의 편의와 기분, 심지어는 안전까지도 전혀 아랑곳하지 않았다.

우리는 온통 사람들에게 둘러싸여 있는 것을 알고 있었으므로 흔히 하는 대로 손가락으로 구멍을 뚫고 엿보는 것을 막으려고 방문과 창문 앞에다 수건과 비옷들을 걸어 놓았다. 그렇게 성을 쌓아 놓고 겨우 얻은 휴식 시간 동안에 식사를 하려고 탁자로 쓰는 트렁크 앞에 앉았다. 갑자기 숨을 죽이며 킥킥 웃는 소리가 들려서 급히 주위를 둘러보았다. 가느라란 긴 막대로 문에 구멍을 뚫고 휘장을 걷어 올린 뒤에 그 구멍으로 무수히 많은 눈들이 들여다보고 있었다. 그 구멍으로 우리의 모습은 아주 잘 보였다. 솔직히 고백하건대 나는 그 난처한 순간에, 마치 야비한 적군이 피워 놓은 뜨거운 승리의 불꽃 한가운데 있는 것 같던 그 순간에, 우리가 그저 평범한 여행객이라면, 또 우리가 그 사람들에게 신뢰를 얻기를 바라지 않거나, 그런 자잘한 괴로움을 그 가여운 사람들에 대한 사랑으로써 참아낼 준비가 되어 있지 않거나 했다면, 참말이지 주사기를 가지고 그 구멍에 가득 찬 눈들을 모조리 찔러 버리고 싶다는 생각을 했다. 그러나 나는 그제 그런 일에는 충분히 단련되어서 누가 내 사생활을 무례하게 간섭해도 아주 '태연자약하게' 그것을 용서하고 이해하게 되었다.

그 여행을 하는 동안 양식은 점점 떨어졌고, 그중에서도 설탕이 무척 딸렸다. 조선 사람들한테는 이런 식품이 없었다. 그러나 우리는 메밀로 만든 조선식 꿀을[16] 얻을 수 있었는데 나는 평생토록 그렇게 달콤한 것을 먹어본 적이 없었다. 그리고 그 꿀을 좋은 차에다 타 먹으면 아주 좋다는 것을 알게 되었다.[17]

희주라는 마을에 이르자 경치는 자못 황량해졌고, 산으로(그다지 높은 산들은 아니었다) 올라가는 언덕들이 나타났으며 길은 길 위로 꾸불꾸불 뻗어 있었다. 그런가 하면 물살이 센 여울물이 요란스러운 소리를 내며 아래로 흐르고 있었다. 여기서 우리는 잔설 아래 막 피어난 봄꽃들을 보

16) 조청, 곧 물엿을 일컫는 듯하다.
17) 평안북도 회천군 회천읍의 옛 이름.

앉다. 눈 위로는 나비들이 햇볕 속을 날고 있었다. 아직도 춥고 쌀쌀한 날씨였지만, 하느님 아버지께서 나비들을 보내셨으므로 나비들은 제자리를 찾은 것이 틀림없었다. 눈을 들어 하늘을 보면 해가 빛나고 있었다. 가장 질퍽거리고, 어질어질하고, 오르기 힘든 오르막길에서, 그동안 인정머리 없는 마부가 짐을 너무 많이 실어서 내내 가여워 보였던 조랑말 두 마리가 갑자기 싸우기 시작했다. 허약한 마부들이 그들을 떼어 놓으려고 이리 뛰고 저리 뛰고 소리를 질러 댔으나 얼마 동안 서로 격렬하게 발길질을 하고 마치 작은 악마들처럼 비명을 질러 대더니 마침내 서로 다른 방향으로 휙 달아나 버렸다. 그러자 나는 기분을 싹 잡쳤고 여태껏 내가 그 짐승들에게 가졌던 동정심이 쏙 들어가 버리고 말았다. 그놈들은 아주 제멋대로 굴고, 버르장머리가 없고, 고집이 세고, 싸우기 좋아하고, 변덕스럽고, 교활하고, 다루기 힘든 작은 짐승들이라고 나는 굳게 믿게 되었다.

이 작은 마을에서 진료를 받은 사람 가운데 어떤 여자는 약을 얻으러 25킬로미터나 되는 길을 왔다. 게다가 그 여자는 용한 의사가 왔다는 소식을 자기 마을에 전했다. 따라서 몸의 선교가 마음의 선교에 아주 효과가 있다는 것이 밝혀졌고, 씨앗은 멀리 그리고 널리 퍼졌다. 그 작은 씨앗이 얼마나 큰 열매를 맺을지는 오직 주님만이 아시니, 주님께서는 씨앗을 뿌리는 자 뒷날 그것을 보리라고 약속하셨다.[18]

저녁을 먹은 뒤에 언더우드 씨와 나는, 새장처럼 생긴 답답한 방을 벗어나서 그 아름다운 경치 속에서 달빛을 받으며 산책을 하기로 남몰

_____

18) 신약성서 '마태복음' 13장 31절~32절까지의 내용.

래 계획을 짰다. 물론 성문 밖으로 나가는 일은 쓸데없는 짓일 것이다. 그렇게 되면 당장에 경계 신호가 떨어지고, 사람이란 사람은 있는 대로 끌어 모아 우리를 뒤쫓을 것이기 때문이었다. 그러나 집의 담장은 낮았고, 그래서 사람들이 모두 잠들기를 기다려 우리는 마치 한 쌍의 범죄자처럼 잠자리를 살금살금 기어 나와 담장을 넘어 마침내 자유로운 몸이 되었다. 이제야 비로소 우리를 쳐다보는 눈길에서 벗어나 싱긋한 공기를 마시며 서로 즐길 수 있게 된 것이다. 그러나 아뿔싸! 스무 발짝도 채 안 가 조선의 똥개가(조선의 돼지 다음으로 내가 싫어하는 짐승이다) 우리를 알아챘는지 아니면 냄새를 맡았는지, 소리를 높여 줄기차게 짖어대기 시작했다. 우리는 그놈을 벗어나려고 서둘렀으나 소용없는 일이었다. 하얀 옷을 입은 사람들이 잇달아 문 앞에 나타나더니, 곧 한 무리가 모였고 시합은 끝나버렸다. 우리는 뒤꽁무니에 긴 행렬을 이끌고 온 길을 되밟아 돌아왔고, 대문을 들어서서는 그 작은 감옥 안에 우리의 좌절감을 깊이 묻었다.

희주에서 우리는 더 멀리 길을 떠났다. 높은 산을 넘어 도착한 이곳에서 우리는 통행권에 적힌 조건에 따라 물품을 지급받았는데, 그것은 조랑말 대신에 짐을 실을 황소(조랑말보다 훨씬 더 튼튼하고 잘 걷는다)와 시간이 늦어서 어둠 속에 길을 가야 하는 여행객들에게 필요한, 불을 붙일 수 있게 한 소나무 가지나 긴 유리 속에 든 횃불이었다. 이 횃불을 마을 사람 몇몇이 일정한 거리까지 들어다 주면 거기에서 또 새로운 사람들이 우리를 맞아 들어다 주도록 되어 있었다. 황소와 횃불을 길손에게 대주는 사람들에게는 그 노고에 대한 보답으로 정부에서 일정한 논밭을 갈아먹도록 해주지만 그들은 그것을 거의 믿지 않았다. 늦은 시간에 길

손이 집집의 문을 오랫동안 두드려 보아도 헛일인 때가 많다. 이웃 사람이 나와서 그 사람은 아프다거나 집에 없다고 말한다. 그러니까 무슨 대가를 치렀을 때나, 환자가 있다는 말이 더는 소용이 없거나, 환자가 더 있을래야 있을 수 없게 되었을 때에야 겨우 그 집주인이나 아내가 나타나서 그렇게 오랫동안 바라던 횃불을 꾸물거리며 준비한다.

골짜기를 따라 내려가면서 보니까, 이 산 반대편 쪽에 여태껏 우리가 보아왔던 마을들과는 아주 다른 모습의 마을이 보였다. 그 집들은 여느 집처럼 나뭇가지에 진흙을 개어 발라 지은 것이 아니라 두터운 통나무로 지은 것이었다. 꽃나무들이나 기와를 인 진흙 담장 대신에 집집마다 튼튼한 재목으로 만든 높은 담장이 쳐져 있었는데 그것은 끝을 뾰족하게 깎은 재목을 서로 단단히 묶어 놓은 것이었다. 그 모든 것이 마치 여기 사는 농부들이 무슨 공격에 대비하고 있는 것 같았다. 그러나 대체 어떤 적들의 공격일까?

여기에는 인디언이나 야만족들도 없었다. 참으로 그린 듯이 아름다운 곳이었다. 산들은 웅장하게 솟아 있었고 주위는 온통 숲이었다. 그리고 그 숲과 마을 사이로 아름다운 시내가 흐르고 있었다. 달빛이 밝은 밤이었고 주위의 분위기는 눈부시게 아름다웠다. 저녁을 먹은 뒤에 우리는 다시 산책을 나갈 준비를 했다. 갓 혼인한 신랑 신부에게 당연히 주어져야 할 특혜와 의무인 신혼여행의 의식을 우리처럼 치러 본 사람은 정말이지 거의 없을 것이다. 이미 앞에서도 말했듯이, 언제나 수많은 사람들이 우리의 사소한 행동까지 놓치지 않고 죄다 보면서 우리가 무슨 바보 같은 짓이나 하지 않을까 늘 앞을 가로막고 있었다. 그러나 여기는 저 멀리에 나무들과 산으로 둘러싸인 은밀한 장소도 있고, 또 집에만 처

박혀 있는 갸륵한 버릇이 있는 희한하게 점잖은 사람들만 사는 마을이어서 우리는 황홀한 달빛 속에 은빛으로 흐르는 냇물의 노랫소리를 가까이 들으며 마음대로 돌아다녀도 좋았다. 그래서 우리는 가장 행복한 신혼부부가 되어 이리저리 산책하다가 몇 발짝 아래에 있는 온통 나무들로 들어찬 마을의 경계에 이르렀다.

산책하면서 이곳저곳을 살펴보니 통나무로 만든 어마어마하게 큰 우리 같은 것이 눈에 띄었다. 지붕에는 큰 돌덩이들을 얹어 놓았는데, 아주 이상스럽게 만들어진 것이 마치 커다란 짐승의 우리 같았다. 숲 사이로 질러갈까 어찌할까 망설이면서 시냇가에 서 있는데 갑자기 나무 그림자 속에서 마른 낙엽을 밟는 아주 무거운, 그러나 살금살금 걷는 발자국 소리가 주의를 끌었다. 갑자기 주위가 온통 섬뜩한 기운에 휩싸이는 것 같았다. 그 소리에 깜짝 놀라서 정신을 차려 보니 우리가 보았던 그 울이 그 유명한 호랑이 덫(호랑이는 흔히 시냇가로 물을 마시러 온다)이 틀림없었으며, 마을 사람들이 그렇게 튼튼하게 성을 쌓아 막고 있는 적이 바로 이 짐승이라는 것, 그리고 아무튼 우리는 좀 더 안전한 시간과 장소를 얻을 때까지 달빛 속의 산책을 뒤로 미루는 게 낫겠다는 것을 깨달을 수 있었다. 그래서 우리는 연인들과 같은 발걸음이라기보다는 차라리 사업가와도 같은 발길로, 따분하기만 한, 그러나 아주 반가운 오두막으로 돌아오고 말았다.

조선 호랑이의 가죽은 겨울에 잡으면 아주 훌륭하다. 그러나 불행하게도 조선 사람들은 그 가죽을 보관하는 적절한 방법을 모르고 호랑이를 잡으면 그 자리에서 바로 가죽을 벗겨낸다. 표범 가죽도 그렇게 한다. 조선 사람들은 호랑이 발톱을 아주 높은 값으로 치기 때문에 호랑이를 잡으면 당장에 발톱을 빼내는 경우가 많다. 호랑이는 만주와 맞닿은 국경 지방의 모든 산속에서 볼 수 있는데, 나는 조선에 온 뒤 서울에서만도 호랑이를 적어도 한 번 이상 보았고, 또 서울에 온 지 몇 달 뒤에는 우리 집 옆에 있는 러시아 공사관에 표범이 나타난 것을 본 적도 있다. 그때 우리 숙소는 모두 오두막이었고, 여름날 밤의 지독한 무더위 때문에 창문을 열어 놓을 수밖에 없었는데, 나는 그런 일이 있은 뒤로는 가끔 내 방에서 이런 짐승들의 살금살금 걷는 무거운 발소리와 깊은 숨소리가 들리는 것 같아서 한밤중에 몇 시간씩 잠을 못 이룬 적도 있었다.

그러나 그 호랑이 계곡에서 돌아온 것만으로는 아직 일이 끝나지 않았다. 언더우드 씨와 내가 그날 밤 집으로 돌아오는데 계곡에서 날카로운 총소리가 들렸다. 우리가 들어 있는 집은 언덕의 한쪽 기슭에 있었고, 우리 하인들의 숙소와 마을의 집들 대부분이 바로 계곡 아래에 있었다. 곧장 어떤 사람이 우리에게 달려와서 지금 막 호랑이를 잡았다고 말했다. 그것은 꽤 재미있는 일이었다. 그러나 나중에 알고 보니 그것은 다만 총을 마구 쏘아댈 때 내가 놀랄까 봐 미리 양해를 구한 것에 지나지 않았다.

사실은 이런 것 같았다. 한 서른 명쯤 되는 패거리가―그들은 모두 죄를 짓고 도망한 사람들이거나 강도들인 모양인데―그날 한밤중에 감히 이 신성한 산골 마을의 경내에 침입한 사악한 외국인들을 쳐부수고, 이방인이 이 땅을 더 괴롭히지 않도록 경고하겠다는 계획을 꾸몄던 것이다. 그들은 계획이 성공하기를 빌며 함께 술을 마셨는데, 이 마당에서 그들의 우두머리가 지나치게 무리를 했던 것이다. 그는 계획을 수행하려면 아직 몇 시간이나 남았건만 그만 곤드레만드레 취해서, 고래고래

소리를 지르다가 신이 나서 총을 쏘고 말았다. 마을 어른의 명령에 따라 그는 당장에 붙들려 꽁꽁 묶이고 총을 빼앗겼다. 총잡이가 팔목에 도화선을 감아쥐고 있다가, 쏠 준비가 되면 방아쇠를 당겨 뇌관의 화약을 덮고 있는 작은 뚜껑이 열리게 한 뒤에, 그 도화선에 불을 붙여 뇌관에 떨어뜨려 넣어 총을 쏘는 것인데, 늘상 있는 그렇고 그런 사건이었다. 조선의 산속에 들끓는 무시무시한 표범과 호랑이와 산돼지와 곰들과 맞서 조선의 사냥꾼들이 쏘는 총이라는 것이 이렇게 성가시고 초라한 것이다. 조선의 양반들은 호랑이와 표범의 가죽을 가마에 깔고, 이빨과 발톱은 장식품으로 쓴다. 그 밖에도 호랑이나 표범의 뼈를 간 것이 화장품으로서 그보다 저 좋은 것이 없다고 생각한다.

조선 사람들에게서 나는 호랑이에 관한 이야기를 많이 들었다. 이 민족에게는 호랑이 이야기가 아주 많이 있다. 여기서 아주 짧은 이야기를 하나 하겠다. 옛날에 아주 사나운 호랑이 한 마리가 먹이를 구하러 마을로 살금살금 내려왔다. 그러나 사람들은 모두 잠들고, 소나 돼지들은 울 안에 다 들어 있고, 어린애나 개, 하나못해 닭 한 머리도 바깥에 얼씬거리지 않았다. 호랑이는 저녁거리를 못 찾아 실망하여 돌아가려고 하다가 개나 고양이가 드나들도록 대문 밑에 으레 만들어 놓은 구멍으로 조그마한 개 한 마리가 벌벌 떨고 있는 것을 보았다. 이 산속의 왕자께서는 그 구멍 사이로 비집고 들어가 보려고 했지만 헛일이었으므로 담장을 차근차근 살펴보았다. 그 담은 매우 높았고 게다가 날카로운 못들이 박혀 있었다. 그러나 너무나 입맛이 당겨서 그는 넘어가야 할 담장의 높이와 자기 자신의 힘을 꼼꼼히 헤아려 보고 나서 마침내 담을 뛰어넘기로 했다. 그 날쌘 친구는 있는 힘을 다해 뛰어올랐고 마침내 가까스로 못을 피해 담장 안으로 무사히 발을 디뎌 저녁거리 앞으로 다가갔다. 그는 오두막 안에 있는 사냥꾼이 알아채고 총을 쏘기 전에 그놈을 잽싸게 낚아채어 도망칠 수 있을 것으로 생각했다. 그러나 이 강아지는 다리 사이로 꼬리를 말아 넣고 담 바깥에서도 다 들릴 만큼 큰소리로 짖어댔다. 그러니 우리의 이 굶주린 방랑자는 저녁거리를 놓치고 또 한 번 담장을 뛰어넘는 도리밖에 없었다. 그러나 아뿔싸! 그의 머리는 그 참을성과 부지런함에 미치지 못하였다. 참으로 안 된 일이지만 나는, 이 탐욕스러운 친구가 먹이를 찾아 담장을 뛰어넘어 갔다가 다시 넘어왔다가 하면서 분노와 식욕이 점점 커져서는 마침내 완전히 지쳐서 그 조그마한 꾀 많은 적 앞에 먹이가 되어 볼품없이 죽어 버렸다는 것을 말해야겠다. 이 이야기는 힘이 언제나 이기는 것은 아니라는 것, 그리고 크기와 힘에서 작고 약한 것이 늘 지는 것은 아니라는 것을 귀띔해 준다.

우리를 죽이려는 사람들 때문에 큰 위험을 겪었던 그 작은 마을에서 맛좋은 사슴고기와 꿀을 대접받았다. 숲속에서 우리는 아네모네와 여러 봄꽃들을 보았고, 흔히 이집트에서는 숭배의 대상이 되기도 하는 새의 일종인 아주 아름다운 분홍색 따오기들을 보았다. 길 여기저기에, 그리고 우리들 주위에는 온통 팔려고 쌓아 놓은 까맣고 단단한 좋은 나무 다발들이 보였다. 그 나무 이름은 알 수는 없지만 까만 호두나무처럼 보이는 것들이었다. 이 고장을 여행해 본 사람이라면 아무도 조선에는 나무가 없다거나, 지저귀는 새들이 없다거나, 향긋한 꽃들이 없다거나, 멋진 나비들이 없다거나 하는 말을 할 수 없을 것이다.

4. 제리코로 가는 원숭이
강계에서 만난 도적 떼

그 다음에 우리가 멈춘 중요한 곳은 강계[1] 읍내였다. 성벽으로 둘러싸인 이 도시는 인구가 10만에서 20만쯤 되는, 평안북도 북부 지방이었다. 이 도시는 아주 거칠고 제멋대로 사는 사람들이 모여 사는 곳이었으며—언제 사람들이 그렇지 않은 때가 있었을까?—중국과 국경이 맞닿아 있는 곳이어서 적어도 그때는 이곳의 수령은 거의 모든 권한을 정부에서 위임받고 있었다. 그는 무장을 한 엄청나게 많은 군대와 굽실거리는 경호원들을 수없이 거느림으로써 막강한 권력과 위엄을 보여주었다. 그가 관아를 나설 때면 언제나 총을 쏘았고, 늘 하인배과 관리들이 그를 따랐다. 그는 이 모든 것이 사람들을 겁주고 그의 권한과 위엄을 세우는 데 꼭 필요한 일이라고 우리에게 말했다. 나는 왕비의 친척인 그를 대궐에서 만나본 적이 있었다.

우리가 그 도시의 5킬로미터쯤 바깥에 이르렀을 때 저 멀리 산기슭에서 군인들이 깃발을 휘날리고 나팔을 불면서 우리를 기다리고 있었다. 대체 무슨 일이 벌어지려고 그러는지 도무지 짐작할 수가 없었다. 그것은

......

1) 평안북도 강계군 강계읍.

침입하는 외국인들을 당장에 잡아 가두겠다는 뜻일 수도 있었고, 돌아 가라는 명령일 수도 있었고, 우리를 깡그리 없애 버리겠다는 뜻일 수도 있었다. 그러나 그 시위가 대체 무엇을 뜻하는지 전혀 알 수 없는 일이긴 했어도, 어디에서나 구경꾼들 말고는 우리를 친절하게 맞아주었기 때문에 크게 걱정하진 않았다. 아무튼 우리는 이 군대의 행렬쯤은 조금도 안중에 없다는 듯 당당한 태도로 곧장 나아갔다. 서로 인사를 나눌 수 있을 만큼 거리가 가까워졌을 때 군대의 지휘자가 우리에게 아주 극진하게 예를 갖추어 자기는 우리를 성안까지 호위하려고 나왔다고 말했다.

그리하여 우리는 단촐한 하인들에다 이 성가신 수행원들을 덧붙여 거느리고 앞으로 나아갔다. 그러나 그것뿐만이 아니었다. 세계 어디에서나 똑같지만, 군인들과 곡마단(아니, 차라리 순회 동물원이라고 해야 할까?)을 보고 모여든 아이들과 그 밖의 잡다한 사람들이 우리를 둘러쌌다. 도저히 벗어날 길이 없는 그 아이들과 함께 1.5킬로미터를 가니까 군대의 열렬한 두 번째 환영이 우리를 기다리고 있었다. 가까이 다가가니 떠들썩한 소리가 점점 커지면서 북이 울리고, 나팔 소리가 들리고, 깃발이 휘날리고, 나막신 소리가 돌 위에서 덜거덕거리고, 아무튼 휘장이 굳게 내려진 가마 안에 움츠리고 앉아 듣고 있으려니까 몹시 요란스러웠다.

눈 깜짝할 사이에 사람들이 어마어마하게 불어났으며 잠깐 쉬는 동안에도 또 다른 군악대가 거기에 합세했다. 나는 이 일을 진심으로 고맙게 생각했다. 사람들은 어질었으나 좀 거친 호기심을 지니고 있었고, 우리는 조선 사람들에겐 나쁜 평판을 받고 있는 이방인이었기 때문이다. 이렇게 많은 사람들한테는 아주 작은 일도 자칫하면 엄청난 화근이 될 수도 있고 또 우리는 아직 경험도 없고 사람들의 기질도 전혀 모르고 있었기 때문에, 나는 군대를 보내준 원님의 속마음이 무엇이거나 아무려면 군중의 손에 견주면 책임 있는 관리의 손이 훨씬 부드러우려니 하는 생각을 했다. 그리고 그 뒤에 일어났던 그 모든 일을 지금에 와서 돌이켜보건대, 깃발과 나팔과 열렬한 환호 속에서 그 지방에 복음의 첫 소식이 전해지고 기독교가 출현했던 것은 결코 어색하지 않고 아주 적절한 일이었다. 비록 작은 출발이긴 했으나 하느님의 나라가 세워진 것이었다.

다시 그 시끄러운 여정 얘기로 돌아가기로 하자. 성안에 들어서니까 시끄러움과 흥분(조선말로는 '야단'이라고 하는데 이렇게 훌륭한 표현은 없다)은 그 어느 때보다 더했다. 기생들이며 온갖 건달들이 사람들 속에서 우쭐거리고, 사람들은 웃고, 소리 지르고, 밀치고, 난리 법석을 떨었다. 구경하기 좋은 높직한 자리는 꼭대기까지 아이들이 차지했고, 노점이나 발이 쳐진 자리는 여자들이 앉았고, 길거리는 지나다닐 수도 없을 정도였다. 나는 벌벌 떨었다. 꼭 장난스러운 호랑이 앞에 놓인 생쥐 같은 느낌이 들었다. 낯선 사람 수천 명의 욕망—비록 그것이 그저 구경하는 것뿐이라고 해도—의 대상이 된다는 것은 결코 유쾌한 일이 아니다. 그 사람들 가운데에 많은 사람이 우리를 보려고 15킬로도 더 달려왔다. 내 남편은 내가 그 엄청나게 많은 흥분한 사람들의 손 안에 떨어지는 불쾌한 일만은 막으려고, 관아의 대문으로 서둘러 가더니 말에서 내려 내 가마가 들어오는 대로 빨리 문을 닫으라고 문지기에게 말했다. 재빨리 가마가 들어오고 대문은 굳게 닫히고 문지기가 세워졌다. 조그만 아이들에게 이긴 것을 매우 자랑스러워하며 허둥지둥 방으로 쉬러 갔다. 그러나 이게 웬일이냐! 마치 폭포가 쏟아져 내리는 듯한, 아니면 강물이 바위로 쏟아져 내리는 것 같은 저 시끄러운 소리는 무엇이란 말인가? 맙소사! 그것은 아이들이었다. 그 아이들은 서로 어깨를 딛고 벽을 타 넘어서는 우리의 숙소 안으로, 말 그대로 쏟아지고 있었다.

나는 마치 쫓기는 짐승처럼 도망갈 곳을 찾아 작은 방 안을 둘러보았다. 창문과 방문은 겹으로 되어 있었고 안쪽의 문은 벽 안으로 살짝 들어와 있었지만, 그 문들은 둘 다 종이를 두껍게 바른 가느나란 나무로 짠 가벼운 것이었다. 그리고 날뛰는 소년 소녀들은 방 안으로 들어오려고 바깥으로 난 문을 이미 찢고 있었다. 그 순간 나는 작은 문 하나를 발견했다. 그 문은 길고 컴컴한 벽장으로 난 문이었고, 그 안에는 몇십 년 동안 쌓인 먼지와 온갖 지저분한 것들이 쌓여 있었다. 나는 그리로 도망을 쳐서 가장 깊숙한 곳에 웅크리고 앉았다. 창문으로 방 안을 들여다보고 그 안에 '아메리카 종'이라는 괴상한 짐승이 없음을 안 사람들은, 그 여자가 어디 다른 곳에 있는 모양이라고 결론을 내렸다. 그래서 잠깐 동안의 유예 기간이 생겼고, 그 틈을 타서 언더우드 씨와 원님의 부관은 우리 숙소를 경비할 대책을 세웠다. 그는 아예 우리 숙소에서 업무를 보기로 했고 허락도 없이 마음대로 출입하는 '잡인들'을 들이는 사람은 험한 처벌을 받을 것이라고 겁을 주었다. 그 뒤로 그 마을에 머물러 있는 동안 나는 그런대로 귀찮은 일을 겪지 않았다.

그러나 병이 무슨 돌림병처럼 이 지방에 번지는 것 같았다. 사람들은 누구나 다 의사를 보고 싶어 했으므로 이미 옛날에 앓았던, 이제는 거의 다 잊어버린 병을 억지로 되살려내거나, 또 더 되살려낼 병이 없을 때에는 새로 병을 만들어 내기도 했다. 아침부터 밤까지 사람들은 이 '유명한 의사'를 만나려고 길게 줄을 서서 기다렸다. 만일에 내가 돈 때문에 치료를 했다면, 나는 치료비를 얼마라도 매길 수가 있었을 것이고, 그랬다면 우리 금고 속에 돈이 가득 찼을 것이다. 그러나 나는 그들에게 위대한 의사,[2] 돈이나 대가를 바라지 않고 이루 말할 수 없는 선물을 주시는 위대한 의사에 대해 그들에게 말할 수 있는 것만으로도 너무나 기뻤다.

원님은 매우 친절하게 우리를 대해 주었고, 어느 날 성 밖에 있는 한 작은 정자에서 언더우드 씨에게 미국과 미국인에 대해 참으로 많은 것을 물었다. 그래서 내 남편은 우리의 선교 사업에 대해 그 사람을 계몽하는 좋은 기회를 얻게 되었다. 그는 물론 다소곳하게 얘기를 들었으나 조선 양반의 마음을 움직이기는 아주 어려웠다. 양반들은 수많은 사회적인, 종교적인, 정치적인 속박에 굳게 얽매여 있으며 잠깐이라도 그것을 벗어 던지는 건 스스로 생각조차 안 하려고 한다.

원님은 우리가 떠나기 전에 많은 선물을 보내 왔다. 우리는 담배를 피우지 않는데도 담배 한 상자를 보냈고, 그 밖에 설탕을 입힌 중국산 생강, 꿀, 밀가루, 쇠고기, 식초, 감자 따위를 보냈다. 알고 보니 이런 품목들은 우리 수행원들에게 꾸준히 알아보고 고른 것이었다. 조선에서는 벼가 자라지 않는 산속에서 말고는 감자를 기르거나 먹지도 않는데 그들은 감자를 구하려고 온 동네를 샅샅이 뒤지고 다녔다.

강계를 떠나면서 우리는 사람들이 많이 다니는 산을 빙 둘러가는 먼 길로 가든지 아니면 산을 넘어가는 인적이 뜸한 지름길로 가든지 둘 중의 하나를 택해야 했다. 그러나 원님은 얼마 전에 자기가 몸소 지름길로 가보니까 이제는 모든 것이 아주 평온하고 질서가 잡혀 있더라고 하면

---

2) 하느님과 예수 그리스도를 비유한 말.

서 지름길도 안전하다고 장담했다. 그 지방은 아주 평판이 나쁜 곳이었다. 깊은 산속에는 도망쳐 온 범죄자들이 숨어 여행자의 길을 막고 있고, 또 산적의 소굴도 있다고 했다. 그러나 우리는 일이 급하고 시간에 쫓겼던 데다 원님의 말에 안심도 되고 해서 지름길로 가기로 했다. 우리들한테는 순검 한 사람과 군인 한 사람이 따랐는데, 원님은 그들이 있으면 남들이 우러러보고 겁을 먹을 것이며, 따라서 우리는 반드시 안전할 것이라고 했다.

강계를 떠나 우리는 곧장 산을 넘어가기 시작했다. 여태껏 보았던 그 어떤 것보다 훨씬 인구가 적고 자연이 아름다운 곳이었다. 이따금 고구마 밭이 딸린 농가가 나타날 뿐이고 주위는 온통 산으로 꽉 들어차 있었다. 산속은 우람한 나무들 천지였다. 여기저기 나무를 베어내는 사람들이 보이거나 그런 소리가 들리기도 했으나 사람이 사는 흔적은 거의 찾아볼 수 없었다. 이 산골을 지나면서 우리는 드문드문 흩어져 사는 이곳의 많은 사람이 갑상선 종양으로 고통받고 있음을 눈여겨보았다.

한밤중에 우리는 열 집도 채 안 되는 한 작은 마을에 닿았다. 이 마을은 여행객을 쉬게 하려고 정부에서 세운 것으로서 이 마을 사람들은 통행권을 가졌거나 공적인 임무를 띤 사람들에게 간단한 음식과 말과 황소, 횃불 따위를 대주는 대가로 정부에서 생계 보조비를 받고 있었다. 그러나 여행객은 거의 없다시피 했다. 그러나 마을 사람들은 자기들이 치러야 하는 의무는 독재적인 수탈이고, 보조금은 당연히 받아야 할 권리라고 생각하기에 이르렀다. 그래서 우리가 도착했을 때 그곳에는 왠지 불길한 정적이 감돌았다. 우리는 마을이 텅 비었다는 것, 사람들이 모조리 집을 버리고 도망쳐 숨어 버린 지 오래되지 않았다는 것을 알게 되었다. 이 썰렁한 대접이야말로 그대로 악의의 표시였고, 잠자리와 도움을 줌으로써 받은 대가를 거절한다는 뜻이었다. 물론 좋은 징조는 아니었지만, 당장은 우리에게 필요한 것을 채우는 도리밖에 없었다. 불을 지피고, 말에게 먹이를 먹이고, 가마꾼들과 마부들과 하인들의 밥을 짓고 하는 동안 우리는 상자 속에 든 것들을 맛있게 먹었다. 그날 밤 마을 사람 몇이 집으로 돌아왔다.

다음 날 아침 일찍 우리가 쓴 물품의 값을 치르고 길을 떠났다. 그러나 그날 가야 할 길이 너무 멀어서 무척 서두른 데다 무슨 큰 위험이 닥칠지 전혀 생각을 하지 않았기 때문에 실수를 하고 말았다. 우리는 몇 안 되는 일행을 나누었던 것이다. 곧, 언더우드 씨와 군인과 나는, 나중에 우리가 제리코의 길이라고[3] 부른 길로 앞서 가고, 하인들과 순검은 걸음이 느린 조랑말과 마부와 함께 몇 킬로미터 떨어져 우리를 뒤따라오도록 했다. 우리는 낮에 쉴 곳에 일찍 도착해서 음식과 말 먹이(그걸 만들려면 언제나 한 시간씩은 걸려서)를 미리 준비하도록 계획을 짰다. 그렇게 해서 그들이 도착하는 대로 모든 준비가 끝나서 곧장 떠날 수가 있도록 하기 위해서였다. 아주 날씨가 좋은 날이었다. 산 공기는 맑고 싱그러웠으며, 우리를 구경하는 사람도 없었다. 그래서 언더우드 씨와 나는 오랫동안 함께 걸으며 웃고 떠들고 어여쁜 꽃들을 따곤 했다. 참으로 꽃이 많았는데 그 가운데에서도 특히 이런 산중에도 자라는지 자못 놀라웠던 향긋한 제비꽃을 꺾었다. 우리는 목적지인 한 작은 마을에 일찌감치 도

---

3) 영어로는 제리코로 적는 여리고는 요르단의 옛 도시이다. 신약 성서 '누가복음' 10장 30절에 어떤 사람이 예루살렘에서 여리고로 가는 길에 강도를 만나는 이야기가 있는 만큼 저자 일행도 강도를 만난 이 길을 그렇게 불렀다.

착했다. 그리고는 그 마을에서 볼 만한 곳이라곤 오직 그곳뿐인 작은 여인숙에 들었다.

우리의 짐이 도착할 때까지 시간이 얼마나 흘렀는지 나는 모른다. 그러나 그리 오래되지는 않았다. 그런데 그들이 온다는 전갈이 왔을 때 내 남편이 여행 가방에서 작은 리볼버 권총(우리의 유일한 무기였다)을 꺼내더니 자기 주머니에 넣었다. 남편이 무슨 전갈을 받았는지 나는 그 말을 거의 알아들을 수가 없었다. 남편은 몇몇 깡패들이 우리를 따라오고 있으며, 좀 곤란한 일이 생길지도 모르겠고, 어쩌면 권총이 필요할지도 모르겠다고 말했다. 여인숙으로 오는 길에 그는 산적들이 우리를 습격하려고 따라오고 있다는 전갈을 받았다고 했다. 우리가 사람들의 눈 밖으로 벗어나자마자 다른 한 떼의 사람들이 짐을 진 우리 일행을 쫓아와서는 우리 마부 하나를 도둑질했다는 죄목으로 붙들었다는 것 같았다. 그들은 자기들이 도둑맞은 물건을 돌려받으려 한다고 했다. 그들은 마부의 손을 묶고, 조랑말과 짐을 빼앗고는 여인숙까지 우리를 쫓아왔다. 나는 열린 문틈으로 밖을 엿보았다. 확실하지는 않았지만 스무 명에서 서른 명쯤 되는 시골 사람들 한 떼가 몰려 있는 게 보였다. 여태껏 내가 본 사람들 중에서 가장 포악하고 무시무시하게 생긴데다가 머리는 흔히 하는 대로 상투를 튼 게 아니라 헝클어진 채로 험악한 얼굴 주위에 흐트러져 있고, 그 성난 눈들에는 무섭게 핏발이 서 있었다. 저마다 손에는 짤막하고 단단단 몽둥이를 쥐고 한꺼번에 성난 목소리로 고함들을 치고 있었으며 이 포악한 무리의 한가운데에 손이 묶인 마부와 내 남편과 순검 그리고 군인과 하인이 서 있었다. 그 좁은 장소는 사람들과 시끌시끌한 소리로 꽉 차는 것 같았고, 한편으로 잔뜩 겁을 집어먹은 마을 사람들은 문간이나 담 너머로 엿보고 있었다. 우리의 용감한 가마꾼들은 멀리 숨어 버렸는데, 나중에 우리는 그것을 지극히 고마워했다.

성난 목소리로 고함을 치면서 우리를 몰아세우는 그 사람들은, 우리 마부가 자기들의 돈과 모자 하나와 밥그릇 하나를 훔쳤다고 욕을 했다. 그래서 증거를 대라고 하자 그들은 마부가 쓰고 있는 낡고 지저분한 모자를 가리켰는데 그것은 그 마부의 것이었다. 또 우리 집 꼭대기에 얹혀 있는 밥그릇 하나(마부의 말로는 그들이 얹었다는 것이다)와 아침에 조랑말에 실으면서 우리 눈으로 보았던 대로, 단단히 졸라매서 싸둔 조선 돈이 든 커다랗고 무거운 우리 가방을 가리켰다. 그들은 이 물건들을 내놓지 않으면 마부를 풀어주지 않겠다고 했다. 언더우드 씨는 그들에게 모자와 돈은 우리 것이라는 것, 그러니 그들이 우리 마부를 풀어주지 않으면 함께 원님에게 가서 이 모든 문제를 원님의 결정에 맡기겠다고 말했다. 그들은 이 말은 들으려고도 하지 않고 돈을 내놓으라고 줄곧 억지를 부렸다. 내 남편은 우리 숙소와 담 사이의 겨우 두 사람이 들어갈 만한 좁은 빈터 안으로 옆에 있던 그 용감하고 자그마한 군인과 함께 몸을 비켜섰다. 그리고 그는 군인에게 마부를 묶은 끈을 끊어 버리라고 명령했다. 그 사람들은 군인에게 만일 그렇게 하면 죽여 버리겠다고 위협했다. 그러나 그는 언더우드 씨에게로 몸을 돌려 "어르신께서 저 결박을 끊으라고 하셨나요?" 하고 묻고는 그렇다는 대답이 있자 마부를 묶은 줄을 단박에 끊어 버렸다. 악당들이 한꺼번에 달려들었으나 언더우드 씨는 그 좁은 빈터로 마부를 급히 밀쳐 넣고는, 옆에 있던 군인의 도움을 받아 어떤 사람을 밀쳐내고 얼마 동안 그들을 막고 있었다.

그러나 그가 이렇게 앞에만 온통 신경을 쏟고 있는 사이에, 몇몇 사람들이 뒤로 돌아가는 길을 찾아내서는 살그머니 뒤쪽으로 다가가 갑자기 그의 팔을 뒤로 꽉 잡고 꼼짝 못하게 붙들고 말았다. 그 사이에 다른 사람들은 불쌍한 우리 마부를 마을 바깥으로 끌고 갔고, 그들의 목소리는 멀리 사라져갔다. 시끌벅적한 소리에 이어 무시무시한 정적이 흘렀다. 과연 무슨 일이 벌어질지 우리는 기다리고 있었다. 조마조마한 시간이 흐른 뒤에 그들은 마부는 두고 자기들끼리 돌아와서 이번에는 순검을 붙들어 데리고 갔다. 다시 무거운 정적이 흐르고 고통스럽고 불안한 시간이 지났다. 그리고 그들이 다시 쳐들어왔고 이번에는 다른 마부가 질질 끌려갔다. 이 사람들, 그리고 다른 우리 일행들이 그 자그마한 군인이 보여주었던 용기의 반만이라도 보여주었다면, 또 자기 자신과 우리를 지키려고 조금만 애썼더라면, 특히 가마꾼들이 우리 곁에 있었다면, 우리는 그 악당들을 가볍게 물리칠 수 있었을 것이다. 그러나 우리는 참으로 무력했고, 다음번엔 누가 끌려가느냐 하는 것만이 문제였을 뿐이었다. 언더우드 씨는 마지막 극한 상황 때 권총을 써야 할지 어쩔지 망설이고 있었다. 우리 일행은 하나씩 하나씩 끌려가고 마침내 언더우드 씨와 군인과 나만이 남게 되었다.

나중에야 안 일이지만, 그 패거리들은 대부분 범죄를 저지르고 도망쳐 온 사람들로서 아마 조직된 산적 떼인 것 같았는데, 우리는 바로 그들의 손아귀에 떨어진 것이다. 우리 친구들이 하나씩 끌려갈 때 나는 그들이 마침내 내 남편마저 끌고 가서 죽일지도 모른다는 두려움에 가슴이 서늘해졌다. 나는 숨도 제대로 쉬지 못하고 다음 차례를 기다렸다. 외국인도 그렇게 처치해 버려야 한다고 그들은 말했다. 내가 겁을 먹은 것은 그들이 그런 계획을 정말로 실행에 옮긴 적이 있기 때문이었다. 그들은 몇 해 전에 어떤 일본인 관리에게 강도질을 하고 그들을 죽였다고 말했다. 그러고도 여태껏 아무 벌도 받지 않았으니까 우리도 그렇게 처치해도 절대로 괜찮을 것이라고 했다. 나중에 서울에 돌아와서 알아보니까 그 말은 사실이었다. 그때 조선 정부는 엄청난 배상금을 물어야 했지만, 그 살해범들의 신원을 밝히거나 그들을 처벌하지는 못했다. 만일에 우리가 이 마을에 도착하기 전에 공격을 받았더라면 우리의 운명도 그 일본인처럼 되었을 것이다. 그러나 사태가 이쯤 되자 마을 사람들이 나서서 산적을 막아 주었다. 그들은, 우리 조선인 하인이 끌려가고 돈을 빼앗기고 하는 것은 그냥 내버려 뒀지만 외국인인 우리는 대궐에서도 잘 알려져 있는 사람들이고 또 통행권도 지닌 사람들인 만큼 만일에 살해되면 자기 마을 전체가 처벌받을 것이므로 살려야 한다고 했다. 마을 사람들이래야 고작 남자 몇 명뿐이었지만 그들은 그 범죄자들이 자주 나타나는 장소며 그들의 신원을 잘 알고 있는 것 같았고, 그 산적들에게 어느 정도는 힘을 쓸 수 있는 사람들이었다. 그리하여 산적들은 뿌루퉁한 얼굴을 하고 줄을 지어 몰려갔다. 거의가 다 물러갔는데 아주 잔인하고 소름끼치게 생긴 한두 명이 남아서 어슬렁거리더니 그중 하나가 내 방으로 걸어 들어왔다(조선 사람의 처지에서 보아도 이것은 아주 큰 모욕이다). 그러고는 내 남편이 방에 들어와 그에게 나가라고 할 때까지 아주 불손한 태도로 나를 바라보았다.

　여인숙 주인은 키가 150센티 정도밖에 안 되어 보이는 작은 사내였는데, 우리의 불쌍한 친구들이 죽지는 않는다 해도 아주 큰 곤경에 빠졌고, 또 우리의 운명이 어찌 될지 모르는 일이 일어날 수 있다고 생각해서인지 나를 안심시키고 편안하게 해주려고 갖은 애를 썼다. 가장 가까운 관아까지가 40킬로미터나 됐고, 아무리 서두른다고 해도 그날 밤 안에 거기에 도착하기는 어려운 일이었다. 그러나 관아의 담장 안에 들어설 때까지 몇 명 안 되는 남은 사람들의 안전을 꾀할 길이 전혀 없더라도 산적들에게 잡혀간 사람들에게 무슨 도움을 주려면 당장 그리로 가는 수밖엔 없음을 우리는 알고 있었다. 그래서 될 수 있는 대로 빨리 떠나기로 결정을 내렸다. 겁쟁이 가마꾼들은 살그머니 숨어서는 아주 안전한 곳에서 실컷 저녁을 먹고는 비로소 떠날 준비를 했다. 내 남편의 조랑말은 자기 마부와 주인 말고는 자기를 건드리려는 사람은 누구나 걷어차고 깨무는 희한한 버릇을 지닌 놈이었다. 그 성질 덕분에 그날 이놈만큼은 우리에게 남을 수가 있었으니 고마운 일이었다. 우리는 조랑말 한 필을 또 얻었으나 그놈에게는 고작해야 깔개와 침구만 실을 수가 있었으므로 나머지 물건들은 그냥 뒤에 남기고 떠날 수밖에 없었다.

우리는 여인숙 주인에게 그 물건들을 집으로 가져다 좀 맡아 달라고 부탁했고, 그는 기꺼이 그러겠다고 했다. 그런데 잔뜩 겁에 질린 그의 아들이 제발 그러지 말라고 아버지에게 사정했다. 그가 우리를 숨겨 주거나 우리 물건을 맡아 주면 집을 불태워 버리겠다고 산적들이 찾아와 협박했다는 것이었다. 그러나 몸집에 비해 마음이 너무나도 큰 이 당찬 친구는 그따위 협박에는 코웃음을 치면서 우리에게 달려들었던 바로 그 남자 중의 한 사람에게 이 물건을 좀 들어 달라고 말하고는, 우리 가방을 자기 집으로 들고 들어갔다. 그러고는 우리가 그 물건을 찾으러 사람을 보낼 때까지 자기가 잘 보관하고 있겠노라고 말했다. 이러는 동안 언더우드 씨는 줄곧 나더러 뭘 좀 먹으라고 했지만, 나는 목구멍에 뭔가 커다란 덩어리가 꽉 막혀서 올라가지도 내려가지도 않은 채로 딱딱하게 굳어버린 듯해서 그 사이로 도무지 무슨 음식을 넘길 것 같지 않아서 아무것도 먹을 수가 없었다. 나는 정말이지 잔뜩 겁에 질려 그저 그 무시무시한 곳에서 될 수 있는 대로 빨리, 멀리 도망치고 싶었을 뿐이었음을 털어놓지 않을 수 없다. 참 못난 소리지만 솔직히 고백하건대 사실이 그렇다. 가장 슬펐던 일은 그 불쌍한 친구들을 뒤에 남겨 두고 떠나야 하는 것이었다. 그들을 풀어주거나 도울 아무런 방도가 없기는 했지만, 그것은 정말 잔인하고 생각 없는 짓인 것 같았다.

우리가 막 떠나려는 참에 마을 사람 두셋이 와서는 별로 대단치도 않은 병에 쓸 약을 달라고 했다. 어쩌면 이렇게 때를 못 맞출 수가 있을까? 우리 불쌍한 친구들과 우리의 목숨이 그곳에서 얼마나 빨리 떠나느냐에 달려 있으니 우리는 꾸물거리고 있을 수가 없었다. 그러나 나는 내 남편에게 그렇게 할 수는 없지 않느냐고 물었다. 이 남자들과 여자들에겐 도움이 필요했고 우린 그걸 줄 수 있었다. 우리가 예수님의 심부름꾼으로서 우애와 사랑의 정신으로 이곳에 왔다는 것을 보이는 것이 우리의 의무였고, 그리고 이것이야말로 복음을 전파하고 성경을 나누어줄 좋은 기회였다. 아무튼 오래 걸리지는 않을 것이고 또 모든 것이 하느님의 뜻이 아닐까? 그래서 언제 그 산적들이 다시 돌아와 우리를 끌어다가 우리 일행에게 내린 알 수 없는 운명—죽였을지도 모르고, 틀림없이 큰 고통을 주었을—을 우리에게도 내릴지 모르는 상황에서 나는 처방을 적었다. 아! 제발 환자들이 심한 병만 아니기를 나는 바랐다. 그러나 마음이 너무 산란한 채로 일을 했기 때문에 병든 눈이나 귀, 목 따위에 정신을 집중하기가 몹시 어려웠다. 마침내 환자를 보고 약을 다시 챙기고 하는데 또 다른 환자가 나타났다. 그래서 우리는 다시 지체했다. 나는 진찰을 하고 처방을 쓰고, 언더우드 씨는 약을 챙겨주었다. 그러나 한 사람이 가면 또 한 사람이 나타나고, 마침내 나는 그날 안으로는 도저히 떠날 수가 없을 거라는 생각이 들었다. 드디어 모든 환자를 다 보고 나서 우리는 새벽 두 시가 훨씬 지나서야 길을 떠났다.

산속으로 들어가 산을 타고 넘는 길을 따라 가장 가까운 관아까지 40여 킬로를 갔다. 자연 그대로의 아주 아름다운 길이었으나 한편으로 몹시 거칠고 험한 길이었다. 길이라고는 시냇물 위로 나와 있는 징검다리뿐인 좁디좁은 길도 있었고, 때로는 커다란 바위들 틈에서 길을 잃고는 빙 둘러 돌아가거나 바위를 타 넘거나 해야 했다. 우리 주위에는 온통 아름다운 들꽃들이 만발해 있었지만, 단 한 번도 그 꽃 때문에 머물고 싶은 마음은 나지 않았다. 가까스로 마을 경계를 벗어날 즈음에 길 앞에 어떤 남자가 쓰러져 있었는데 분명 죽은 것 같았다. 알고 보니 그 남자는 우리와 같이 왔던 순검이었다. 자세히 살펴보니 그는 죽지는 않았고 다만 몹시 두들겨 맞아서 기절했을 뿐이었다. 그는 잠시 뒤에 정신을 차리고는 우리더러 빨리 가서 도움을 청하라고 간곡히 부탁했다. 우리가 데려가기에 그는 너무나 지쳐 있었고 상처를 많이 입었다. 우리의 목표는 그날 밤 안으로 관아에 도착하는 것이었고 그것만이 최선의 길인 것 같았는데, 그를 데려간다면 그 일을 포기할 수밖에 없었다. 그래서 우리는 참으로 내키지 않았으나 마을 사람들에게 그를 부탁하고 떠날 수밖에 없었다. 괴로운 일이었으나 그렇게 하지 않으면 다른 사람을 돕는 일이 몇 시간 더 늦어질 것이었다.

3, 4킬로쯤 더 갔을 때, 무장을 하고 한 줄로 늘어서 있는 사람들을 만났다. 그들은 우리 앞길을 막고 반쯤 무릎을 굽힌 채로 바로 우리를

향해 총을 겨누고 있었다. 물론 나는 마지막 순간이 왔다고 결론을 내렸다. 그러나 두려움이나 의심을 조금도 나타내지 않고 곧장 앞으로 나가는 것만이 우리가 가야 할 길이라고 마음먹었다. 그리고 몇 분 뒤에 우리는, 그 무시무시하게 보이는 적들이 다만 사냥꾼일 뿐이며 그들은 다른 누군가가 걸어온 싸움에 맞서려고 기다리는 중이었다는 걸 알게 되었다. 길은 점차로 오르막길이 되어 더 힘이 들었다. 나는 아주 험한 길에서는 지친 가마꾼들을 쉬게 하려고 가마에서 내려 걸었다. 아무리 남자 네 사람이 가벼운 짐을 졌다 해도 더운 4월의 오후에 가마를 메고 산길을 오르는 건 결코 쉬운 일이 아니었기 때문이다. 해는 뉘엿뉘엿 지고 가야 할 길은 몇 킬로나 남았는데 가마꾼들은 저녁을 먹자고 고집을 피웠다. 나는 적개심으로 가득 찬 것 같은 이 시골에서 쉴 곳이 없어 한데서 밤을 지내야 할지도 모른다는 생각에 두려웠고 또 서둘러 가야 한다는 생각 때문에 저녁 따위의 하잘것없는 일로 미적거린다는 것은 있을 수 없는 고약한 짓이라고 여겼다.

낮에는 그렇게 가혹하고 잔인해 보이던 그 사람들이 어째서 지칠 대로 지친 우리 일행을 뒤쫓아 오지 않았는지 나는 아직도 잘 모르겠다. 다만 짐작건대, 아시안들이 대개 그렇듯이 그들도 언더우드 씨가 모든 외국인들과 마찬가지로 언제나 은밀한 곳에 무거운 무기를 감추고 다닌다고 굳게 믿었던 모양이고, 또 우리에게 상처를 입히려다가는 무시무시한 화를 입을 것이라고 생각했던 것 같다. 게다가 우리는 통행권을 가지고 있었고 대궐과 매우 가까운 사이라는 사실이 널리 알려진 일이었기 때문에, 우리에게 해를 입혔다가는 어떤 결과를 얻을지 무척 겁이 났던 모양이다. 이미 그런 짓을 절반 넘게 저지르기는 했지만 말이다. 또 그것 말고도 우리를 건드리지 못하도록 막아준 마을 사람들이 그들의 소굴을 찾아낼 수도 있을 것이기 때문이었다. 그리고 마지막으로, 언더우드 씨가 그들에게 거세게 저항을 하고 조금도 두려운 기색을 보이지 않았던 점이 그들로 하여금 우리를 마음대로 다루지 못하도록 하는 데 큰 효과를 냈던 것 같다. 그들과 맞서 싸우고 조금도 두려운 기색을 보이지 않았던 그 작은 군인만이 무사히 빠져나온 오로지 하나뿐인 조선 사람이라는 점이 그것을 입증한다. 우리가 두려운 기색을 보였다면 그들은 그 점을 우리에게 아무 대책이 없다는 증거로 받아들였을 것이다. 만일에 그들이 작은 권총만이 우리가 지닌 유일한 무기라는 것을 알았더라면 그들은 우리에게 아무 힘이 없다고 생각했을 것이고, 그러면 우리의 운명은 전혀 달라졌을 것이다.

그러나 그때까지도 나는 여전히 그들이 우리를 단념했다고 믿기가 어려웠다. 우리 일행은 몹시 지쳐 있었기 때문에 그들로서는 가까운 마을에서 멀리 떨어진 으슥한 길목에서 우리를 공격할 수도 있었고, 그렇게 해서 일을 끝낼 수도 있었다.

우리에게는 어려운 일이 너무나 많았으므로 그들에게서 멀리 벗어나는 일은 거의 기대할 수 없었다. 나는 그들과 우리 사이가 충분히 벌어져 있다고 생각할 수 없었고, 행여나 바위 뒤나 나무 뒤에서 어느 순간에 그들이 나타나지 않을까 하여 자주 뒤를 돌아보았다. 남자거나 여자거나 제 운명은 오로지 신의 자비에 달려 있다는 것, 완전히 그의 손아귀에 들어 있다는 것, 그래서 모든 인간의 도움을 떠나서 신만이 자기를 도울 수 있다는 것을 깨달아야 한다. 그날 내가 남편에게 "그래, 이제는 주님을 믿는 수밖에는 아무 도리가 없군요." 하고 말했을 때 우리는 문득 주님에 대한 우리의 신앙이 얼마나 얄팍했는지를 깨달았다.

지친 가마꾼들이 저녁을 먹는 동안 우리는 기다려야 했고 그 사이에 어둠은 재빨리 다가왔다. 마침내 나는 더 시간을 낭비하느니 나 혼자라도 먼저 걸어 가마꾼들이 따라오도록 할 작정으로 길을 떠났다. 저녁은 도저히 먹을 수가 없었다. 얼마 안 가서 곧 두 갈래 길이 나타났으니 하나는 산을 넘어가는 지름길이었고, 하나는 그보다 훨씬 멀리 돌아가는 길이었다. 우리는 지름길을 택하기로 했는데 안으로 들어가니까 숲속이 아주 깜깜해져서 잠깐이나마 횃불을 밝혀야 했다. 점점 지독하게 험한 길만 나타났다. 가파른 벼랑을 돌아 밑으로 구불구불 펼쳐진 길은 발을 디디기조차 어려웠다. 저 멀리 아득한 벼랑 아래로 돌아 굴러떨어지는 소리를 듣고 언더우드 씨는 자기 조랑말을 믿느니 아예 자기 발을 믿는 게 낫겠다고 했다. 그러나 나는, 산적을 만나기 전에는 가끔 가마에서 내려 걷는 걸 좋아하기도 했지만, 이제는 너무 지쳐서 그냥 걷다가는 더욱더 늦어질 것이고 또 이러나 저러나 위험하기는 마찬가지일 테고 해서 가마를 타기로 했다.

가파른 벼랑의 가장자리를 따라 미끄럽고 위태로운 좁은 길을 가마에 얹혀서 내려가자니 불편하기가 이루 말할 수 없었다. 깜박거리는 횃불도 겨우 비치거나 할 뿐이지 깜깜한 어둠을 내몰지는 못했고 그나마도 자주 꺼져서 새로 횃불을 밝힐 때까지는 그 어둠 속에서 한 번에 500미터, 또는 그보다 조금 더—언제나 더 가는 것 같았지만—나아가야 했다. 이보다 더 지독한 일은 아마 취미로 산을 타는 사람들이나 겪을 법하다. 그러나 마침내 아홉 시가 넘어서 언더우드 씨가 내 가마에 오더니 저 위를 좀 보라고 말했다. 별빛이 반짝이는 하늘 아래 뚜렷이 나타난 언덕 위에는 작은 도시의 성벽과 성문이 서 있었다. 정말 구원의 도시였다. 그날 밤 우리는 피에 굶주린 보복자에게 쫓기다 마침내 안전한 울타리 안으로 몸을 숨긴 도망자의 기쁨을 조금이나마 이해할 수 있었다. 우리가 보낸 사람이 성문에 이르자 성문은 선뜻 열렸고, 어서 들어오라는 전갈이 왔다.

북쪽에 있는 여러 마을들에서는 무슨 일이거나 중요한 임무를 맡은 손님을 반갑게 맞이하겠다는 표시로 집집마다 문에 등을 밝혀 놓는다는 말을 들었다. 거리를 지나면서 우리는 집집마다 문 앞에 이 작은 등불이 반짝이는 것을 보았다. 우리는 깊은 감명을 받았다. 손님을 접대하기에는 너무 늦은 시간이었고, 관아의 문도 닫혀 있었지만 내 남편은 당장에 들여보내 달라고 말했다. 그 부탁이 받아들여져서 그는 급히 안으로 들어갔고 자기를 소개하는 통상적인 의례를 시작했다. 그때 낯익은 목소리가 이렇게 외치는 것이었다. "저를 모르십니까?" 그제야 남편은 자기 앞에 있는 관리의 얼굴을 비로소 가까이 들여다보았고, 그 관리가 서울에서 우리 집에도 종종 놀러왔던 옛 친구임을 알게 되었다.

모든 일이 쉽게 풀려나갔다. 남편은 아침의 사건들을 차근차근 설명하고, 당장 순검을 보내 우리 사람들을 데려오고, 우리 물건을 찾아오고, 그리고 가능하다면 그 범죄자들도 붙잡아 달라고 부탁했다. 원님은 당장에 그러겠다고 약속하고 곧 실행에 옮겼다. 그 자리에서 그는 사냥꾼들에게 명령을 내렸다. 그들은 그 일대의 숲과 산을 잘 알았으며, 아무것도 겁내지 않는 용감한 사내들이었다. 그러자 원님을 대신해서 말하는 관리가 별이 빛나는 맑은 밤하늘을 쩌렁쩌렁 울리는 큰 목소리로, 당장에 가서 산적들을 찾아서 잡아올 것이며, 우리 일행과 물건들을 사흘 안에 무사히 찾아올 것이며, 만일에 그러지 못했다가는 목이 달아날 줄 알라고 명령을 전했다. 그러자 그들은 사흘 안에 반드시 산적을 잡고 사람과 물건을 찾아오겠으며 그렇게 못하면 목을 바치겠다고, 단조의 노래처럼 복창을 했다. 그 마지막 말이 길게 끌리며 맴돌고 퍼져나가 메아리쳐서 별들 사이 어느곳으론가 사라져 가는 듯했다. 목을 자르겠다는 그 마지막 말은 물론 단순한 수사일 뿐이거나, 아마도 몇 백 년 동안 서로 주고받았을 낡은 관습의 찌꺼기일 뿐인 듯했다. 아무튼 사흘이 지난 뒤에 그들은 돌아왔고, 임무를 제대로 수행하지도 못했건만 목을 자르겠다는 말은 아예 없었고 그런 생각조차 없는 듯했다.

이 장에서는 기독교 선교 사업과 그 결과에 대해 충분히 얘기하지 않은 것이 이상할지 모르겠으나, 사정이 무척 나빴다는 것을 기억해야 하겠다. 미국 공사는 어찌나 걱정을 했던지 언더우드 씨에게 시골 마을에서 설교를 하지 못하게 했다. 그래서 그의 일은 주로 시골의 사정과 그 사람들의 가능성에 대해 조사하고, 장래의 일을 설계하고, 개심자를 가르치고 격려하고, 원주민 조수들의 일을 감독하고 시험해 보는 것만으로 제한되었다. 나는 어땠는가 하면, 병을 치료하고 선교용 책자를 나눠 줌으로써 좋은 인상을 주도록 애쓰는 일만을 할 수 있었다.

5. 압록강에서 바라본 조선과 중국
소나무와 참나무

그리하여 이제 위원이라는[1] 이 작은 마을에서 우리는 융숭한 대접을 받으며 쉬게 되었다. 여기서 우리는 친구들을 사귀었는데, 그들이 우리 주님의 품으로 들어오기를 바랐다. 그리고 우리는 이 기회에 그들의 병든 몸과 마음을 보살폈다. 여기서 며칠 있는 동안에 우리 짐이 돌아왔고 우리에게 달려들었던 사내들 몇이 붙들렸다. 그 뒤에 불쌍한 우리 일행들이 돌아왔는데 그들은 몽둥이로 두 번씩이나 호되게 두들겨 맞고 밤새도록 아주 고통스럽게 묶여 있었기 때문에 얼마 동안 여행을 할 수가 없었다. 마부는 팔이 부러졌고 조수는 등에 심한 상처를 입었는데 완전히 회복할 수가 없었다. 붙잡힌 범인들은 관찰사의 처벌을 받도록 지방 수도로[2] 보내졌다.

위원을 떠나기 전에 우리는 고을 원님에게 저녁을 대접했다. 그것은 그와 우리 친구들의 호기심을 채워주기 위해서였다. 우리는 어떤 식으로든 원님의 친절과 호의에 고마움을 표시하고 싶었고, 야영과 자취에는 상당한 경험과 뛰어난 기술이 있는 언더우드 씨가 어려운 점이 좀 있

---

1) 평안북도 위원군 위원면.
2) 평양을 일컫는다.

기는 해도 그 일을 처리하기로 했다. 그런데 그때 우리한테 남아 있는 식품이 얼마 되지도 않는 찌꺼기인 데다가 외국 요리를 만들 수 있는 토속 재료도 거의 얻을 수 없었다. 그런 형편에 근사한 잔치 음식을 만들어 내려면 대단한 솜씨를 부리지 않으면 안 되었다. 그러나 우리는 이 일을 썩 잘 해낸 것이 무척 자랑스러웠다. 우리가 만든 음식은 수프를 포함해서 생선, 화관과 딸기로 장식하고 사과 소스를 뿌리고 감자를 채워 넣은 기막히게 맛좋은 새끼돼지구이, 그리고 밤과 양파 따위의 여섯 가지였다. 크래커 위에 마멀레이드를 얹은 후식은 참으로 담백하여 최고의 미각을 즐기기에 알맞았다. 그리고 우리는 새로운 진기한 음식을 내놓았으니, 그것은 꿀을 탄 커피였다. 설탕이 떨어졌다는 소리는 입 밖에도 내지 않았다. 원님은 어마어마하게 많은 수행원을 거느리고 왔다. 그들은 우리의 작은 방을 꽉 채우고 부엌까지도 밀려들었고 구석구석을 들여다보고 손가락질을 하고 음식을 거의 다 들어먹었다. 그 바람에 그렇잖아도 지칠 대로 지쳐 있는 우리 하인들은 시중을 드느라고 몹시 고초를 겪었다. 화덕 대신에 숯 몇 덩이밖에 아무것도 없고, 쓸 만한 부엌 집기도 아예 없는 내륙 깊숙이 들어앉은 작은 마을에서 요리 솜씨를 발휘하는 것은 결코 쉬운 일이 아니었다. 그러나 우리는 조금 불편하거나 귀찮다고 해서 그만두지는 않았고, 또 이 일을 통해서 조선 사람들과 사귀고 우정을 깊게 할 수도 있으므로 이런 가욋일이 조금도 싫지 않았다. 선교사가 식단을 짜고 시골 원님에게 저녁을 대접하고 하는 일이 보잘것없어 보일지는 모르나, 거기에는 설교의 차원을 넘어서는 이유가 있다. 선교사는 무엇보다 먼저 사람들의 마음을 사야 한다. 친구로서 가깝게 사귀게 되면 마침내 그들은 우리의 가장 열렬한 청중이 된다. 그렇게 되면 그들은 선교사가 가르치는 것을 누구보다 앞장서서 지지하고 받아들이게 된다. 도움이 될 수 있는 일이라면 그 어느 것도 보잘것없는 일이 아닌 것이다.

우리 일행과 짐이 돌아온 뒤에 그리고 그들이 여행을 할 수 있게 되었을 때, 우리는 의주로 서둘러 떠나야겠다고 생각했다. 우리가 떠나려고 하자 위원의 원님은 붙잡아 둔 산적 여덟 명을 여행하는 동안 내내 둘씩 묶어서 앞세우고 다니는 게 어떻겠냐고 했다. 그러면 모든 사람들을 겁주고 두려움에 떨게 하면서 마치 정복자와도 같이 이 땅을 지날 것이며, 이 극적인 모습을 보면 그 누구도 다시는 감히 외국인을 해치려 들지 않을 것이라고 했다. 물론 우리는 선교사로서 사람들에게 깊은 인상을 심어주고 싶었고 이것이야말로 그에 딱 맞은 일임을 알았다. 그러나 한편으로는 사람들의 마음을 사려고 하면서, 한편으로는 그들의 동포를 밧줄에 묶어 앞세우고 다닌다니! 이런 우스꽝스러운 교훈 거리를 앞세우고 십자가를 들고 설교하러 다니는 우리의 모습을 그려 보았다. 참으로 재미있는 상상이기는 했다. 그 범인들을 잡지 않았다면 조선 사람들도 좀처럼 마음이 편치 못했을 것이다. 그들 중 몇몇은 아주 악명 높은 사람들이었으니 그들을 잡은 것은 그 사회의 평화와 안전을 꾀하는 데도 꼭 필요한 일이었다. 그러나 우리는 우리 때문에, 또 우리의 복수심을 채우려고 그들에게 벌을 주려고 했던 것은 결코 아니다. 그래서 원님의 그 전략적인 제의에 정중하게 감사를 드린 다음에 그런 일은 하지 말아 달라고 부탁했다.

위원을 떠난 날 저녁에 우리는 아주 독특하고 신비로운 마을인 초산[3]

---

3) 평안북도 초산군 초산면.

이라는 곳을 발견하고 멈추었다. 그 마을은 압록강 또는 중국인들이 부르는 대로 하면 얄루라는 곳에서 가까운 곳이었다. 그 강은 조선과 중국의 국경을 이루는 곳이다. 군경의 하나인 '기수' 두 사람이 우리를 맞이하려고 5킬로미터 되는 거리까지 나와 있다가 마을로 안내했다. 그들이 가는 동안 내내 나팔을 불었는데 그 소리가 참으로 성가시고 넌더리가 났지만 별 도리가 없었다. 그들은 도무지 이따위 시위가 우리한테는 끔찍하기만 하다는 것을 이해할 수가 없었거나 아니면 아예 이해하려고 들지 않았기 때문이다.

강계에서 그랬던 것처럼 휴식을 할 때마다 우리를 맞이하는 군인들이 점점 더 불어났다. 깃발이 휘날리고, 음악을 연주하고, 사람들이 모여들어 우리는 또 다시 곡마단 같은 모습으로 마을에 들어섰다. 그러나 사람들은 조용히 뒤에서만 따라왔고 마을은 아주 작았으므로 편안히 관아에 도착했다. 숙소에 들어서자마자 뜨거운 생강차가 들어왔다. 참으로 푸근하고 기운이 나는 차였다. 이것은 다른 사람들과는 달리 우리 앞에 곧장 나타나지 않고 우리가 잠깐 쉬면서 기운을 차릴 때까지 기다려 준 사려 깊고 친절한 원님이 보낸 것이었다. 여기서 우리는 다른 곳에서는 볼 수 없었던 독특한 관습을 보았는데, 아침마다 일정한 시간에 종을 울리면 집집마다 모든 불을 끄고 저녁 늦게까지 절대로 다시 켜지 않는 것이었다.

우리는 압록강 하류로 짧은 여행을 하려고 나룻배를 얻으려 몇 킬로를 더 나아가야 했다. 이곳과 의주 사이의 물살은 장마철에는 몹시 위험하지만 그때는 재미 삼아 여행할 수 있을 정도에 지나지 않았다. 우리는 길이가 9미터에 폭이 1미터 정도 되는, 바닥이 편편한 아주 쓸고 있는 조선식 돛단배를 한 척 구했다. 이 배에 우리 일행과 짐, 그리고 사공 두셋이 탈 것이었다. 우리는 담요 몇 장을 묶어 배에 천막을 치고 다른 담요 몇 장으로는 배 한복판을 가로질러 칸막이를 쳤다. 그렇게 해서 반은 조선 사람들이 쓰도록 하고 나머지 반은 우리가 썼다. 여기서 우리는 사흘 낮, 사흘 밤을 보냈다. 그러나 밤에는 언제나 강가에 닻을 내려놓았다. 마을을 지날 때마다 수많은 사람이 구경하러 나왔고 우리는 여기서 양식을 넉넉히 얻었다. 우리는 배 위에서 그 사람들에게 충분히 얘기를 할 수 있었고 한편으로 우리 일행이나 짐을 점검해야 할 필요가 조금도 없었으므로 아주 편리했다.

어느 날 밤 우리는 "당겨라, 당겨!", "불이야, 불이야!" 하는 고함소리에 잠이 깼고 배에 불이 난 것을 알았다. 누군가가 담배를 피우다 잠이 들었는데 꽁초가 인화 물질에 떨어졌던 것이다. 그러나 마침 우리는 강가에 있었기 때문에 물도 넉넉했고 일할 사람도 많았다. 불길은 금세 잡혔고 아무 위험도 없이 일은 끝났다. 이와 같이 우리의 일은 모험의 연속이었다.

그 아름다운 봄날에 압록강을 따라 내려가니 한쪽으로는 중국 땅이, 다른 한쪽으로는 조선 땅이 보였는데 그 대조가 기막히게 뚜렷해서 그 두 나라가 강 하나를 사이에 두고 떨어져 있는 것이 아니라 큰 바다를 사이에 두고 있는 것 같았다. 조선의 강가에는 거의 소나무가 서 있었으나 중국 쪽으로는 참나무들과 그 밖의 갖가지 낙엽송들이 자라고 있었다. 조선의 농가가 짚을 인 진흙집인 데 비해 중국 사람들의 집은 벽돌이나 돌을 쌓아 짓고 기와로 지붕을 인 집인 것이다. 조선 사람들은 흰옷을 입고 황소로 밭을 갈지만 중국 농부들은 파란 옷을 입고 말로 밭을 갈았다. 철쭉꽃이 양쪽의 바위나 언덕에 아름다운 장밋빛을 드리우고 있었다. 이곳을 지나는 여행객이 어떤 나라가 더 잘 살고 번창했는지 알기는 쉬운 일이었다.

4월 27일 저녁에 우리는 의주에 도착했다. 다행히 아무 공식적인 접대도 없었고 나팔이며 북이며 깽깽이며 꽹과리 같은 우리의 마음을 무겁게 하는 온갖 악기들도 없었다. 언더우드 씨는 가마를 하나 빌렸고, 고맙게도 점점 짙어가는 어둠을 방패 삼아 살그머니 이 탈것 속으로 들어가 평범한 사람들처럼 아주 조용히 아무 방해도 받지 않고 성안으로 들어갔다.

여기서 잠깐 얘기를 거슬러 올라가면 평양을 떠난 바로 뒤에 우리는 의주에 사는 이씨를 만났었다. 그는 의주 성서 공회의 책임자로서 그때 서울로 가는 길이었다. 그러나 우리가 어디로 가는지를 듣고 그는 우리와 함께 돌아가기로 결정했다. 그때 언더우드 씨는 우리의 지부를 설치할 장소로 의주나 평양 중에 어느 곳이 더 나을지 결정하려 하고 있었다. 그는 우리가 순회 설교를 다닐 때 들를 수 있는 집을 하나 사려고 반쯤 계획을 세워 놓았었는데, 그 집에다 될 수 있으면 그 지역에서 가장 능력 있고 열렬한 개심자를 하나 뽑아서 관리인 겸 조수로 둘 생각이었다. 이 계획은 이씨에게 얼마만큼 알려졌고 그는 이 일에 큰 관심을 가지는 것 같았다. 그 자리에서 그는 우리보다 앞서 의주로 가서 마땅한 장소를 골라보겠다고 했다. 그러나 언더우드 씨는 그에게 우리를 위해 그런 집을 외상으로 사거나 계약을 해서는 안 된다고 솔직하게 말했다. 그 계획은 아직 확실한 것이 아닌 만큼 우리가 그 도시에 몸소 가보고 기독교인들을 만나 볼 때까지, 다시 말해서 거기에 그런 집이 정말로 필요한지 어떤지 결정할 자료를 얻을 때까지는 집을 살 수 없다고 했다. 그리고 무엇보다도 그 지방과 그 집은 우리가 먼저 보아야 한다고 다짐해 두었다.

그러나 그가 우리보다 앞서 가서 우리가 그 마을에 들어갔을 때 조용히 그리고 재빨리 묵을 수 있도록 여인숙이나 기독교인의 집을 알아보겠다는 것에는 동의를 했다. 또 그 마을에 일하기 편리한 집으로서 살 만한 게 어떤 것인지, 값은 얼마나 되는지를 좀 알아보겠다는 것에도 동의했다. 그럼으로써 우리는 그곳에 도착했을 때 몇 가지는 확실하게 알고 생각을 할 수 있을 터였다. 그에 따라 이씨는 우리가 강계에 도착하기 전에 평양을 떠나 급히 의주로 갔다. 그래서 우리가 의주에 도착했을 때는 그가 우리를 맞이했고 아주 널찍하고 근사한 집으로 우리를 안내했다. 그는 그 집이 자기 집이라고 했다. 여기서 우리는 폐병 환자인 그의 아내를 비롯하여 늙은 아버지, 어린아이들을 차례로 소개받았다.

관례에 따라 우리는 도착하는 대로 바로 원님에게 통행권을 보냈다. 그런데 그 통행권이 원님에게 채 도착하기도 전에 우리 하인들과 조수를 잡아들이라는 명령이 떨어졌고, 그 바람에 그들은 당장에 관아로 끌려가 두들겨 맞고 옥에 갇혀 버렸다. 그런데 이런 기가 막히는 소식을 제대로 전해 받기도 전에 이번에는 원님께서 보낸 전령이 닭과 달걀, 땅콩, 과일 그 밖에 푸짐한 선물을 가지고 온다는 말이 들렸다. 이번에는 또 이 물건들을 채 받아 놓기도 전에, 그리고 그 전령이 우리 눈앞에서 사라지기도 전에 우리가 묵고 있는 집의 주인을 잡아다가 매를 치라는 명령을 받은 관리들이 도착했다. 어처구니없는 이러한 지시는 참으로 우리를 불안하게 했는데, 대체 무엇을 뜻하는 것인지 도무지 갈피를 잡을 수 없었다.

그러나 오래 기다릴 필요는 없었다. 그 뒤에 바로 원님의 대리인인가 이방인인가가 왔다는 말이 들렸다. 그가 언더우드 씨에게 한 얘기인즉 사또나리께서 약주가 몹시 취하셔서 자기가 내린 그 준엄한 분부를 전혀 책임질 수가 없다는 것, 따라서 자기 곧 이방은 우리의 불쌍하고 죄 없는 사람들을 잡아다 두들겨 팬 사또나리의 가벼운 장난에 대해 눈감아 주시기를 바라노라는 것이었다. 그는 이 정도의 사소한 탈선은 매우 자주 있는 일이라고 덧붙였다. 그러니 한 번쯤 그러는 것은 물론 이해해 주실 줄로 믿으며, 사또께서 왜 그러시는지 그 까닭은 상관하실 필요가 없다는 것이었다. 우리는 이 설명을 듣고 나자 곧 마음이 편안하게 가라앉았다. 그리고 다음번에는 사또께서 또 어떤 종류의 지진이나 태풍을 일으키실지 전혀 알 수가 없으나, 그가 제정신일 때는 우리를 해칠 생각이 전혀 없으므로 우리는 절대 안전하다는 것을 알고 아주 즐거운 마음으로 조용히 쉴 수 있었다. 가련한 이방은 둘 사이에(가까운 곳에는 원님, 그리고 한편으로는 우리 통행권에 표시된 서울의 외부) 딱 끼어서 앞서 말한 닭이며 달걀 따위를 내놓으며 통행권을 지닌 외국인에 대한 원님의 무례한 접대를 얼버무리려고 안간힘을 쓰고 있었다. 선물과 처벌의 기묘한 배합은 바로 이렇게 해서 비로소 해명이 된 것이다.

말하기 안 된 일이지만 조선에서는 술 마시는 것이 매우 보편적인 일이다. 조선 사람들은 일본이나 중국에서처럼 차를 들지 않으며, 부자일지라도 겨우 최근에야 차나 커피를 배운 게 분명하고, 평민들은 너무 가난해서 그런 것을 살 수조차 없다. 이상한 말이지만 그들은 우유를 절대 마시지 않으며, 따라서 친구와 함께 즐길 때 내놓을 수 있는 음료로서 몸에 해롭지 않은 것은 거의 없다시피 했다. 그래서 그들은 걸핏하면 자기들이 손수 담근 과실주나 아주 독한 알코올성 음료를 마신다.

의주에서 우리는 몇 달 동안 함께 일할 기독교인들을 얻었다. 그 가운데 한 사람은 언더우드 씨가 임명했고, 또 자기가 그런 일을 원한 사람도 둘이 있었다. 이 두 사람에게는 몹시 의심스러운 점이 많았고 나중에 더욱더 그랬는데, 지금은 그들 스스로 아주 쓸모 있는 사람임을 보여주려고 애쓰고 있으므로 우리는 그들에게 보수가 꽤 좋은 선교 사업을 맡기기로 마음먹었다. 의주에서 우리는 아주 쓰라리고 실망스러운 일을 몇 가지 겪었다. 우리가 믿었던 사람들이 아주 불성실하다는 것을 알게되었기 때문이다. 그러나 그 일로 그들은 우리에게 많은 것을 가르쳐 주었으니 그것은 책임을 질 만한 사람을 구할 때는 아주 천천히 신중히 해야 하며 또 개심자를 받아들일 때와 돈을 쓸 때에는 무척 조심해야 한다는 점이다. 그리고 네비우스 박사의 연구에[4] 따라 언더우드 씨가 이미 깊이 생각하고 어느 정도까지는 따르고 있었던 것이지만, 원주민으로 하여금 반드시 자급자족하게 해야 한다는 생각을 더욱더 굳히게 해주었다. 스스로 그런 직책을 바랐던 사람 하나는 아직 학교가 세워지지 않은 곳에 기독교 학교를 세우되, 자기를 교사로 써주고 봉급을 많이 달라고 간청했다. "하지만 우린 아직 그런 학교를 세울 준비가 안 돼 있고, 또 당

---

4) 중국의 선교사였던 존 리빙스턴 네비우스가 중국에서의 선교 사업 방안으로 내놓았던 것. 이른바 네비우스 방법이라는 이 선교 방법은 조선의 선교 활동에도 널리 적용되었다. 그 요점만 추려 보면 다음과 같다. 첫째, 사람마다 그 본디 직장이나 업종에 남아 자급자족하면서 그리스도의 일꾼이 되게 하되 먼저 가까운 친척 사이에서 그리스도인다운 생활을 실천하도록 가르친다. 둘째, 원주민 교회의 운영과 기구 조직은 그 교회의 능력 범위 안에서 발전시킨다. 셋째, 교회 자체에서 인물과 재정을 공급할 수 있을 때만 전도 사업에 유자격자를 뽑아 내세운다. 넷째, 원주민으로 하여금 자기들의 힘으로 교회 건물을 짓게 하되, 건축 양식은 원주민식으로 하고 그 규모는 교회가 유지할 수 있을 정도로 한다.

신을 먹여 살리려고 학교를 열 수는 없습니다." 하고 언더우드 씨는 거절했다. 그는 우리가 자기의 물질적인 이익에 이렇듯이 무관심하자 몹시 섭섭해 하며 마치 자기의 존재를 우리가 책임이라도 져야 한다는 투로, 그렇다면 자기가 앞으로 어떻게 먹고살아야 할지를 좀 가르쳐 달라고 어리석은 태도로 오랫동안 애원했다. 마침내 우리는 그에게 선교사들이 게으름뱅이에게 보탬을 주려고 여기에 온 것이 아니라 기독교의 복음을 널리 전하려고 이 나라에 왔노라고 좀 강력하게 이야기할 수밖에 없었다.

우리가 믿었던 또 다른 한 사람은 허풍쟁이였음을 알게 되었고 그가 강계에서 자기 이익 때문에 일부러 우리를 속인 것이 아닌지 걱정되었다. 물론 그 전에는 조금도 그런 낌새를 눈치채지 못했었다. 그는 우리가 이곳에 와서 보고서의 내용을 직접 확인하고 그것으로 자기 신용을 가늠할 것으로는 짐작하지 못했던 것이다. 그러나 더 난처한 일이 우리를 기다리고 있었다. 우리가 들어 있는 그 집이 우리 것이라고 이씨는 말했다. 그리고 우리가 거듭 그렇게 해서는 안 된다고 했는데도, 그는 우리를 위해 그 집을 샀다는 것이었고, 자기의 작은 집을 팔아서 계약금을 치르고 자기 식구들을 거기에 데려다 놓았다는 것이었다. 그래서 지금 이 집에는 그의 늙은 아버지와 병든 아내, 그리고 오갈 데 없는 어린애들이 살고 있었다. 이 간교한 친구는 정말이지 우리를 심각한 곤경에 빠뜨려 놓았다. 이 남자의 잘못 때문에 병들고 오갈 데 없는 사람들을 길거리로 내몬다는 것은 생각도 할 수 없는 일이었다. 그렇다고 정직하지 못한 꾀를 내어 이익을 보려는 이 남자를 용납하면 교회에서 뭔가를 얻어내고 신성한 헌금을 이용해 먹으려고 하는 모든 탐욕스러운 위선자들에게 용기를 불어넣어 주는 꼴이 될 것이었다. 다행히 거래한 지 열흘 안에는 돈을 되돌려 달라거나 그 일을 무효로 하자거나 할 수가 있어서, 그에게 우리가 묵었던 집은 본디 주인에게 돈을 조금 더 얹어서 돌려주고 자기 집으로 돌아가라고 했다. 아무리 주의를 해도 누구나 가끔은 이런 일을 당할 수 있으므로 영국 성서 공회가 이 사람에게 속았다는 것도 당연하다. 고용인이 일하고 있는 곳은 아주 멀어서 우리가 업무를 제대로 감독하기가 거의 불가능했기 때문이다.

우리는 수많은 사람의 방문을 받았는데, 거의 남자인 그들은 기독교에 깊은 관심을 갖고 있었으며 세례 받기를 간절히 바라는 것 같았다. 그런 지원자가 백 명도 넘게 나타났다. 언더우드 씨는 그들을 꼼꼼히 살펴보고, 그들 모두가 아주 부지런히 성경을 공부하고, 또 거의 복음의 기본적인 진리를 알고 있음을 알아냈다. 그중에는 별로 쓸모도 없는 성경의 지식을 두르르 꿰는 참으로 비범한 사람이 하나 있었다. 그는 구약과 신약(물론 한문으로 된 것)의 장과 절의 수효, 등장인물의 수효, 하느님과 예수님의 이름이 나오는 횟수, 그 밖에 갖가지 그 비슷한 것들을 죄다 외고 있었다. 그것은 그가 대단한 기억력을 지녔다는 것을 보여 주기는 했지만, 그의 개종과 관련이 있는 것은 아무것도 없음을 입증할 뿐이었다. 나는 이 가련한 남자에게 동정심을 금할 수가 없었다. 돌멩이에서 생명의 양식과 꿀을 얻는 것이 그토록 간단하고 쉬운 일일 줄 알고, 오로지 그것만을 정말로 바라고, 그것을 얻으려고 성경의 신비한 진리들을 공부했던 그가 참으로 많은 고통을 겪고 수많은 시간을 들여 고생을 하며 겨우 그 쓸모없는 지식 나부랭이나 외웠으니 가슴 아픈 일이었다. 이 남자를 포함해서 그 밖에 우리가 알아본 다른 사람 몇몇은 기독교가 진정

무엇인지는 전혀 모르고 다만 그것이 뭔지 훌륭한 철학이라는 정도로만 생각하고 있었다. 또 입교만 하면 물질적인 풍요와 영향력 있는 외국인을 붙들 수 있다는 것, 그리고 선생이나 조수 그 밖에 다른 일거리에 금세 채용되는 것은 틀림없다고 믿고 있었고, 나는 그것이 무척 염려스러웠다.

우리가 이 세례 지원자들에게서 간절히 바라는 것은 진정한 마음의 변화, 그들을 구하려고 십자가에 못 박힌 주님에 대한 진정한 사랑, 그리고 그 믿음의 결실로 삶과 성품에 일어나는 변화와 그런 조짐들이었다. 백 명 남짓 되는 지원자 가운데에서 서른세 명을 뽑았다. 아주 거침없이 잘 대답하거나 성경에 대한 엄청난 지식을 자랑하는 사람들을 뽑은 게 아니라, 거의 틀림없이 독실한 신앙심과 예수님에 대한 올바른 이해를 지닌 사람들을 뽑았다. 내가 '거의 틀림없이'라고 말한 것은 그때는 실수를 저지르지 않기가 어려웠기 때문이다.

우리의 통행권에 적힌 대로라면 우리는 조선 땅에서는 세례를 주지 못하게 되어 있었다. 그래서 모두 강을 건너 중국으로 들어가 거기에서 집회를 가졌다. 매우 경건하고 엄숙한 집회였으며, 언더우드 씨는 여기서 이 사람들에게 세례를 주었다. 이것은 그 여행 중에 치른 오직 한 번의 세례였고, 그가 지금껏 치른 세례 중에서, 그리고 그 뒤 몇 해 동안 치른 세례 중에서도 가장 많은 신자를 대상으로 한 것이었다. 이런 수효는 초창기 선교 역사에서 두드러진 것이어서 그 뒤에는 매우 부풀려서 소문이 퍼졌다. 그런데 새로 태어난 이 사람들을 찾아주는 사람은 두 해 동안 아무도 없었다. 고향의 교회에 도움을 급히 청했건만 아무 반응도 없었고, 서울에서의 고된 일들, 또 병이 들어서 미국으로 돌아가야만 했던 일들 때문에 아무도 이 사람들을 찾아가서 격려하는 등 선교 사업을 튼튼히 다질 수가 없었다. 목사도 없고, 성경이라고는 한문으로 된 것 말고는 거의 없는 형편에서 그들은 슬프게도 버려져 있었다. 솔직히 말해서 그들이 뿔뿔이 흩어져 목자 없는 양떼처럼 방황한다 해도 그다지 놀라운 일이 아니었다. 우리는 적어도 한 해에 한 번은 그들을 찾으려고 했다. 그러나 우리는 집 근처에 교회가 있는 사람들에게만 선교 사업이 성장한다는 것, 그리고 또 거기를 떠나서는 불가능하다는 것을 전혀 생각하지 못했다. 이 사람들은 의주에 사는 사람들이 아니었고 거기에서 얼마쯤 떨어진 작은 산골 마을에서 온 사람들이었다. 그중에는 20~30킬로미터 떨어진 곳에서 온 사람도 있었다. 몇몇 사람은 언더우드 씨도 이미 잘 알고 있는 사람으로서 한 해 넘게 그에게서 지도를 받았다. 또 몇몇은 세 해 전에 로스 씨가 서울에 왔을 때 그에게 채용되었던 서상윤 씨에게 세례를 받기도 했었다고 한다.

이것은 우리가 전혀 모르는 새로운 신앙 고백자들 곧 앞서 말한 대로 진정한 사실을 아무것도 모르는 사람들에게 오로지 신도의 수효를 늘릴 욕심에서 덮어놓고 세례를 준 것은 아니라는 것을 밝히기 위해서다. 모든 사람은 엄격한 시험을 치렀고 오랜 준비 기간을 거쳤다. 그로부터 두 해 뒤에 중국으로 가는 길에 의주에 들렀던 선교사 두 사람과, 여덟 해인가 아홉 해 뒤에 거기에 오래 머물렀던 선교사 한 사람이 자기들은 의주에서 기독교인을 하나도 보지 못했다고 말했지만, 우리는 하느님께서 당신의 몫을 잘 간직하셨을 줄로 믿는다. 신도들의 이름이나 그들이 사는 마을의 이름을 안다는 것은 쉬운 일이 아니었다. 특히 그들은 늘 떠돌아다니는 사람들이어서 대개는 아주 멀리 떠났으며, 청일전쟁으로 엄청난 변화가 있었으니 그들을 찾아내기는 쉽지 않았다. 그 참 혹한 전쟁으로 의주와 그 가까운 마을에서 절반이 넘는 인구가 없어진 듯하다.

의주에서 일이 끝나자 우리는 또 많은 임무가 기다리고 있는 서울로 돌아가는 길에 오르려 했다. 원님이 우리 통행권을 돌려주지 않았기 때문에 사람을 보냈으나 빨리 돌아오지 않았다. 얼마 동안 꾹 참고 기다리다가 다시 통행권을 돌려 달라고 했다. 그래도 여전히 아무 답이 없었다. 마침내 우리는 우리가 도착하던 날 밤에 원님이 그토록 무책임하게 취한 상태였으므로 그것을 누구에게 맡겼는지 전혀 기억을 못한다는 것, 곧 '통행권을 잃어버렸다'는 것을 알게 되었다. 이게 보통 문제냐! 통행권 없이 여행하는 건 엄청나게 위험한 일이고, 서울에서 다른 통행권이 오길 기다리기는 시간이 너무 많이 걸릴 것인데 우리는 그렇게 시간을 허비할 수가 없었다. 그리고 사실은 통행권을 잃어버렸다는 말을 정말 믿어야 할지, 그 고약한 원님이 뭔가 음흉한 속셈으로 우리를 잡아두려고 핑계를 대는 건지 알 수가 없었다. 아무튼 얼마 동안을 지겹게 기다린 끝에 통행권을 돌려받았다. 우리는 친구들에게 아쉬운 작별 인사를 하고 하느님의 이 어린 양들에게로 곧 다시 돌아올 희망과 계획을 품은 채로 의주를 떠났다. 그러나 '아직까지 우리는 다시 그곳에 가도 좋다는 허가를 받지 못했다.'

돌아오는 길에 언더우드 씨와 나는 지부를 설치할 장소로 평양과 의주 중에 어느 곳이 나을지에 대해 오랫동안 열띤 토론을 했다. 이쪽에 지부를 설치하는 것이 더 바람직하게 여겨지는가 하면, 또 다른 쪽이 더 나을 것 같기도 했다. 마침내 우리는 이 문제를 장차 되어가는 대로 맡기기로 결론을 맺었다. 우리는 국도를 따라 서울로 돌아왔는데, 며칠 늦어지기는 했지만 구경꾼이나 산적한테 시달리지 않고 별로 이렇다 할 사건이 없어 평온한 여행을 했다. 어쩐지 계절이 앞당겨 온 듯했고, 여인숙은 무척 더웠다. 그러나 갖가지 꽃들이 만발한 시골 풍경은 아름다웠다. 길가에서 3미터도 안 되는 곳에 나리꽃이 무더기로 잔뜩 피어 있는 계곡이 보였고, 내 가마 안은 라일락과 들장미, 향긋한 제비꽃, 그 밖에 향기로운 꽃들로 가득 찼다. 우리는 5월 중순 무렵에 무사히 집으로 돌아왔다. 두 달이 넘는 동안에 자그마치 1,600킬로미터도 더 되는 여행을 했으며 육백 명이 넘는 환자를 치료했고 그 몇 배나 되는 사람들과 이야기를 나누었다.

돌아오는 길에 우리는 성실하기 이를 데 없는 선교사 한 사람이 아마 포고령에 복종하느라고 그랬겠지만, 그 전에 원주민들과 함께 예배를 보던 작은 방을 걸어 잠그고 신도들 집을 돌아다니며 몰래 예배를 보는 것을 알고 무척 놀랐다. 우리는 돌아오는 대로 우리 집을 개방했다. 모든 선교 단체가 다시 교회를 사용하게 될 때까지 우리 집에 기독교인들을 정기적으로 모아들였다.

돌아와서 얼마 지나지 않아 왕비가 개인적인 일로 나를 초대했는데, 내게 아주 독특한 황금 팔찌 한 쌍을 주기 위해서였다. 그 팔찌를 혼인 선물로 주려고 주문했으나 우리가 시골로 떠날 때까지 미처 준비가 안 되었던 것이다. 또 왕비는 내 남편 몫으로 아름다운 진주가 박힌 반지 한 쌍을 주었다. 왕비는 여행이 어땠느냐고 친절하게 물었다. 왕비는 늘 그렇듯이 아주 우애 깊고 자상했다. 나는 왕비가 가장 아름답게 보이는 순간에 사진을 찍고 싶지만, 그것은 불가능한 일일 것이다. 비록 왕비가 사

진 찍는 걸 허락한다고 해도 이야기하는 도중에 나타나는 매력적인 표
정이나, 따뜻한 성품과 지성미는 잠자코 쉬고 있을 때의 얼굴에서는 겨
우 반쯤밖에 안 보이기 때문이다. 왕비의 머리는 조선의 모든 귀부인들
과 마찬가지로, 가운데 가르마를 타고 앞쪽에서 뒤로 팽팽하게 아주 가
지런히 잡아당겨서 목덜미 가까이에서 쪽을 쪘다. 그리고 자그마한 장
식(다른 여자들이 이런 장식을 한 것은 한 번도 보지 못했다. 그러니까 짐작건대, 이
것은 그의 지위를 나타내는 것인 듯하다)을[5] 정수리에 얹고 가는 깜장 띠로 단
단히 졸라매고 있었다. 뒤쪽의 쪽진 머리에는 산호와 진주 그 밖에 보석
들을 박은 기다랗고 정교한 황금 머리핀이[6] 한두 개 꽂혀 있었다. 거의
언제나 왕비는 조선 여자들이 대개 그러듯이 진주나 호박 단추가 달린
노란 비단 '저고리'나 조끼,[7] 그리고 아주 길게 질질 끌리는 파란 비단 치
마를 입고 있었다. 왕비의 옷은 모두 비단이었고 이루 말할 수 없이 우아
했다.

　중전마마는 장신구에는 신경을 쓰지 않는 것 같았고, 거의 걸친 것이
없었다. 조선 여자들은 귀고리를 아예 달지 않는데(북쪽 지방의 젊은 여자
들은 예외다. 그들은 커다란 은 귀고리를 단다) 왕비도 예외가 아니었던지 나
는 그가 목걸이나 브로치나 팔찌를 찬 것을 한 번도 보지 못했다. 왕비
는 반지를 많이 지니고 있는 게 틀림없으나 나는 왕비가 유럽제 수공품

5) 첩지. 조선 왕조 영조 때부터 왕실과 대궐의 아낙들과 품계를 받은 벼슬아치의 아낙들이 예복
을 차려 입을 적에 가르마에 하던 장식품이다. 봉첩지와 개구리첩지가 있었는데 계급에 따라 그
모양과 재료가 달랐다. 궁중의 비빈과 궁녀들은 첩지를 늘 하고 있으나 외명부 곧 벼슬아치들의
아낙은 대개 예장을 할 때에만 했다. 그러니 필자가 첩지를 왕비만이 하는 것인 줄로 잘못 알 수도
있었겠다.
6) 뒤꽂이. 쪽진 머리 뒤에 덧꽂는 장식품. 산호, 비취, 칠보, 파란, 진주 따위로 꾸몄다.
7) 당의를 말하는 듯하다.

반지 한두 개를 낀 것밖에 못 보았다. 그 반지에는 다이아몬드가 박혀 있었으나, 그것은 소득이나 사회적인 지위가 중간쯤 되는 수많은 미국 여자들이 흔히 끼고 다니는 것보다 그렇게 크지 않았다. 또 왕비는 아주 아름다운 손목시계도 여럿 갖고 있었으나 절대로 차지 않았다. 조선의 관습에 따라 왕비는 기다란 비단 술로 장식된 정교한 황금 장신구를[8] 옆구리에 아주 많이 매달고 있었다. 옷에 대한 그의 취미는 아주 담백하고 완벽하게 세련된 것이었으며, 그가 이른바 덜 깬 나라의 백성이라고는 생각하기가 어려웠다.

이 방문에서 그는 사려 깊고 친절한 마음씨를 내게 새롭게 보여주었다. 나는 혼례 때 입었던 옷을 입고 아주 얇은 비단 신을 신고 있었는데, 대궐을 떠나려고 할 때 갑자기 비가 내리기 시작했다. 궁중 법도에 따라 대궐 문 밖에서 기다리고 있는데 내 가마까지 가려면 거의 800미터를 가야 했다. 왕비는 아무 말도 하지 않았지만 비가 오는 것을 보고 나의 어려운 형편을 알아차렸다. 그는 몸소 창가로 가서 사람을 보내어 내 가마를 대기실에 대령시키도록 하라고 단호하게 명령했다.

그러나 그것은 지나친 일이었다. 나와 함께 그 자리에 있었던 관리들은 나에게만 그런 특혜를 베풀다가는 심한 비난과 질투를 불러일으킬 것이라고 했다. 또 이 나라의 높은 벼슬아치 한 분도 지금 조회에 참석하려고 그 문에서 소나기가 지나가기를 기다리고 있으나 그 분도 빗속으로 걸어올 수밖에 없을 것이라고 말했다. 그러니까 나더러 왕비의 명령을 사양하고 가마까지 걸어가 달라고 애원했다. 나는 그 까닭을 이해

---

8) 노리개. 치마의 허리, 저고리의 겉고름, 안고름에 차던 여자 장신구이다.

했으며 그들의 주장이 아주 당연하다는 것을 알고 그 자리에서 그러마고 했다. 왕비의 친절한 마음씨에 너무나 마음이 푸근해져서 내 신과 비단옷이 그 빗속에서조차 나를 잘 감싸주는 것 같았다.

그해 여름을 우리는 강가의 높은 벼랑 위에 있는 한 정자에서 보냈다. 이 정자는 임금 것이었으나 두 분 전하께서 그 전 해에 우리 선교사들이 쓰도록 해주셨고, 그 은총이 지금까지도 이어지고 있다. 강물에서 15미터쯤 위의 바위 벼랑에 자리 잡은 그 정자는 참으로 멋지고 시원한 아름다운 여름 휴양소로서 조선 사람들이 건축을 완벽하게 이해하고 있음을 보여주는 집이었다. 지붕은 그 모서리를 예술적으로 치켜올려 튼튼한 서까래로 받쳐 놓았고,[9] 벽은 온통 가벼운 나무로 짠 문으로 되어 있었다. 그 문들은 한쪽 면에 종이를 발라 은은히 내비치게 꾸며져 있었으며, 밖으로 들어 올려 지붕의 쇠고리에 매달면 쓸 만한 차양 구실을 했다.[10]

언제나 산들바람이 불어오고, 햇빛이 알맞게 가려지며, 산과 한강을 바라볼 수가 있는 이곳에서 언더우드 씨는 거의 여름 내내 작은 사전을 만드는 일에 매달렸다. 게일 씨나[11] 헐버트 씨가 그때 매우 많은 도움을 주었다. 남편은 그동안 큰 사전을 만드는 일을 하고 있었다. 그는 세 해 동안 아주 완벽한 사전 하나를 만들 계획을 세웠고, 이미 사물

---

9) 기와집의 추녀.

10) 분합문.

11) 제임스 스카스 게일. 캐나다의 신학자이자 목사이다. 1888년 12월 15일에 토론토 대학 기독교 청년회의 파송으로 조선에 와서 주로 부산에서 선교 활동을 하다가 서울로 올라와 성서 번역 위원회의 위원으로 일했다. 성경 신구약을 번역하였을 뿐 아니라 한영사전을 편찬했다. 그 밖에도 그는 한국 민족사, 한국 문학, 한민족의 생활에 대한 영문 저서를 많이 남겼다.

낱낱에 해당하는 단어 몇 천 개를 모아 놓고 있었다. 그것은 단순히 조선말을 외국어 발음으로 옮긴 불어 사전과는 달리, 한영사전과 영한사전으로 다 쓸 수 있는 것이다. 그것은 그의 오랜 바람이었고, 그는 선교 사업에서 남는 시간을 모조리 여기에 쏟아 넣었다. 그러나 그의 동료들은 그것 말고 지금 막 도착한 선교사들에게 당장 필요한 것을 만들어 달라고 그를 설득했다. 그래서 그는 우선 그의 '걸작'을 제쳐놓고 말 때문에 곤란을 겪는 사람들이 당장에 쓸 수 있을 작은 사전을 준비하여 만들어 냈다.

그해 가을에, 존경하는 미첼 박사 부처가 우리 선교회를 방문해 많은 조언과 도움을 주셨으니 지극히 고마운 일이다. 그때 우리는 지금처럼 좋은 집에서 살지 않았다. 우리가 살고 있던 집은 진흙으로 벽을 바른 눅눅한 곳이어서 장마철에는 지독하게 물이 새기도 했고, 겨울에는 갈라 터진 벽 틈 사이로 찬바람이 들어오기도 했다. 창문은 대부분 유리를 끼우지 않고 그저 종이만 바른 것이었다. 어느 날 밤 왕진을 나간 사이에 폭풍우가 몰아쳐서 침대 가까이에 있는 창문을 완전히 때려 부숴 버렸고 빗물이 방바닥에 넘쳐흘렀다. 아침에 물이 넘치는 방바닥과 박살이 난 채 매달려 있는 창문을 보고 미첼 박사는 선교사가 그처럼 나쁜 환경에 있을 만큼 물자가 모자라지는 않는다고 하면서 우리의 무신경함을 몹시 나무랐다. 이것은 모든 젊은 선교사들이 배워두면 좋을 교훈이다. 그러나 그들은 좀처럼 그런 말을 귀담아 듣지 않는다.

5. 하나님이냐, 여호와냐, 상제냐?

성서 번역의 어려움

1989년 초가을에 나는 몇몇 외국 관리 부부와 함께 또 대궐의 초대를 받았다. 접견이 끝난 뒤에 만찬이 있었고, 그 뒤에는 춤 공연이 있었다. 나는 대궐의 이런 여흥에서 기생들을 여러 번 보았지만 그때만큼 그들의 동작이 어설프고 품위 없어 보인 적은 없었다는 것을 털어놓지 않을 수 없다. 손에 손을 잡고 둥그렇게 동그라미를 그리거나 갖가지 어여쁜 모습을 보이는 그들의 움직임은 아주 우아하고 대체로 느릿느릿했다. 그들은 긴 치마에 목까지 올라오는 소매가 긴 웃옷을[1] 입고 있어서 그 형태에 따라 모습이 완전히 가려지곤 했다. 낯선 사람 앞에 얼굴을 보인다는 것은, 조선 사람의 처지에서는 엄청나게 막가는 행동이다. 그러나 이 소녀들은, 아아! 여자로서 타락할 수 있는 데까지 타락해 있다. 방방곡곡의 그런 계층의 여자들과 마찬가지로 이 여자들도 가련하고 희망 없는 존재들이다. 그러나 자기 스스로 타락해 버린 여자들과는 달리 이들을 동정했으면 했지 크게 나무랄 수는 없다. 이 불쌍한 소녀들은 자기 부모들 때문에 팔려 와서 이런 끔찍한 생활을 하고 있으며 자기의 운명

---

1) 원삼인 듯하다.

에 대해 아무런 선택도 할 수 없었다. 조선에는 겨우 쌀 몇 포대 때문에 종으로 팔리는 불쌍한 어린애들도 숱하게 많다. 그들은 기생이 될 훈련을 받기도 하고 잔심부름꾼이 되기도 하고 한 번도 보지 못한 남자와 혼인하기도 한다. 유치원에서 인형을 가지고 노는 우리나라의 아이들보다 별로 더 많지도 않은 나이에 말이다.

그러나 본론으로 들어가서, 대궐의 그 여흥 얘기를 하자. 손님들은 잔치 자리 앞에 있는 노대 또는 '마루'라고 하는 곳에 앉았고 그 앞의 마당에 큰 돛이 달린 어여쁜 배 한 척이 나타났는데 그 배에는 화사하게 차려 입은 여자들이 타고 있었다. 그때 대체로 미뉴에트풍과 비슷한 아주 장엄한 민속 음악에 맞추어 옷소매와 깃발을 펄럭이면서 기생들이 나타났다. 그들은 바람을 나타내는 게 분명했고, 배는 훈훈한 산들바람을 기다리고 있었다. 음악이 점점 빨라지면서 기생의 발걸음도 점점 빨라졌으며 그들이 소매와 치마와 수건으로 돛을 재빨리 부치자 마침내 배가 천천히 앞으로 나아가더니 그 안에 탄 사람들과 함께 눈 밖으로 사라졌다. 배가 그렇게 우아하게 사라져 버리자 거대한 연꽃 한 쌍이 나타났다.

그 다음에 큰 황새 한 쌍이 나타났는데, 그것은 진짜 황새가 아니라 아주 기가 막히게 잘 만든 사람 황새였다. 그 새들은 음악에 맞추어 앞으로 나왔다가 뒤로 물러갔다가 옆으로 돌기도 하고, 점잔을 빼기도 하고, 긴 목과 부리를 길게 빼기도 하는 것이, 도저히 포기할 수 없는 무슨 목적을 마음에 두고 있는 게 분명하나 이리저리 망설이고 불안해하는 것 같았다. 오랫동안 주저한 끝에 마침내 그중 한 마리가 용기를 내어 이제 막 피어나려 하는 연꽃 봉오리를 힘차게 쪼았다. 그러자 거기에서 잔뜩 웅크리고 있는 귀여운 어린아이가 나타났다. 다른 황새 한 마리도 운 좋게 또 다른 연꽃을 발견했다. 나는 수백 년 동안 내려온 이 황새와 어린 아이의 신화를 여기 조선에서 보고 무척 흥미를 느꼈다. 동양의 오래된 나라들은 지금까지 그들의 머나먼 과거의 끝없는 심연 속에 빠져 있지만, 한편으론 뭔지 새로운 경이로움을 보여주기도 한다. 그럼으로써 우리는 하늘 아래 새로운 것이 없다는[2] 사실을 굳게 믿게 되는 것이다.

그해 11월 말에 우리는 언더우드 씨가 쓴 문법책과 사전을 출판하려고 일본에 갔다. 서울에서는 그런 책을 인쇄할 방법이 없었기 때문이다. 일본에서 우리는 활자를 만드는 동안 기다려야 했고, 그 사이에 문법책의 첫 부분을 좀 더 보완했다. 우리는 조선 선비를 한 사람 데리고 갔는데, 그는 일본이라든지 일본식이라든지 하는 것을 어찌나 싫어하는지 기선이 떠날 때마다 조선으로 돌아가겠다는 그를 붙드느라고 몹시 애를 먹었다.

중국과 조선, 그리고 일본에서도 주식은 쌀이지만 요리하는 방법이나 먹는 방식은 저마다 다르다. 또 어지간히 다급한 때가 아니면 이 세 나라 사람들은 다른 나라에서 만든 밥은 절대로 먹으려 들지 않는다. 우리 선비는 '양반'으로서 여태껏 손에 흙 한 번 묻혀본 일이 없고, 요리를 해본 일도 없는 사람이었다. 그러나 일본의 한 여관에서 내내 투덜거리면서 얼마를 견디더니 마침내 자기한테 방을 하나 얻어주고 혼자서 살림을 하도록 해달라고 애원했다. 양반의 입에서 이런 말이 나온다는 것은 그가 얼마나 심한 어려움에 빠져 있는지를 잘 보여주는 것이어서 우리는 그의 요구를 받아들였고 그때부터 그는 그 점잖은 손으로 손수 밥을 지

---

2) 구약 성서 '전도서' 1장 9절에 적힌 말.

었다. 그는 한문에 아주 조예가 깊은 학자였고 그의 학문은 일본의 고위층에서 크게 존경받고 있었다. 그는 일본인들에게 종종 초대를 받아 나가곤 했는데, 그 도시의 시장 저택에 초대를 받아 아주 유명해졌다.

대체로 조선 사람들은 어떤 잔치에 갔다 하면 그 자리에서 도저히 믿을 수 없을 만큼 엄청나게 많은 음식을 먹어 치운다고 봐야 한다(게다가 옷소매 속이나 손에 넣을 수 있을 만큼 가득 음식을 넣고 간다고 해도 하나도 이상한 일이 아니다), 또 그들은 잔칫날 잔뜩 먹으려고 며칠 전부터 미리 굶기도 한다. 내 생각으로는, 대체로 그들은 질보다는 양을 훨씬 중요하게 여기는 것 같다. 그런데 우리 선비가 방문했던 일본 사람들은 그렇지가 않았다. 그의 말이 믿을 만한 것이라면, 일본 사람들은 미적인 감각만을 고도로 계발시켰으며, 손님에게 손바닥만 한 잔 몇 개와 근사한 접시들을 늘어놓고 음식이라고는 쥐꼬리만큼 내어놓는다. 그러나 이런 경우에, 잔칫날 먹을 음식들 곧 쌀밥이며, 국수며, 뜨거운 떡이며, 땅콩이며, 과일이며 바싹 구운 신선한 과자며, 매운 양념을 잔쪽 친 고기며, '김치' 따위를 기대하면서 굶고 있던 이 가련한 조선 사람은 참으로 비통해할 수밖에 없다. 아, 잔칫날은 돌아왔건만, 현미경으로나 보일 찻잔 몇 개, 조선에서는 알지도 못하는 음식(그중엔 틀림없이 생선회가 있었을 것이다) 몇 점이 놓인 손바닥만 한 접시 몇 개, 그리고 나머지는 이성과 영혼의 잔치였으니! 다음 날 총명하기 이를 데 없는, 빼빼한 이 사람은 언더우드 씨에게 서글픈 목소리로 조선 사람들은 점점 가난해지는데 일본 사람들은 어째서 잘 사는지 그 까닭을 이제야 알겠다고 말했다. 그는 "조선 사람들은" 하더니 "하루에 백 원을 벌어 천 원어치를 먹습니다. 그런데 일본 사람들은 반대로 하루에 천 원을 벌어 백 원어치를 먹습니다." 하고 말했다. 적어도 일본 사람에 대해 이보다 더 옳은 말은 아직 들어본 적이 없다. 그들의 원수라도 부인하지 못할 미덕이 일본 사람들에게 있다면, 그것은 아마 기술과 검소함일 것이다.

일본에서 한 달에 몇 번씩 약한 지진이 일어나는지 그 정확한 수는 모르나 여섯 달을 일본에 머무는 동안 줄잡아 사흘에 한 번은 지진이 있었다. 한 번은 하루 스물네 시간 동안 열한 번이나 일어났다. 물론 심한 것은 아니었으나 그래도 문이 흔들리고 천장의 등이 덜렁거리고 흔들의자가 움직일 정도였으며 집이 당장 무너지는가 보다 하고 생각한 적도 여러 번 있었다.

조선으로 돌아가기에 앞서서 우리는 데이비스 목사가[3] 천연두로 갑자기 돌아가셨다는 소식을 듣고 큰 충격을 받았다. 지난 해 초여름에 도착하여 언어 학습에 뚜렷한 발전을 보여준 그는 재질과 학식이 뛰어나고 정신력과 헌신 정신이 누구보다도 탁월했던 사람으로서 주님의 큰 사랑을 받던 형제였다. 그는 열정에 넘쳐서 잠깐도 쉬지 않았다. 모든 일을 미루지 않고 그 자리에서 해냈고, 언더우드 씨와는 서로 마음을 터놓고 사람들을 구원할 계획을 함께 세우고, 연구하고, 일하고, 기도했다. 그가 사망했다는 소식이 전해졌을 때 우리는 마치 우리의 피붙이가 죽은 것 같은 생각이 들었고, 우리의 앞길에 어두운 장막이 덮이는 것 같았다. 그 모두가 하느님의 뜻이었다. 하느님에겐 하느님의 방식이 있으니 그것은 우리의 것이 아니며 그분의 생각도 우리의 것이 아님을 잘 알고 있

---

3) 제이 헨리 데이비스. 1857년에 호주 빅토리아성 멜버른 시에서 태어나 에든버러 대학에서 신학을 공부했다. 1889년 10월에 호주 빅토리아성 장로교회의 선교사로 조선에 왔으나 그 이듬해에 부산에서 천연두와 급성 폐렴으로 사망했다. 그의 죽음으로 호주 교회의 조선에 대한 관심이 드높아졌다. 저자가 데이비스가 초여름에 조선에 왔다고 적은 것은 착각인 듯하다.

다. 그래서 우리는 몇백 만의 사람들이 우리 주위에서 알 수 없이 쇠약해진 몸으로 구원받지 못하고 죽어가는데 데이비스 씨만을, 그리고 그가 가장 믿었던 동지이자 친구였던 우리만을 생각하고 슬픔에 빠져 있을 수는 없다고 생각했다. 그리고 그 뒤에 종종 어쩌다가 하느님의 뜻이 어떤 한 사람의 능력에 달려 있는 건 아닐까 하고 생각할 때마다 우리는 하느님이 그를 데려가신 것은, 하느님의 뜻이 그 누구의 능력에도 달려 있지 않음을, 하느님은 가장 약하고 불쌍한 사람들의 수고를 축복하시며, 어린 소년의 광주리 하나로도 오천 명을 먹이실 수 있음을[4] 우리에게 가르치고자 함이었음을 알게 되었다.

1890년 4월 26일에 책의 출판이 끝나자 우리는 바로 조선으로 떠나 5월에 도착했다. 일본에서 돌아온 뒤에 곧 네비우스 박사 내외가 우리를 찾아왔다. 우리는 모두 네비우스 박사를 임금처럼 여기고 있었다. 그분은 마음이 맑고 넓을 뿐만 아니라 온화한 성격에 마음씨는 너그러웠으며 오랫동안 성실하게 일해 오신 경력이 있는 분이라 그분 가까이에 앉을 수 있는 것이 여간 기쁘지 않았다. 새로운 땅에 발을 디딘 젊은 선교사들은 엄청난 책임감에다, 자기는 아무것도 모르고, 자격도 없고, 경험도 없다는 생각이 뒤얽혀 무척 당황하고 의기소침하게 된다. 그러한 절망을 스스로 이겨내는 수밖에 없다. 그런 때 나이 많은 형제의 충고는 이루 말할 수 없이 값진 것이다.

그때 선교사 몇 사람이 새로 도착해 우리의 작은 선교회는 강화되었다. 많은 선교사가 무척 더웠던 그해 여름 몇 달을 보내려고 남한산성(남

---

4) 신약 성서 '마태복음' 14장 17절부터 21절까지에 있는 이야기.

쪽에 있는 요새이다)으로 갔다. 서울은 산으로 둘러싸인 분지에 자리 잡고 있는데, 여름에는 매우 건강에 안 좋은 곳이다. 썩은 물이 고인 시궁창과 도랑에서는 오물이 넘쳐흘러 악마가 빚어낸 듯 온갖 질병이 메스꺼운 공기를 타고 뿜어져 나오고, 문명한 나라에서는 있을 수 없는, 도저히 말로 할 수 없는 냄새가 난다. 남한산성은 서울에서 27킬로미터쯤 떨어진, 500미터가 채 안 되는 산꼭대기에 있다. 앞쪽으로 한강이 흐르는 그 산은 구불구불 돌아 올라가는 질척거리는 길로 가야 한다.

헤론 박사는 거기에 자기 가족들을 데려다 놓고 서울에 일을 보러 왔다 갔다 했으니 그 덥고 눅눅한 계절에 꽤 힘이 들었을 것이다. 그는 금세 이질에 걸리고 말았는데, 처음에는 그리 심한 것 같지가 않아 오랫동안 병에 걸린 줄도 몰랐다. 그러다가 아주 악성으로 번져 스크랜턴 박사와 맥길 박사 같은 의사들이 꾸준히 애를 썼는데도 자꾸 나빠지기만 했다. 마침내 증세가 심상치 않게 되었고 그래서 곧 헤론 부인을 집으로 보내게 되었다. 엄청나게 당황하고 놀란 부인은 비가 장대같이 쏟아지고 바람이 부는데도 그날 저녁에 바로 길을 떠났다. 그야말로 북새통이었다. 횃불이나 등불은 도저히 불을 붙일 수가 없었고, 바람은 가마 주위에 미친 듯이 불어닥쳐 가마꾼들의 손에서 가마를 빼앗아 버리기라도 할 것 같았다. 날씨가 좋은 때에도 질척거리고 걷기 힘든 길이 진흙과 물로 미끈거리니 정말로 위험했고, 너무나 어두워서 한 치 앞도 볼 수가 없었다. 숲속이나 계곡에서는 가마꾼들이 가슴께까지 물에 잠기기도 했다.

가련한 젊은 부인은 이 끔찍한 폭풍우 속에 밤새 시달리며 여행을 한 끝에 온몸이 흠뻑 젖어 새벽녘에야 집에 도착해 남편이 매우 위중한 것을 보게 되었다. 세 주일 남짓 엄청난 고통에 시달린 끝에 헤론 박사는 세상을 떠났다. 외국인 사회뿐 아니라 그가 사귀어 온 많은 조선 사람, 그리고 그의 지칠 줄 모르는 친절한 마음씨를 깊이 사랑했던 사람들에게 그의 죽음은 커다란 슬픔이었고 손실이었다.

조약에[5] 따라 이미 오래전에 그랬어야 했는데도 조선 정부는 서울 근처에 외국인이 묻힐 묘지를 마련해주지 않았다. 오랜 미신과 엄중한 법률로 도성 안에 시신을 묻는 것은 금지되어 있었고, 그 때문에 조선에서 죽은 유럽인 몇은 제물포 근처의 묘지에 묻혔다. 그러나 그 뜨거운 7월에 탈 것이라곤 가마밖에 없는 형편에서 50여 킬로 떨어진 그 항구까지 시신을 운반해야 한다는 것도 가뜩이나 마음이 쓰리고 아픈데 거기다 또 다른 시련을 더하는 셈이 될 것이었다. 그래서 헤론 박사의 죽음이 피할 수 없는 것으로 여겼을 때 우리는 곧 조선 정부에 이런 일에 쓸 만한 장소를 서울 가까이에 마련해 달라고 요청했다. 그들은 무엇이든 질질 끄는 버릇대로 이 일도 질질 끌다가 마침내 우리를 실망시키고 말았다.

헤론 박사가 숨지던 날 그들은 한 장소를 내놓았는데, 그곳은 강 건너 모래밭을 지나 아주 먼 곳의 나지막한 땅으로 도저히 쓸 수 없는 곳이었다. 그래서 우리는 당장 급한 대로 임시방편을 써야겠다고 결정하고 우리 선교회 땅 한쪽에다 임시로 무덤을 쓰기로 했다. 그때 그곳에는 언더우드 씨와 헤론 박사의 사전 만드는 일을 도와주는 조수들이 사는 조그마한 집이 있었다. 그들은 이 계획을 듣자마자 드세게 반대했다. 그

---

5)1882년에 미국과 조선 사이에 맺어진 한미 수교 통상 조약.

것은 법을 어기는 일이며, 거리를 지나 시신을 이곳으로 옮겨오게 되면 엄청난 소동과 말썽이 생길 것이라고 했다.

그래서 우리는 조선 외부에다, 조선 정부가 다른 장소를 마련해주지 않았으므로 할 수 없이 임시로라도 이렇게 하는 수밖에 없다는 말을 전하고, 헤론 박사가 살던 집 뒤에 무덤을 파도록 했다. 장례는 세 시 정각에 시작되었는데 30분도 채 안 되어 사전 만드는 일을 돕던 조수들이 머리를 잡아 뜯고, 눈물을 줄줄 흘리고, 벌벌 떨며, 아무튼 공포에 질려 엄청나게 흥분하여 다시 우리를 찾아왔다. 만일 시신을 집 안에 묻는다면, 그 동네 사람들이 쳐들어와서 집을 불태우고, 자기들을 두들겨 패서 죽이고, 우리에게도 그렇게 할 것이라고 잘라 말했다.

주검이 누울 수 있는 땅조차 찾을 수 없다니 참으로 너무한 일이었다. 우리는 고통을 겪고 있는 가련한 우리 자매에 대한 연민으로 가슴이 찢어질 듯이 아팠다. 그는 자기가 사랑하는 이의 뼈를 엄숙하고 조용한 분위기에서 묻도록 요구할 권리가 있었고, 모든 사람의 위로를 받아야 할 사람이었다. 그런데도 그에게는 남편을 편히 쉬게 할 수 있는 땅조차 허락되지 않았고 이런 다툼과 혼란만이 닥쳐왔다. 우리는 그 선비라는 사람들에게 매우 화가 났다. 적어도 그들이라면 그런 미개한 미신 따위는 뛰어넘어야 옳았고, 다른 사람들한테도 비밀을 지켰어야 한다고 생각했다. 아무튼 이제 헤론 박사의 뼈를 어디다 묻어야 할지 알 수 없었다. 그래서 우리는 급한 대로 시신을 썩지 않도록 처리하여 밀봉해 두었다. 그러나 우리가 집 안에 시신을 묻으려 한다는 말을 듣고 조선 외부에서는 당장 굴복해서는, 서울에서 8킬로쯤 떨어진 강이 내려다보이는 근사한 벼랑 위의 넓은 땅을 내주었다.[6] 이것은 미국 공사관의 알렌 박사가 줄기차게 노력한 끝에 얻어낸 것이었다. 그는 조선 외부에 끈질기게 달라붙어서 권리를 주장했다.

그 몇 달 동안에 우리의 일은 조금씩 발전을 보였다. 신자와 예비 신자의 수효가 우리가 기대했던 것보다 더 불어났고, 감리교 선교회의 스크랜턴 박사와 언더우드 씨가 성서 번역 위원회를 만들고 그 위원으로 선임되었다. 교과는 다르지만 모두 기독교 계통인 여자 학교가 이미 오래전에 세워져 꾸준히 성장하고 있었고(감리교는 그보다 훨씬 앞서 있었지만), 사내아이들을 수용하던 고아원은 남자 학교로 바뀌었다. 두 교파의 병원과 약국은 우리의 우정과 신의를 믿는 사람들이 늘어남에 따라 모두 번창하고 있었다.

초가을에 우리의 삶을 더욱더 가멸차게 해주는 새로운 선교사가 우리 가정에 나타났다. 덩치와 몸무게가 다소 형편없이 어울리지 않는 친구였기는 했지만 말이다.[7] 이 일이 있는 지 몇 달 뒤에 나는 병이 들어 점점 고치기 어렵게 되어 가더니, 마침내 의사가 목숨을 구하려면(이 말은 좀 의심스럽긴 하다) 미국으로 돌아가는 길밖에 없다는 말을 하기에 이르렀다. 외국인 사회가 내게 베풀어준 친절과 호의는 이루 다 적을 길이 없다. 우리는 이곳에서 돈을 벌려고 큰 도시들에 갖가지 시설을 세운 것이 아니며 우리가 크게 의지하는 것은 서로의 친절한 마음이었다. 이 동양 땅에서 우리는 영혼의 사랑과 봉사 정신으로 굳게 맺어져 있었다.

나는 간호를 받았고, 친구들과 이웃들은 짐을 꾸리는 내 남편을 도

6) 서울시 마포구 합정동에 있는 양화진 외국인 묘지.
7) 언더우드 부부에게 아이가 태어났음을 가리킨다.

와주었다. 한 해 동안 집을 비우려면 단단히 못질을 하고 자물쇠를 채우고 밀봉해서 곰팡이와 녹과 생쥐들 그리고 도둑을 막아야 했다. 가구들은 꼭꼭 묶어서 한쪽으로 가득 채워 넣어야 집 없는 다른 선교사들이 들어와 살 수 있을 터였다. 사람들은 우리 아기와 나에게 옷을 만들어 주었고, 우리를 돕는 것을 조금도 괴로워하거나 귀찮아하지 않았다. 벙커 부인과 로드 웨일러 양은 제물포까지 우리를 배웅해 주었다. 우리는 가마꾼 여섯 명이 메는 아주 튼튼한 큰 가마를 타고 갔는데 도중에 한 고풍스러운 일본식 여관에서 하룻밤을 묵었다.

조선을 떠나면서 나는 슬프고 부끄럽고 괴롭기 그지없었다. 오랜 세월이 흘러 모든 일이 잘 되어 나가고 약속한 시간이 되었을 때, 뭔가가 이루어졌을 때 돌아가기를 크나큰 기쁨을 품고 기다렸었다. 그러나 '지금' 간다는 것, '실패'를 안고 일은 거의 시작도 안 했는데 다시는 돌아오지 못할지도 모르면서 떠난다는 것이 고통스러웠다. 그러나 더 쓰라렸던 일은 내가 남편을 끌고 간다는 생각이었다. 일꾼은 한심하도록 드물고 도움을 청하는 소리들이 곳곳에서 드높은 그 땅에서, 건강과 정열이 넘쳐흐르는 그가 등을 돌리게 한 것이었다. 기독교 포교 책자와 찬송가 책도 필요했고, 성경은 아직 번역도 되지 않았으며, 사전은 절반도 완성되지 않았을 뿐만 아니라 학교도 세워야 했고, 급격히 불어나는 기독교인들에게 양식을 주고 가르침을 주어야 했다. 이 모든 것을 생각하니 눈앞이 캄캄해졌다.

그러나 하느님께서는 언제나 불행의 낌새가 있을 때마다 그러하셨듯이 이번에도 축복을 내려 주셨다. 미국으로 돌아가 있는 동안 선교사 몇 명을 새로 얻게 되었고 미국과 캐나다와 영국에 있는 기독교인들의 마음속에 조선에 대한 관심이 커졌고 새로운 선교회가 세워졌다.

조선에 돌아와서는 우리 아기가 몹시 아파서 여름을 거의 제물포에서 보냈다. 우리는 중국인 남자들이 가득 찬 이른바 호텔에 묵었다. 그런 곳에서 흔히 나는 시끄러운 소리와 냄새 때문에 무덥고 기나긴 밤을 견디기 어려웠다. 초저녁부터 한밤중까지 길 건너 중국인 극장에서 배우들이 부르는 높은 가성의 노랫소리에 시달렸다. 만에 정박해 있는 군함으로 선원들이 돌아갈 때면 잠이 들면 무슨 큰일이 닥치기라도 하는 줄 아는 개들이 미친 듯이 줄기차게 짖어댔다. 개들이 잠잠해질 무렵이면 채소며 생선 따위를 파는 일본인 행상들이, 아무튼 그 부지런함만큼은 높이 살 일이지만, 내 창문 밑에 와서 빽빽거리는 목소리로 자기 물건을 사라고 외쳐댔고 그러다 보면 마침내 새날이 밝아 일어날 시간이 되었다.

나는 하루 종일 굶주린 내 아들을 안고 바다로 난 메마른 진흙 개펄 너머를 가슴 아프게 바라보았다. 나는 기선을 기다리고 있었는데 그 기선은 우리 아이가 삭일 수 있는 단 한 가지 음식을 가져올 터이므로 그 기선이 너무 늦게 오지 않게 해달라고 기도를 올렸다. 어린 목숨은 날이 갈수록 위태로워졌다. 그러다 마침내 배가 들어왔다. 어마어마한 보석과 보물을 잔뜩 싣고 인도에서 돌아온 대선단이 받았던 환영도 내가 그 배에 했던 것에 견주면 절반도 안 될 것이다. 그 어떤 배가 싣고 온 소중한 것이라도 내게는 우리 아기의 건강과 목숨을 돌려준 그 물건의 값어치에 견주면 반 푼어치도 안 된다.

그 사이에 언더우드 씨는 집수리를 감독하느라고 서울에서 고생하고 있었다. 아무튼 우리는 건축가에다 토건업자에다 목수에다 정원사에다 만물박사가 되어야 했다. 그런가 하면 그 여름 내내 이제는 자그마한 교회에서 반드시 필요하게 된 찬송가책을 만드는 일에 쉴새 없이 매달려 있었다.

'호칭 문제'는[8] 아직까지도 모든 선교사가 확실하게 의견을 모으지 못하고 있는 골칫거리이다. 이 문제는 '신'에 해당하는 적절한 단어를 고르는 것과 관계가 있다. 중국, 일본, 그리고 조선에서는 대개 비슷하게 한자를 쓰고 있고, 또 '신'을 뜻하는 단어들이나 숭배의 대상이 되는 사물이 있기는 하나 영어로 표기할 경우 '신들'에 정관사를 붙여 '그 신'이라고 하거나 대문자를 써서 '하느님'으로 바꿀 수 있는 그런 글자가 없다. 또 조선에는 하늘에 있는 으뜸신('상제' 또는 '하느님')과 땅의 신('땅님') 그 밖에 다른 것을 뜻하는 '이름들'(이렇게 되면 전혀 다른 것을 나타내게 되는데)이 있다.

어떤 선교사들은 이 하늘 으뜸신의 이름을 사용하여 사람들에게 그들이 무척 경배하는 그 신의 성격과 특징을 가르치고 설명한다면 그들이 훨씬 쉽게 이해하고 우리의 가르침을 적극으로 받아들일 것이라고 믿고 있다. 물론 이것이 오직 한 분뿐인 하느님을 가리키는 것이라고 설득하기는 불가능하다. 이 이교도들은 하느님에게 예배를 드리는가 하면 또 수없이 많은 다른 작은 우상들을 섬기고 있기 때문이다.

한편으로 또 다른 사람들은, 이교도의 우상을 가리키는 인격적인 이름을 영원한 여호와에 어떤 식으로든 적용해서는 안 되며, 그런 태도는 하느님 말씀에 어긋나는 것이라고 양심적으로 믿고 있다. 아무튼 이 문

---

8) 성경을 번역하는 과정에서 가톨릭과 개신교 사이에 오랫동안 논란이 되었던 기독교 신의 호칭 문제.

제에 대한 저마다의 신념은 제쳐두고라도 선교사들은 그것이 하늘의 신이거나 땅의 신이거나 위대한 "나는..."이라는 말에 해당될 이름에 이교도 신들의 이름을 쓴다면 초창기 원주민 교회의 신도들의 마음에 위험한 혼돈이 생길 것이라고 여기고 있다. 간단히 말해 틀린 사물은 결코 옳은 것이 될 수 없고, 여호와를 그의 이름이 아닌 다른 이름으로 부르는 것은 옳지 않으며 그것은 끝내 좋은 결과를 가져올 수 없다고 생각하는 것이다. 이런 견해는 일본에 있는 모든 교파의 선교사들, 그리고 중국에 있는 소수 개신교파의 대부분과 로마 가톨릭 전부, 그리고 조선의 모든 성공회와 로마 가톨릭에서 채택했다. 그래서 이들은 '신'에 '여호와'라는 이름을 쓴다.

조선에 있는 장로교 선교사와 감리교 선교사의 대부분, 그리고 중국의 그 교파들은 또 다른 부류에 든다. 물론 중국 선교사들이 사용하는 단어는 조선에서 사용하는 것과는 아주 다르기는 하다. 중국 선교사들은 '상제'라는 말을 쓰고 조선 선교사들은 '하나님'이라는 말을 쓴다.

여기서 이 문제를 야기하는 것은 무슨 논쟁을 하려고 그러는 건 아니다. 이 문제는 사실 골치 아픈 일이긴 하나 누구나 만족할 수 있는 해결이 진정으로 기대되는 문제이다. 이 문제에 관해 서로 감정이라고는 조금도 생기지 않았다. 이것은 많은 사람이 마음속 깊이 간직한 원칙들과 관계가 있기 때문이다.

이 문제를 여기서 꺼내는 것은 오직 어떤 선교 사업을 할 때 부딪치는 어렵고 복잡한 문제들에 대해 그리스도의 땅에 살고 있는 남자와 여자들이 무언가 가느다란 빛이라도 얻어야 하겠기 때문이다. 이 문제들은 나라마다 서로 다르지만 그 모두가 어렵다.

우리가 조선에 들어온 직후에 제임스 게일 씨의 문법책이 출판되었고, 또 한 해쯤 뒤에는 그가 쓴 한영사전도 출판되어서 이제는 언어 학습을 돕는 책들이 몇 종류 생겼고 그걸 토대로 선교를 하게 되었다. 처음 도착한 선교사들에게는 무엇보다도 먼저 조선말을 익히라고 강조했고, 선교사들은 모두 아주 엄격한 계절 시험을 세 번 치르도록 되었다. 일급, 이급, 삼급의 어학 과정을 한 해에 하나씩 마치도록 되어 있고, 새로 오는 선교사들의 어학 공부를 지도하고 도와줄 조교와 시험 위원회의 위원들, 그 밖에 다른 사람들도 임명되었다.

7. 잠들지 않은 조선의 복수심
갑신정변과 김옥균

　1893년 가을 우리는 그즈음에 수리한 집으로 서둘러 이사했다. 아직 수리가 끝나지 않아서 벽의 진흙도 축축했고 어떤 방에는 유리도 끼우지 않았다. 어쩔 수 없는 일이긴 했으나 그 때문에 우리 아기와 나는 온 겨울 내내 끊임없이 병에 시달렸다. 그래서 나는 조선 사람들 사이에서 하던 좋은 일도 할 수 없었다. 중산층과 하급 계층 사람들이 교회에 많이 왔고, 남녀 신도들의 모임도 성황이었다. 학교의 어린 소녀들도 그리스도와 같은 열정에 넘치는 듯 휴일이나 노는 시간에도 복음을 이야기하고 책자를 나눠주곤 했다. 우리 선교회의 일원인 모펫 박사가[1] 평양에 부임했고, 곧이어 장로교에서 다른 사람들도 그곳에 부임하도록 했고, 감리교에서도 홀 박사[2] 내외를 보냈다.

---

1) 사무엘 오스틴 모펫. 미국 사람. 1864년 1월 25일에 인디애나주 메디슨에서 출생하여 하노버 대학과 매코믹 신학교를 졸업했다. 미국 북장로 교회의 선교사로 1890년 1월 25일에 조선에 왔다. 1893년부터 평양에 머물며 전도 활동을 하는 한편 장로교 신학교를 설립하고 숭실 중학교의 교장으로 오랫동안 재직했다.

2) 윌리엄 제임스 홀. 캐나다 사람. 1864년에 온타리오주 리드에서 태어났다. 퀸즈 대학에서 의학 공부를 하고, 1891년 12월에 북감리교회 선교사로 임명받아 조선에 왔다. 평양에서 선교 활동을 하다가 청일전쟁이 터지자 서울로 돌아왔다. 전쟁이 끝난 뒤에 평양으로 돌아가 전사자의 시체를 수습하고 전재민들을 위로하다 과로로 학질에 걸려서 다시 서울로 돌아오는 길에 발진티푸스까지 겹쳐 1895년 11월 24일 서울에서 사망했다.

내 일은 어찌됐느냐 하면, 그동안 자주 중단되곤 했던 의료 사업을 일단 끝맺고 여자들 모임을 시작했다. 그러나 부족한 어학 실력 때문에 무척 곤란을 겪었다. 그렇지만 나는 서툰 대로 애를 쓰면서 조금씩 배워 나갔고 점점 많이 알게 되었다. 그래서 곧 자유롭게 얘기하고 기도할 수 있게 되었다. 물론 언제나 완벽하게 훌륭하고 정확했던 것은 아니나, 나의 중요한 목적은 조선 사람들에게 내 말을 이해시키는 데 있었지 내 자신이 뛰어난 언어학자임을 보이려는 것은 아니었으므로 그 정도라도 보여준다는 것이 만족스럽고 즐거웠다. 그 무렵 다른 선교회 세 군데에 속한 여자들도 이 일을 하려고 준비하고 있었다. 그러나 우리의 불쌍한 원주민 자매들은 곳곳에 흩어져 있었다. 나는 대궐에 여러 번 초대를 받았는데 우리 아이도 함께 초대를 받았고 거기에서 무척 귀여움을 받았다.

성서 번역 위원회는 보강이 되어서 이제는 스크랜턴 박사와 언더우드 씨 말고도 아펜젤러 목사(감리교), 게일 씨(장로교)가 위원으로 추가되었다. 성경 공부를 하는 학급에는 휴가를 주었고, 소책자들이 여러 선교사들의 손으로 많이 번역되고 있었다. 1891년에 우리가 미국으로 돌아가기 전후 몇 해 동안, 살을 에는 겨울바람 속에, 또는 한여름의 뜨거운 열기 속에 길거리에 누워 있는 불쌍한 사람들을 흔히 볼 수 있었다. 부잣집에서는 하인들이나 낯선 사람이 돌림병에 걸리면 길거리에다 그냥 내다 버리는 잔인한 풍습이 있었다. 가끔 그들의 친구나 친척이 거기에다 허름한 오두막을 세워 주기도 하고, 때로는 그런 오두막 속에서 죽은 사람과 산 사람이 함께 누워 같이 살기도 했다. 우리의 진정한 소망은 이런 경우에 쓸 수 있는 병원을 어떻게 해서라도 사들이거나 짓는 것이었다. 미국에 있는 동안에 우리는 '사업을 위한' 돈을 몇 차례의 모금으로 조금이나마 손에 쥐게 되었고, 이 돈이 조금씩 불어나자 오랫동안 가슴에 품어 왔던 목적에 그것을 쓰기로 결정했다.

돌아온 뒤에 우리는 곧 멋진 나무들이 가득하고, 방이 예닐곱 개가 있는 근사한 벽돌집이 서 있는 아주 시원한 언덕 위의 아름다운 땅을 무척 싼 값으로 살 수 있었다. 이 땅은 우리의 당면 목표를 이루기에는 넉넉했으나 우리가 지닌 돈은 우리가 꿈꾸는 그런 병원을 세우기에는 넉넉하지가 않았다. 그래서 우리는 낡은 건물을 수리하고 관리인 숙소를 하나 더 지었다. 우리는 이 기관을 교파를 초월해서 지었다. 곧, 돌림병에 걸린 사람은 누구라도 여기에 올 수 있도록 했고, 자기가 원하는 의사한테 진료를 받을 수 있도록 했다. 그와 함께 뉴욕에 사는 휴 오닐 부인이 자기 외아들을 기리기 위해 기증한 자그마한 진료소를 큰 길가에 있는 이른바 대기소에서 그리 멀지 않은 곳에 열었다. 이 진료소에서는 얼마만큼의 의료 사업 말고도, 여자들의 성경 공부 모임을 가졌고, 저녁 예배도 보았으며 또 가끔 안식일의 아침 예배도 보았다.

1894년 7월에 조선에서는 청일전쟁이 일어났고 서울은 일본군에게 점령되었다. 어느 날 아침 우리는 총소리에 잠이 깨었다. 그리고는 곧 대궐이 일본군에게 점령되었다는 것을 알게 되었다. 외국인들, 조선 사람들이 모두 크게 흥분했다. 모든 외국 공사관에서는 군함이 머물고 있는 항구의 군대에 우리를 보호하라고 명령을 내렸다. 그러나 막상 위험한 경우에 그런 적은 군대가 힘을 쓸 수 있을지는 알 수 없는 일이었다. 러시아 해병대 쉰 명, 미국 해병대 마흔 명, 영국 해병대 마흔 명, 그리고 독일 해병대 아홉 명이 전부였다. 신분의 높낮이를 가릴 것 없이 조선 사람들은 엄청난 공포에 빠졌다. 많은 양반이 자기 집에서 도망쳐 나와서는 온

갖 구실을 다 붙여 외국 공사관이나 시골로 피난을 떠났다. 가게란 가게
는 모두 문을 닫았고, 도시는 마치 돌림병이 번진 것처럼 보였다. 입을 꾹
다물고 잔뜩 두려움에 질린 표정으로 급히 발걸음을 옮기는 남자, 여자
와 가마, 조랑말의 무거운 행렬이 중앙통을 지나 성문 밖으로 끊임없이
흘러나갔다. 어린애들의 애처러운 모습도 숱하게 보였다. 부모들이 매정
하게 버렸거나 사람들 속에서 부모를 잃어버린 아이들이 눈물로 얼룩진
얼굴을 하고 혼자서 종종걸음을 치고 있었다. 어떤 아이들은 여자들의
등에 업히거나 치마 끝에 매달려 갔다. 남자들은 소중한 물건을 어깨로
져 나르고 있었고, 겁에 질린 부자며 마나님들을 태운 가마의 가마꾼들
은 사람들 사이로 이리 저리 휘젓고 나갔다. 높은 사람이든 천한 사람이
든, 부자든 가난뱅이든, 그들 나라의 오랜 적인 무서운 일본인들에게서
서둘러 도망치고 있었다. 파멸에 이르고야 말 저 넓은 길, 넓은 문을 헤치
고 나아가는 저 구원받지 못한 수많은 사람을 무슨 수로 깨닫게 한단 말
이냐! "주께서 그들을 보시고 목자 없는 양처럼 불쌍히 여기셨다."[3] 선교
사 집의 하인들은 여기 있으면 중국인이나 일본인에게 죽을 것이므로 남
지 않겠다고 했다. 우리는 그들에게 두렵지도 않고 도망갈 생각도 없다
고 말했다. 마침내 우리가 결코 그들을 버리고 떠나지 않겠다는 약속을
하고 나자 그 가운데 몇 사람이 남아 있겠다고 했다. 우리는 원주민 기
독교인들 때문에라도 남아 있기로 이미 결정을 보았던 것이다.

그러는 동안에 평양에서는 매우 놀랍고 고통스러운 사건들이 일어
났다. 지난 5월에 감리교회의 윌리엄 제임스 홀 박사는 그 도시에 지부

<hr>

3) 신약 성서 '마태복음' 9장 36절.

를 세우려고 아내와 아기를 데리고 아주 살러 갔었다. 호기심에 가득 찬 사람들은 거의 폭도와도 같았고 그들은 그 사람들을 막을 도리가 없었다. 지방 관아에서는 순검 하나도 보내주지 않았고, 게다가 그들이 도착한 지 이틀인가 사흘 뒤에는 홀 박사의 조수와 홀 박사에게 집을 판 사람을 잡아다가 감옥에 넣어 버렸다. 이것은 어떤 사람에게 그가 지닌 집이나 땅을 포기하도록 강요할 때 쓰는 방법이다. 조선의 관리들은 이럴 때 이런 방법을 잘 쓴다.

그 집은 그 마을에서 인구밀도가 가장 촘촘한 지역에 있었으므로 홀 박사는 거기서 일을 가장 잘 할 수 있다고 생각하고 그 집을 골랐다. 그러나 그는 절대로 세금을 내지 않겠다고 거절했는데, 그 세금은 그 집의 옛 주인들이 언제나 어떤 우상과 그 근처에 있는 무당집에 바치던 것이었다.

홀 박사 쪽의 사람들이 붙들렸을 때 모펫 박사의 조수와 그가 산 집의 옛 주인도 감옥에 갇혔고, 원주민 기독교인들은 지독하게 매를 맞았다. 평양에서는 선교사들을 너그럽게 봐주지 않는 것이 분명했다. 감리교의 원주민 교인 한두 사람도 그때 붙들려가서 매를 맞았다. 모펫 박사는 서울에 있었고, 홀 박사 식구만 그 큰 도시에서 수많은 적들에 둘러싸여 있었다. 서울에서 도움을 주려 해도 며칠 동안 여행을 해야 했다. 상황은 가혹했다. 홀 박사는 원님을 만나러 가거나, 중국인이 경영하는 전신국에 가거나(모두 멀리 떨어진 곳이었다), 감옥에 갇힌 교인들을 풀어주거나 도우려고 애를 쓰고 다니는 동안에, 무력한 그의 아내와 아기를 아무런 보호도 받지 못하는 집에 그대로 남겨두어야 했다.

그의 첫 전보가 서울에 도착하자마자 홀 박사의 식구들과 고통받고 있는 가련한 조선인 형제들을 위해 우리 집에 모든 선교사가 모여 연합 기도회를 가졌다. 스크랜턴 박사와 모펫 박사 그리고 언더우드 씨는 미국 공사관과 영국 공사관으로 달려가 기독교인을 석방하고 피해를 입은 재산을 보상해 주도록 조선 외부가 관찰사에게 지시하게 했다. 이러한 지시는 전보로 당장에 평양으로 전해졌지만, 그 결과로 원주민들은 더 심하게 두들겨 맞고, 물장수들이 홀 박사의 집에 물을 날라다 주지 못하도록 명령을 받았다. 홀 박사의 집에 돌멩이가 날아들고, 담장이 허물어지고 했다. 조선인 교인들은 혹독한 처벌을 영웅적으로 견뎌냈고, 신앙을 포기하기를 거절했다. 그리하여 그들은 사형수가 드는 독방으로 옮겨졌고 그들을 처형하겠다는 말이 전해졌다.

이 관찰사는 서울의 급전을 두 번이나 받았건만 변화의 낌새를 조금도 보이지 않았다. 이러는 동안 서울에서 선교사 몇 사람이 홀 박사를 도우려고 그리 가기로 결정했다. 서울의 선교사들은 아주 위험하고 앞날을 알 수 없는 상황을 맞으러 가는 사람들이라기보다는 휴일에 놀러가는 어린애처럼 서로 자기가 가겠다고 우겼다. 왜 자기가 거기에 가야 하는지 마땅한 이유들을 강하게 내세우는 사람들이 여럿 있었으나 모펫 박사가 자기 교인이 거기서 고생하고 있으니까 자기가 가야 한다고 주장해서 그가 가게 되었다. 캐나다에서 온 매켄지 씨는 아직 혼인하지 않은 사람이라서 모펫 박사를 따라가도록 허락을 받았다.

우리는 그들은 살려주라는 조선 외부를 통한 우리 공사관의 힘이 충분히 미치기도 전에 홀 박사 내외와 우리 교인들의 목숨이 그곳 주민들과 관찰사의 적개심으로 희생되면 어찌 하나 하고 걱정했다. 그러나 서울에서 간 이 두 사람이 닷새 뒤에 그곳에 도착했을 때 기독교인들은 또

한 차례 두들겨 맞고 돌팔매질을 당한 뒤에 풀려나 있었다. 홀 박사 내외는 그 뒤 한 달 동안 그곳에서 환자를 치료하고 복음을 전하고 있었으나 전쟁이 급박해지는 듯하자 서울로 돌아오라는 훈령을 받았다. 그들은 기독교인들에게 용기를 불어넣어 주고 격려하며, 할 수 있는 데까지 오랫동안 시간을 끌며 머물다가 돌아왔고, 얼마 뒤에 매켄지 씨와 모펫 박사도 돌아왔다. 평양은 이제 중국인의 손아귀에 들어갔고 서울은 일본인이 차지하고 있었다. 여름은 아주 덥고 건강에 썩 안 좋은 계절이어서 외국인 집안에는 한두 가지 심각한 병에 걸리지 않은 사람이 거의 없다시피 했다. 어린 것들이 목숨을 잃었는데, 그 가련한 목숨이 숨을 거두려는 것을 오랫동안 지켜보며 가슴을 조여야 했다. 맑은 공기와 물을 찾아 이 도시를 떠날 사람은 아무도 없었고, 신선한 우유도 아예 얻을 수 없었다. 삭일 수 있는 영양식을 못 얻어 말 그대로 굶주려 있는 어린애를 가진 어떤 젊은 아버지는 살찐 젖소들이 있는 고향의 제 집 농장을 그리면서 비통하게 말했다. "내가 목말라 괴로워할 때 내 아버지의 집에는 양식이 가득하도다."[4)]

중국이 전쟁에서 진 뒤 10월 초하루에 장로교 선교사들과 홀 박사는 오랫동안 버려두었던 지부의 사업을 돌보려고 전쟁이 무자비하게 휩쓸고 지나간 평양으로 돌아갔다.

평양은 정말이지 끔찍하게 더러웠다. 어느 선교사는 이렇게 적었다. "사람과 말과 소의 송장이 헤아릴 수 없을 만큼 많이 널려 있어서 어느 쪽으로 가거나 언제나 그 송장들을 넘어가야 했고, 공기의 더러움이란

....
4) 신약 성서 '누가복음' 15장 17절.

말로 할 수 없을 정도였다." 또 다른 사람은 이렇게 적었다. "어느 곳에서 나는 송장을 스무 구도 더 헤아렸는데, 총에 맞아 엎어진 채, 말 그대로 하나씩 쌓여 있었다. … 또 다른 곳은 만주군 기병대가 일본 보병대의 매복 장소로 뛰어들었다가 살육을 당한 곳으로, 참으로 끔찍했다. 사람과 말의 송장 수백 구가 자빠졌던 상태 그대로 누워 있었는데, 그야말로 '길이와 넓이가 수 킬로에 이르는 송장 더미였다.' 전쟁이 끝난 지 3주일이 지난 때였건만 송장들은 거기에 그냥 편안히 누워 있었다."

조선 사람들의 미신에 따르면 그 도시는 한 채의 배이기 때문에 우물을 파면 가라앉는다. 그래서 평양에는 우물이 하나도 없다. 그러나 수많은 사람과 말의 송장이 강에 떠서 유일한 수원지인 그 강을 몇 주일씩 더럽히고 있었다. 용감한 우리 선교사들은 그 끔찍한 환경 속에 남아서 일하고 있었다. 10월 17일에 홀 박사는 다음과 같은 즐거운 소식을 보내왔다. "우리는 아주 즐겁게 예배보고 있습니다. 한 해 남짓 전에는 찬송가를 부르면 욕설과 돌멩이만 날아왔었는데, 지금은 사람들이 아주 기쁜 마음으로 듣고 있으며, 마치 뉴욕의 경찰관이 부는 호각 소리를 듣는 듯 안전한 기분을 느끼고 있습니다. 자기 집으로 돌아가 버리는 조선 사람들도 더러 있지만, 날마다 새 신자들을 데리고 옵니다. 집으로 돌아갔던 사람들 그리고 그 주변의 마을 사람들이 날마다 엄청나게 찾아옵니다. 그들은 우리 책을 사고 복음에 대해서도 그 전에 결코 볼 수 없었던 큰 관심을 보이는 듯합니다."

이 편지를 쓴 바로 뒤에 홀 박사는 서울로 돌아왔다. 그가 타고 온 배에는 병든 일본 군인들이 가득 찼었다고 했다. 그 배 안에는 발진티푸스와 이질이 번지고 있었고 물은 틀림없이 더러워져 있었을 텐데, 홀 박사는 그 배를 타고 서울에 온 것이다. 몇 번씩 힘든 고비를 넘기고 나서 마침내 그는 치명적인 발진티푸스에 걸리고 말았다. 처음 몇 마디는 알아듣기가 어려웠으나 드문드문 끊기는 그의 말에는 완전한 평화와 기쁨이 넘쳐흘렀다. 그의 마지막 말은 "나는 문 앞을 쓸고 있습니다."라는 것이었다. 이 글을 쓰고 있는 동안에도 내 눈앞이 눈물로 흐려진다. 우리는 홀 박사를 사랑했을 뿐 아니라 존경했으며, 우리 가운데 누구보다도 전능하신 주님의 사업을 크게 나눠 받고 있었다고 생각한다. 그가 방 안에 들어서면 곧 주님이 가까이 오는 것 같았고, 그의 모습과 말과 행동은 언제나 그리스도의 권능과 아름다움을 보여주었다. 우리는 홀 박사가 야단을 치거나 심한 말을 하는 걸 들은 적이 없다. 또 그 누구도 그가 기독교인 형제를 비난하는 말을 들은 일이 없으며, 내가 아는 한에서 그 누구도 고귀하지 않은, 신앙심이 없는, 그리스도와 같지 않은 그의 모습을 본 사람은 없다. 그의 얼굴은 거룩한 빛으로 빛났으며, 그가 어떤 식으로든 남들보다 잘났다고 말한 적이 없어도 우리들은 모두 그를 성인으로 여겼다. 유럽 사람들과 조선 사람들도 그에게서 이와 똑같은 인상을 받았음을, 그를 똑같이 사랑했다는 것을 보여주었다. 그의 따뜻한 마음씨는 모든 사람을 끌어들였고, 그리하여 그는 널리 사랑과 존경을 받았다.

서울에 있는 우리가 모두들 얼마만큼은 건강이 나빠져 어려움을 겪는 동안에 모든 것이 다시 안정을 되찾고 자리가 잡혀갔다. 이 도시의 주민들과 외국인들이 질서와 안정을 되찾는 문제는 오로지 싸움에서 이긴 군대의 마음에 달려 있었다고 할 수 있는 만큼 잘 훈련된 일본 군대에게 크게 고마워해야겠다.

1894년 가을과 겨울, 그리고 1895년 봄에 걸쳐 왕비는 매우 자주 나를 불러서, 외국과 외국의 관습에 대해 여러 가지를 묻기도 하고, 아주 친절하게 이야기를 나누었다. 우리는 자주 통역 없이 이야기를 나누었는데 그 자리에는 임금과 세자도 가끔 참석을 했지만, 대개는 다른 곳에 가 있었다. 중전마마께서 이토록 자상하고 친절해서 내가 절친한 친구와 '남몰래 단둘이서' 이야기를 나누고 있는 게 아니라는 사실을 거의 잊곤 했다. 물론 나는 책임을 무겁게 느끼고 있었고, 그때마다 의무와 무력함을 함께 깨닫고는 당황스러워했다. 마침내 나는, 왕비에게 그리스도에 대해 말할 기회를 달라는 것, 그리고 그런 기회는 내가 만들 수 있으며 그것을 잘 이용할 수 있다는 것을 우리 선교사들의 기도회에서 말했다. 그리고 이제 나의 두려움과 마음의 갈등은 사라지고 아주 만족스러운 결과가 왔다. 적당한 때에 나는 왕비가 나를 불러 자기를 인도해 달라고 할 것을 굳게 믿고 있었다.

크리스마스 전날에 왕비는 나를 불러서 우리의 축제에 대해, 그 기원이며 의미, 그리고 어떻게 축하하는지 따위를 물었다. 그 누가 이보다 더 좋은 기회를 얻을 수 있을까? 그러한 상황에서 복음에 대해 말하지 않는다는 것은 있을 수 없는 일이리라. 그래서 나는 천사들의 합창과 별들에 대해, 그리고 말구유 안에 누운 어린 아기에 대해, 속죄해야 하는 버려진 세상에 대해, 이 세상을 그토록 사랑하시는 오직 하나뿐인 하느님에 대해, 사람을 구하려고 오신 구세주에 대해 이야기했다.

왕비는 무척 흥미를 느끼며 열심히 내 이야기를 들었다. 때때로 내 말을 그리 잘 알아듣지 못하는 임금과 세자에게로 몸을 돌려 지극히 활기차고 자애로운 표정으로 내 말을 되풀이해 주곤 했다.

며칠 뒤, 우리나라에 대해 많은 것을 묻고 난 뒤에 왕비는 왠지 서글 픈 목소리로 말했다. "아, 조선도 미국처럼 그렇게 행복하고, 자유스럽 고, 힘이 있다면!" 여기서 나는, 미국은 비록 부유하고 힘센 나라이긴 하 지만 가장 강하고 훌륭한 나라는 아니라는 것을 이야기함으로써, 죄악 도 고통도 눈물도 없는 나라, 한없는 영광과 착함과 기쁨만이 있는 나라 를 그려 보일 기회를 또 한 번 얻게 되었다. "아!" 말할 수 없이 비통한 심 정으로 왕비는 탄식했다. "전하와 세자와 나 모두가 그곳에 갈 수 있다 면 얼마나 좋을까!"

가련한 왕비! 그의 나라는 곳곳에서 위협받고 있었고 그때 그의 가 까운 친지들은 배신자들과 잔인한 적의 손아귀에 들어 있었다. 그리고 왕비가 출세시킨 사람들 가운데는 왕비를 죽이려고 음모를 꾸미는 이 들도 있었다. 왕비가 천국의 평화와 안식에 대해 한숨을 내쉰 것은 조 금도 이상한 일이 아니었다. 그러나 슬프게도 나는 그에게 죄인은 그곳 에 들어갈 수 없다는 것을 말하지 않을 수 없었다. "죄인은 안 된다고?" 왕비는 얼굴을 떨어뜨렸고 빛나던 표정은 어두워졌다. 그는 자기가 거 의 신성한 권위를 지니고 있긴 하지만 죄인이라는 것을 알고 있었다. 그 리하여 방 안에는 침묵이 감돌았다. 나는 예수를 믿는 사람은 누구나 용 서받을 수 있고 예수를 통해 깨끗해질 것이며 따라서 이 나라를 신성하 게 할 수 있다는 기쁜 소식을 전했다. 왕비는 사려 깊게 내 말을 들었다. 그러고 나서 이 문제에 대해 다시 이야기할 기회가 없었으나 나는 그 일 로 왕비에게 구원의 방법을 분명히 제시할 수 있었음이 말할 수 없이 고 마웠다.

나라의 무력함이 더욱더 뼈저리게 느껴지던 때에 왕비는 유럽인이나 미국인들과 친근한 관계를 가지려 했다고 생각한다. 그는 여러 차례 유럽과 미국 여자들과의 공식 접견을 했고, 왕비를 만난 사람들은 모두 왕비에게서 엄청난 위엄과 매력을 느꼈으며, 금세 그의 친구가 되고 지지자가 되었다. 그 겨울 동안에 왕비는 두 번이나 내 친구들을 모두 불러서 대궐 뜰 안에 있는 연못에서 스케이트를 타라고 일렀고, 그의 처소 근처의 자그마한 정자에서 내 주관으로 그들에게 차를 대접해 달라고 정중하게 요청했다.

크리스마스 날, 중전마마께서는 그의 아름다운 가마를 보내 주셨다. 그 가마는 파란 우단을 씌우고 무늬가 아름다운 중국 비단으로 테를 두른 것이었다. 그 가마와 함께 발과 방석, 옷감 몇 필, 아주 신기하게 생긴 조선의 수공품들, 그리고 어마어마하게 많은 달걀, 꿩, 생선, 땅콩, 대추들을 보내왔다. 그리고 조선의 설날에는 500원을 보내왔는데, 왕비는 그 돈으로 진주라든지 그 비슷한 것을 사고, 내 어린아이들에게도 선물을 사주라고 했다.

그때 내 아들은 다섯 살로 접어들고 있었는데 대궐의 여자들은 늘 그 애를 데리고 오라고 졸라댔다. 그러나 두 분 전하의 특별한 분부가 없으면 데려가지 않았다. 그러던 어느 날 왕비가 왜 아이를 데리고 오지 않는지를 묻기에 반드시 불러주셔야만 아이를 데리고 온다고 말하자 무척 놀라면서 다음에는 애를 데려오라고 분부했다. 그래서 나는 아이를 대궐로 데리고 갔는데, 가마꾼들이 가마를 내려놓자마자 우리를 죽 지켜보고 있었음이 틀림없는 궁녀들이 아이를 번쩍 안아 들고는 어미인 나조차도 모를 데로 당당하게 데려가 버렸다. 나는 몇 분 동안 대기실에 앉아서 붙들려 간 우리 아들이 대체 어찌 되었을까 하고 온갖 추측을 다 하다가 알

현실로 들어오라는 지시를 받았다. 잠시 뒤 알현실로 들어가니 내 아들은 그 고귀한 자리의 한복판에, 곧 왕실의 식구들과 함께 앉아 있었다.

임금과 왕비는 언제나 어린아이를 아주 귀여워했다. 겨우 몇 달 전에 임금은 마마 귀신을 달래려고 거의 4만 달러나 되는 돈을 무당집과 절에다 써버렸었다. 여섯 살 난 그의 막내아들이 마마에 걸렸기 때문이었다. 그러니 그들이 한 미국 아이에게 이렇듯이 친절한 것도 지나친 일이 아니었다. 왕비는 땅콩과 과자를 가져오라고 하더니 아이 앞에 죽 벌여 놓으면서 먹으라고 했다. 그러나 조선 사람들뿐 아니라 외국인들의 눈에도 임금 앞에서 뭘 먹는다는 건 고약한 짓임이 뻔했고, 또 아이의 건강도 걱정스러워져서(아직 그애는 땅콩을 먹어본 적이 없었기 때문이다) 나는 중전마마에게 그런 대접은 좀 뒤로 미뤄주십사고 청했다. 아이의 생김새나 거동에 대해서도 지나칠 만큼 칭찬을 이어 나갔고, 표정 하나하나까지 낱낱이 관심을 갖고 말씀을 하셨다. 왕비는 어머니처럼 자상한 모습으로 아이를 자기 옆에 바짝 끌어다 앉히고는 이마에 손을 짚어보고 너무 뜨거운 게 아니냐고 걱정스레 말했다.

우리가 그만 떠나려고 할 때 참으로 놀랍게도 임금께서 아이 앞에 무릎을 꿇고는 손수 그 '야윈' 손가락으로 외투의 단추를 끼워주고 또 모자의 끈까지 매어주려고 했다. 그런데 이런 말을 하기는 부끄러운 일이지만, 익숙지 못한 손길로 잡아당기는 바람에 그만 모자의 끈이 하나 끊어져 버렸다. 그처럼 엉망진창으로 묶어 놓은 끈을 보고 나는 무척 당황스러웠으나 임금은 아이를 내려다보며 잘 가라고 인사했고, 아이는 다시 대궐 여자들에게 둘러싸여 눈 깜짝할 사이에 사라져 버렸다. 나는 여자들의 거처에서, 마치 진기한 물건처럼 돌려가면서 토닥거리고, 껴안고, 음미하기도 하는 틈새에서 반쯤 겁에 질려서 그러나 아주 점잖게 시치미를 떼고 있는 아이를 찾아냈다.

불쌍한 대궐 여자들! 가정도 아이들도 없고, 아무런 목표도 없는, 꽉 닫힌 삶을 살고 있는 그들에게 아이야말로 신이 보낸 진정한 선물이었던 것이다. 그리고 조선 사람들은 누구나 아이를 끔찍이 귀여워한다. 조선 사람의 마음과 가정에 아이들은 언제나 "열려라 참깨"와 같다. 선교사들이 아이를 낳은 것은 하느님의 축복이니, 이 작은 설교자들이 그 자그마한 손가락으로 결코 다른 것으로는 열리지 않는 문을 연다. 위로는 대궐에서부터 아래로는 초가삼간에 이르기까지, 아이를 보자마자 단박에 마음이 열리고 눈이 빛나고 흥미를 느끼지 않는 여자를 본 적이 없다.

그날 저녁 바람 부는 좁은 서울의 길거리를 따라 집으로 돌아올 때 우리는 정말로 위풍당당했다. 우리 뒤에는 두 분 전하를 공식적으로 나타내는 호화로운 빛깔의 비단 초롱을 든 수많은 대궐 사람들이 따랐고 오렌지며 땅콩이며 곶감이며 감자 따위를 잔뜩 인 하인들의 행렬이 앞장섰다. 휘황찬란한 동양식 가마를 타고 앉아 동양풍의 옷을 차려 입은 그 사람들과 초롱, 그리고 길거리를 바라보니, 노예들을 거느리고 무릎 위에는 알라딘을 앉히고 『아라비안나이트』의 한 구절 속으로 이끌려 가는 것 같은 생각이 들었다.

크리스마스 직후에 나는 왕실을 위해 크리스마스트리를 하나 꾸몄다. 그러나 슬프게도 그 효과는 엉망이 되고 말았다. 두 분 전하께서는 너무나 궁금하여 그것을 보려고 밤까지 기다릴 수가 없었고, 대궐에서는 누구나 그렇듯이 임금과 왕비가 보겠다는데 문을 잠그고 못 보도록 할 사람은 아무도 없었기 때문이다. 그 방에는 두터운 휘장이나 방을 어둡게 할 장치 따위가 전혀 없었고 그래서 초라하기 이를 데 없는 작은 양초들이 환한 대낮의 햇빛에 드러나 처량하게 깜박였다. 아마도 동양인의 비판적인 눈에는 이런 서양의 관습들이 아주 보잘것없이 여겨졌을 거라고 생각한다.

사실 우리는 엄청난 자만심에 빠져서 동양 사람들은 유럽이나 미국 것이라면 뭐든지 입을 딱 벌리고 존경한다는 착각을 종종 한다. 조선의 한 양반이 생각난다. 미국에 갔다가 서울로 돌아온 뒤에 뉴욕이 어떻더냐는 질문을 받고 그는 이렇게 대답했다. "아, 아주 좋더군요. 그 끔찍한 먼지와 냄새만 빼고는 말입니다." 이와 또 비슷한 경우를 우리와 함께 제물포와 부산에 갔던 한 조선 사람에게서도 겪었다. 그는 그 도시의 이층집들과 만에 정박해 있는 배들, 그리고 갖가지 놀라운 문명의 이기들을 보고 나서 탄식했다. "불쌍한 조선! 불쌍한 조선!" 그러나 그는 일본 영사관에서 한 외국 악대의 연주를 듣고 나서 기쁨에 넘친 소리로 이렇게 말했다. "일본이 우리와 겨루거나 견줄 수 없는 게 적어도 한 가지는 있습니다. 음악입니다!"

그 겨울 내내 나는 대궐에 매우 자주 들어갔다. 미국 공사관과 러시아 공사관의 부인들, 그리고 임금의 주치의였던 우리 선교회의 애비슨 박사도 부름을 자주 받고 왕실의 개인적인 은총을 여러 차례 받았다. 봄에 총리대신이 와서 왕비께서 자기를 보내, 언더우드 씨에게 양반의 자제들을 위한 학교를 설계하도록 부탁하고, 돈이 얼마나 들지 알아보라고 했다고 말했다. 학교를 세울 터로 고른 곳은 동궐과 서궐[5] 사이에 있

---

5) 동궐은 창덕궁의 별칭이었고, 서궐은 경희궁의 별칭이었다.

는 곳이었다. 총리대신의 말에 따르면 중전마마는 내 남편에게 미국인 교사를 추천하여 그들을 불러오도록 하라고 하고, 교사용 숙소를 세우는 게 어떻겠느냐고 제의했다. 또 그 학교를 위해 3만 달러를 당장에 내놓고, 그 뒤에 쓸 경비로 한 해에 2만 내지 3만 달러를 내놓을 준비가 되어 있다고 했다.

언더우드 씨는 첫 단계의 계획을 세우고 거기에 필요한 액수를 정해 중전마마의 평가와 허가를 받으러 보냈다. 이 계획들은 모두 언더우드 씨에게 맡겨졌고, 이제 마지막 계획을 세워 왕비의 허가를 받기 겨우 두 주일 전에 엄청난 불행이 터져서 백성의 발전을 위한 왕비의 자비롭고도 총명한 모든 계획은 물거품이 되었다. 다음에 나올 두세 장의 이야기에 관련되는 몇 가지 사건들을 독자가 좀 더 분명히 알 수 있게 하려면 여기서 몇 해 전으로 돌아가 내가 조선에 오기 전인 1884년에 일어났던 한두 가지 사건들을 돌아봐야 하겠다.

그해에 조선의 정치계에서는 김옥균이라는 이가 진보당 또는 개화당이라고 하는 당을 이끌고 있었다. 그러나 진보나 개혁을 향한 그들의 모든 시도는 사대당에게 쉴 새 없이 꺾였다. 마침내 그들은 어떤 믿을 만한 정보(그들은 그렇게 여겼던 것인데)를 입수하여, 12월 4일 한밤중에 그 나라의 저명한 지도자들을 암살할 계획을 세웠다.[6] 그날 저녁에 조선 우정국의 개국을 축하하는 잔치가 열리기로 되어 있었는데 개화당은 이 자리에서 반대파를 제거하기로 마음먹고 먼저 잔치가 열리기 직전에 왕비

6. 갑신정변. 고종 21년 곧 1884년 12월 4일에 김옥균, 박영효를 비롯한 개화당 간부들이 일본의 힘을 빌려 일으켰다. 그리하여 사대당의 중심인물인 왕비 일파를 살해하고 일본의 힘을 얻어 새 정권을 세웠으나 청나라의 개입과 일본의 배신으로 사흘 만에 실패로 돌아갔다. 이 정변의 주역들은 일본으로 망명했다.

의 조카이자 이 나라에서 가장 영향력 있는 사람이었던 민영익을 죽이기로 했다. 그때 우리 선교사였던 알렌 박사가 재빨리 도와주지 않았더라면 그는 틀림없이 죽었을 것이다. 한편으로 사대당의 다른 지도자들은 대궐로 오라는 명령을 받자 그것이 임금의 명령인 줄 알고 갔다. 그러나 거기에서 그들(다섯 명)은 김옥균이 이끄는 개화당에게 살해당했고 대궐은 개화당의 손에 들어갔다. 그날 밤 우정국은 불에 탔다. 그와 함께 이제 겨우 한 번밖에 쓰지 않은 소인도 불에 탔다.

일본 공사와 다른 외국 관원들도 대궐의 초대를 받았으나 그 초대에 응한 것은 일본 공사뿐이었고, 그는 140명의 군대를 이끌고 갔다. 여기서 일본군과 개화당은 조선군 3천 명과 청나라 군사 2천~3천 명의 공격을 받았다. 사건이 점점 알 수 없는 상황으로 전개되자 임금은 자기가 빠져나가면 싸움이 그칠 거라고 믿고 또 다른 편으로 옮겨가 버렸다. 그러나 그렇게 되지는 않았다. 얼마 안 되는 일본군은 뿔뿔이 흩어졌고 개화당의 지도자들은 일본 공사를 앞세우고 진영을 갖추어 적들과 적개심이 가득한 거리를 헤치고 일본 공사관을 빠져나가 나루터 쪽으로 도망쳤다. 그 사이에 다섯 명이 목숨을 잃었다. 그들은 배를 얻느라고 무진 애를 먹은 뒤에, 가까스로 강을 건너 제물포로 도망쳐서 거기서 무사히 일본으로 피난했다.

빼어나게 아름다운 정원으로 둘러싸인 대궐은 다시는 왕비의 차지가 되지 않았다.[7] 중전마마는 그 대궐에서는 잠을 이룰 수가 없다고 했다. 죽임을 당한 친구들이 밤마다 비통하게 울부짖는 소리 때문이라고

----

7) 갑신정변 후에 고종과 왕비는 창덕궁에서 경복궁으로 거처를 옮겼다.

했다. 그는 이렇게 울부짖는 소리를 끊임없이 듣는다고 했다. "왜 나를 죽여? 왜 나를 죽여?" 그래서 이제 버려진 방에는 바람 소리만이 윙윙거리고, 아름다운 대리석 층계의 틈새에는 잡초만이 무성하며, 한때 연꽃이 아름다웠던 연못에는 시퍼런 이끼가 두껍게 자라고 있으며, 멋진 정자는 퇴락하여 뱀과 도마뱀들이 돌 의자 주위를 맴돌고 있다. 넓게 펼쳐진 잔디밭은 잡초가 무성하게 자랐고, 호랑이와 표범들이 그 아늑한 숲을 잠자리로 삼는다고 한다. 대궐의 문들은 그 위에 서면 그 너머의 아름다운 경치가 한눈에 들어오도록 갖가지로 멋지게 꾸며져 있었는데 지금은 덩굴과 잡초들만이 빽빽이 들어차 있다. 특별히 지나친 상상을 하거나 긴 얘기를 듣지 않더라도, 이 버려진 황폐한 정경 속에서 그날 밤의 피비린내 나던 공포를 충분히 읽을 수 있고, 나뭇잎을 흔드는 으스스한 바람 소리에서 '귀신이 나오는' 것을 알 수 있다.

10년이 지났고, 망명자들은 그대로 일본에 있었다. 그러나 동양의 복수심은 지치거나 잠자지 않았다. 적어도 모든 것을 잊은 건 아니었다. 아마도 정부에서 고용했을 홍이라는[8] 사내가 일본으로 가서 김옥균의 환심을 산 뒤 그를 상해로 꾀어 갔다. 그러고는 거기서 그를 암살했다. 1894년 4월 12일에 중국 군함이 암살자와 희생자를 실어다 제물포에 내려 놓았다. 피살자의 시신은 조선에 도착한 뒤에 갈가리 찢겨 팔도로 보내졌다. 박영효는 일본에 남아 있었으나 다른 망명자 두 사람은 미국으로 갔다. 이 셋은 지금 모두 살아 있어서 요즘도 그 소식이 들린다. 우리

---

8) 홍종우. 조선 정부의 지시를 받아 일본에서 김옥균과 박영효를 암살하려다가 뜻을 이루지 못하고, 김옥균이 상해로 가자 그곳까지 따라가 마침내 1894년에 상해 동화 양행 호텔에서 그를 살해했다.

는 이런 끔찍한 행위, 정부의 명예에 먹칠을 하는 이런 일에 치를 떨고 한탄을 했다. 그러나 그 남자는 가장 악질적인 정치범이었으며 그러한 상황에서는 어떤 정부라도 가능하다면 그를 매국노와 암살자로 처형했을 것이다. 게다가 조선 정부는 아직 복수가 정당한 징벌이 될 수 없다는 것을 배우지 못한 덜 깨인 동양의 정부였음을 헤아려야 한다.

8. 솔내 마을의 외로운 순교자 매켄지
선교사들의 죽음이 남긴 교훈

1893년 겨울에 캐나다에서 조선에 와서 앞에서 말했던 대로 홀 박사를 구하려고 평양에 갔던 매켄지 씨는 1894년 가을에 평양에서 돌아온 뒤에, 조선말을 더 배우고 사람들을 더 사귀고 또 할 수 있는 모든 방법을 다 써서 원주민들과 똑같이 살아보려고 내륙 지방으로 떠나기로 결정했다. 언더우드 씨는 그에게 솔내로 가보라고 조언했다. 그리하여 그는 그곳에서 조선 교회가 받아들인 거의 최초의 개심자들에게 세례를 주었으며 자기를 친형제처럼 받아준 기독교인 몇 사람을 만났다. 그는 그 가운데 한 사람의 집에 살면서 시험 삼아 먼저 그리스도에 관해 설교를 시작했다. 마을 사람들은 그의 엉터리 조선말을 알아듣기 훨씬 전에 이미 그리스도의 아름다운 생애를 이해했고, 그 마을에는 점차로 변화가 나타났다. 우리는 그 멀리 떨어진 작은 마을에서 홀로 외롭게 살고 있는 그를 종종 생각했다. 그곳에서 그는 사람들에게 큰 빛이기는 했으나 그가 실제로 벗할 만한 것은 아무것도 없었다. 크리스마스에 우리는 그에게 고향에서 만든 빵 한 상자와 막대 과자, 과일 통조림과 채소 통조림, 그리고 차와 우유와 설탕 따위를 보냈다. 우리는 그가 우리 음식은 하나도 맛보지 못하고 오직 조선 음식만 먹으며 살고 있을 줄 알았기 때문이다. 그리고 우리는 그 조선 음식이 주로 쌀밥에 한 주일에 한 번은 닭고기에다 달걀도 나오는 것인 줄은 몰랐다.

우리가 보낸 음식 상자가 그에게 도착했을 때 그는 그것을 모조리 조선 사람들에게 나눠주었다. 만일에 그걸 먹었다가는 다시는 원주민의 음식을 먹을 수 없을 것 같아서 '감히' 그것을 맛볼 엄두가 나지 않더라고 편지에 적었다. 그러는 동안 그곳과 가까운 마을의 사람들이 하나둘씩 그들의 낡고 미개한 우상을 버리고 그리스도에게로 돌아서고 있었다.

몇 해 전에 그 마을의 기독교인들이 언더우드 씨에게 교회를 하나 지어달라고 부탁한 적이 있었다. 그러나 그들은 자기들 스스로 교회를 지어야 한다는 말을 듣고, 마치 예수님을 찾아왔던 그 젊은 청년처럼 크게 실망해서 돌아갔다.[1] 그러나 이제 그들은 아주 다른 기분으로 그 생각을 다시 하게 되었다. 그 마을 근처에는 자그마한 숲이 있는 언덕바지 땅이 한 곳 있었다. 그 숲 한복판에는 마을의 우상을 모신 사당이 긴 세월 동안 자리 잡고 있었다. 그 사당은 오랫동안 허물어진 채로 버려져 있었는데, 여기에다 새로 교회를 세우기로 결정했다. 사람들은 저마다 주님께서 자기에게 주신 능력을 즐거운 마음으로, 열정적으로 바쳤다. 기독교인이 아닌 한 건설업자는 품삯을 반만 받고 공사 감독을 해주기도 했다. 그 공사는 그가 생각하는 바에 따르면 '하늘의 으뜸신'을 위한 것이었기 때문이다. 물론 그는 자기의 노력으로 세워진 교회에 모시는 오직 한 분인 신에 대해서는 거의 아무것도 몰랐을 테지만, 오래지 않아 그는

---

1) 신약 성서 '마가복음' 10장 22절의 내용.

그 신을 알게 되었고 사랑하게 되었다.

그 자그마한 집회소는 그다지 당당하거나 위엄 있는 건물은 아니었다. 우리 미국 교회들처럼 위엄을 느낄 수 있는 것이라곤 아무것도 없고, 또 교회라고 부르기에는 부끄러운 것임에 틀림 없다. 그래도 나는 그것을 예배당이라고 부르겠다. 수수하고 소박한 것이었지만 그것은 '그 마을에서 가장 훌륭한 집'이었다. 가난한 마을 사람들은 그 집을 짓는 데 가장 좋은 재목과 돌과 벽돌을 썼고, 열렬한 신앙심으로 몸소 성실히 노동을 했다. 그 집을 다 지었을 때 한 푼도 빚지지 않았다. 그리고 사람이 보는 그대로 그 모습을 보시지 않는 하느님께서는, 이 예배당을 하느님의 말씀에 순종할 마음으로 찾아온 소박하고 진지하고 성실한 사람들로 넘치도록 해주심으로써 축복을 했다.

1895년 초여름에 매켄지 씨는 언더우드 씨에게 편지를 보내 그 예배당의 헌당식에 참석해 수많은 세례 지원자를 받아달라고 청했다. 언더우드 씨는 그렇게 하기로 약속했다. 그러나 그가 막 떠나기 직전인 7월의 어느 슬픈 날, 그때 우리는 금식 기도를 하려고 여럿이 모여 있었는데, 어떤 사람이 우리의 사랑하는 형제인 매켄지 씨가 치명적인 병에 걸렸다는 소식을 가지고 왔다. 그리고 그가 죽었다는 놀라운 소식을 받은 바로 뒤, 덜덜 떨리는 손으로 그가 손수 쓴 애처로운 편지가 도착했다. 구절구절마다 끔찍한 고통과 이미 흐트러진 마음을 뚜렷이 드러낸 편지였다. 우리는 마치 벼락을 맞은 듯 충격을 받았다. 그토록 열정에 넘치고, 헌신적이고, 능력 있는 사람이 그렇게 빨리 쓰러지다니!

좀 이상한 말이지만 이 사실에서 우리는 가장 숭고한 정신을 지닌 선교사들이 배워야 할 교훈을 얻었다. 여기서 나는 앞으로 외국에 나가 일하려고 하는 선교사들과 이미 외국에 나가 일하고 있는 선교사들에게 몇 마디 충고를 하고자 한다. 스스로 세례자 요한이 되어 그런 열정과 정열로 일에 뛰어들어, 죽어가는 수백만의 사람들에 대한 엄청난 책임감(사실 모든 진정한 선교사들이 너무 지나치게 느끼고 있는 것이기도 하다)을 자기 스스로 떠맡고 당황하여 마침내 자기 몸이 죽음에 이를 만큼 되었다는 걸 모르는 이들이 있다. 혼자 살다 보면 점점 총기가 사라진다는 것, 그리고 영양이 풍부한 음식을 먹고 자라난 사람이 갑자기 빈약하고 낯설고 입맛에도 맞지 않는 외국 음식으로 바꿀 수는 없다는 것, 그런 음식으로는 병을 이겨낼 기운을 차릴 수 없다는 것, 그리고 그들은 힘든 일을 해나가려고 짚이 조금도 안 섞인 벽돌을 요구하던 이집트의 공사 감독들처럼 무자비할 만큼 스스로에게 그것을 강요한다는 사실을 잊어버린다. 그들은 몸의 요구(그 안에는 머리의 요구도 포함된다)가 채워지지 않고서는 마음이 몸과 융합할 수 없다는 점을 잊어버린다. 따라서 가장 숭고한 정신을 지닌 소중한 일꾼인 그들은 하나둘씩 쓰러져 간다. 그러나 그들은 절대로 헛되이 죽는 건 아니다. 그들은 그리스도와 같은 헌신의 본보기를 남긴 것이며 그 헌신이야말로 생생한 웅변으로 우리 모든 형제들을 감동하게 하는 것이다.

그러나 그들이 그 열정과 헌신을 현명함과 냉정함으로 조화시킬 수만 있었다면, 마땅히 그럼으로써 삶을 지키고 설교를 계속할 수 있었다면! 우리 모두에게 너무나도 큰 놀라움을 안겨준 매켄지 씨의 죽음 같은 일을 나는 짧은 경험이지만 여러 번 보았다. 나중에 우리는 그가 몇 주일 동안 앓았고, 병의 초기에 정신이 조금 이상해져 버렸다는 것을 알게 되었다. 그 병이 그리 빨리 진행되었던 것은 아니었으나 그가 위험하다는 낌새를 알아챌 만한 동료도 없었고, 도와줄 의사도 없었으므로 소중하기 이를 데 없는 목숨을 잃었던 것이다.

그보다 더 현명했던 조선 사람들이 그에게 의사를 부르라고 설득을 해보았으나, 그는 그저 잠깐 스쳐가는 영양 부족쯤으로 밝혀질 것을 가지고 다른 사람들로 하여금 그 불결한 여름철에 제 일을 제쳐두고 멀고 험한 여행을 떠나도록 하는 것이 내키지 않았다. 그래서 그는 자기를 돌보지 않는 그 마음과 남에게 폐를 끼치지 않겠다는 그 양심에 따라, (내륙 지방에서 혼자 일하는 선교사들이 흔히 그러듯이) 자기 스스로 진단하고, 도움 청하기를 미루었던 것이다.

"머리를 조심하세요. 햇볕에서 너무 오랫동안 일하지 마세요." 길가에서 일하는 할머니더러 그는 이렇게 말했다고 한다. "그러지 않으면 나처럼 머리가 돌아버릴지도 몰라요."

그는 자기 친구인 한 조선 사람 지도자에게 긴긴 밤을 악마와 힘겹게 싸우고 나서 다시 구세주를 보는 황홀감을 몇 시간씩 겪는다고 말했으며 최후의 순간까지 견딜 수 없이 머리를 아파했다고 한다. 조선 사람들은 엄청나게 큰 충격을 받았으나 여전히 매켄지 씨를 기억하고 존경했다. 몇 해가 지난 지금도 그들은 그의 이야기를 할 때는 눈물을 감추지 못한다. 그들은 자기들이 할 수 있는 한 가장 훌륭하게 장례를 치렀고 우리의 관습에 따라 기도하고 찬송가를 부른 뒤에 그 고결한 시신을 하느님이 세운 그 작은 교회에서 그리 멀지 않은 조용한 곳에 묻었다. 그들은 그의 관을 꽃으로 덮었고 자상한 손길로 무덤을 지었다. 그의 영향력은 아직도 그 마을과 그 언저리에 남아 있다. 그는 그리스도와 같은 삶을 살았으며 그 교회를 반석 위에 올려놓았다. 그는 큰 용기와 용감한 행동으로 높은 이름을 얻었으니 동학당이 침입했을 때 오직 솔내만이 무사했던 것도 그가 있었기 때문이라고 한다.

　동학당은 청일전쟁이 시작되었을 때 세상에 이름이 알려졌는데, 그 이름 그대로의 뜻은 '동양의 가르침'이라는 것으로서 그 목표는 간단히 말해 '동양인을 위한 동양' 또는 '조선인을 위한 조선'을 세운다는 것이었다. 그들은 모든 서양인과 서양의 사상, 그리고 개혁과 변화를 거부하고, 옛날의 법과 관습을 다시 세우는 것이 소망이요, 목적이라고 선언했다. 이것이 갑작스럽게 조직되어 놀라울 만큼 많은 사람을 끌어들이게 된 까닭은 분명히 수많은 썩어빠진 관리들의 지나친 부정부패 때문이었다. 그 관리들은 세금을 부당하게 높이 매겨 사람들을 괴롭혔고 그 결과 불길하고도 무거운 불만이 싹트게 되었다.

　동학당은 여러 면에서 중국의 의화단과 비슷하다. 자기들은 죽지 않으며 총을 맞아도 다치지 않는다고 믿고 있었다. 이 조직은 빠른 속도로 온 나라 안에 퍼졌고 관리들을 공격했다. 그러나 조선 정부는 그들을 막을 힘이 없었다. 그들은 온갖 자질구레한 우상들을 버리고 오직 한울님만을 섬겼다. 가는 곳마다 그들은 사람들에게 자기들에게 가담할 것과 자기들을 지지할 것을 강요했고 세금도 거두었다. 다른 많은 운동처럼 이것도 처음에는 여러 가지 악습과 낡은 제도들을 없애겠다는 훌륭하고도 애국적인 결단에서 출발했으나 점점 온 나라에 엄청난 범죄와 공포를 심어 나갔다. 방방곡곡에 있는 많은 악인과 파렴치한들, 정처 없이 그저 세상이 뒤바뀔 일이라면 어디에나 몸을 던질 준비가 되어 있는 무리들이 어떤 변화가 와도 자기들에겐 더 나쁠 게 없다는 걸 알고, 수없이 여기에 가담했다. 동학 무리들이 산적 떼와 다른 점은 오직 그 이름뿐이었다. 앞에서도 말했듯이 정부는 그들을 막을 길이 전혀 없었다. 그래서 중국의 도움을 공식적으로 청한 것인지 아닌지 잘 모르지만 아무튼 중국은 이 반란을 누르겠다는 명분으로 조선에 군대를 보냈고 일본인들은 이 점을 이용했다. 그들은 일본과 중국 사이에는 상대방의 동의가 없이는 어느 편도 조선에 군대를 보낼 수 없다는 상호 약속이[2] 있으며, 그 약속을 어기면 '개전 사유'가 된다고 주장했다. 그에 따라 그들은 조선에 군대를 보내어 대궐을 포기하고 제물포로 들어오는 중국 군함을 침몰시켰다.

동학당에 대한 설명은 이만큼만 해두자. 매켄지 씨가 솔내에 있는 동안에 이 무리는 세 번에 걸쳐 솔내를 공격했다. 그는 자기에게 아무런 방어 수단도 없으며 오로지 전능하신 하느님에게만 의지한다는 것을 보이려고, 동학당이 들어온다는 소리를 듣자 가지고 있던 총을 부숴 버렸다. 그들은 이 말을 듣고 깊은 감동을 받았다. 그리고는 만일에 매켄지 씨가 그토록 자신만만하게 무언지 신비스러운 힘에 의지하고 있다면 그를 공격하는 것은 쓸데없는 짓이며 오히려 좋지 않은 일이라고 굳게 믿고 자기들의 계획을 포기했다. 그들이 그곳을 세 번째로 공격하기로 했을 때 그들은 그 전보다 몇 배 더 강했다고 한다. 그러나 그들은 그곳으로 오는 도중에 되돌아가서는 다시는 솔내를 위협하지 않았다. 그 지역에서 그들의 침입을 받지 않은 마을은 오직 솔내뿐이었다.

어느 날 매켄지 씨는 그 근처에서 호랑이가 으르렁거리는 소리를 듣

2) 1885년 4월 18일에 일본과 청나라가 천진에서 맺은 조약. 이 조약에는 "장차 조선에서 어떤 변란이나 중대 사건이 발생하여 청나라와 일본이, 또는 그 어느 한 나라가 파병할 필요가 있을 때는 먼저 두 나라가 문서를 통하여 연락을 취할 것이며 사태가 수습되면 다시 철병한다"라는 조항이 들어 있다.

고 그놈을 잡으려고 엽총을 들고 나왔다. 그러나 다행스럽게도 그는 그 무기를 쓸 기회를 갖지 못했으니, 그 총이란 게 참새 따위를 잡는 데에는 쓸모가 있을지 몰라도 호랑이한테는 그저 집적거리는 정도밖에 힘을 쓸 수 없는 것이었기 때문이다. 매켄지 씨가 죽었다는 소식을 듣자마자 언더우드 씨와 웰즈 씨는 그가 그동안 이루어놓은 일들을 정리하고, 그의 죽음이 보고된 그대로인지 확인하고, 그곳의 기독교인들을 안정시키고 격려하려고 그날로 솔내로 떠났다. 돌아오기 전에 언더우드 씨는 그 작은 교회에서 사람들을 지도했는데, 거의 숨이 막힐 지경으로 사람들이 문간과 창문에까지 빽빽이 들어찼었다고 한다. 그날 그는 몇몇 사람에게 세례를 주었고, 아주 많은 초심자들을 받아들였으며, 매켄지 씨를 위해 추모 예배를 보았다.

언더우드 씨의 이 여행은 내가 생각했던 것보다 오래 걸렸다. 그리고 우리들에겐 우편이나 전보와 같은 연락 방법이 없었다. 남편을 수백 킬로 떨어진 내륙으로 보낸 우리 아낙들은 하느님을 더 굳게 믿어야 한다는 것을 알아야 했으며 인내와 믿음을 배워야 했다. 언더우드 씨가 돌아올 때가 지났는데도 아무런 소식이 없던 그때 내 머릿속에는 홍수로 불어난 강, 동학의 무리들, 칠팔월에 시골로 여행하는 사람들을 덮치는 갖가지 치명적인 병들이 떠올랐고, 기다리는 동안 궁금증은 나날이 커갔다.

아침마다 나는 그가 오는지 보려고 언덕을 돌아 구불구불 이어진 길을 바라보았다. 저녁이 되어 어스름이 깔릴 때면 무섭도록 텅 빈 그 길에서 괴로운 눈길을 거두었다. 그리고 긴 밤 내내 내 귀에는 강물 위에 철썩거리는 노 젓는 소리가 들리기도 했고, 그가 탄 나룻배가 한 곳에서 뱅

글뱅글 돌고 있다고 말하는 그의 목소리가 환청처럼 들리기도 했다. 가끔 나는 저 멀리서 일본인들이 오는 것을 보기도 했는데, 그들이 입은 검은 옷 때문에 그가 오는 줄로 깜빡 속은 적도 있었다. 가마 하나가 집 근처의 길을 올라오더니 가마꾼들이 나더러 그가 왔다고 말한 적도 있었다. 그러나 그건 다른 사람이었고 가마는 가버렸다. 물론 내 경우야 고국의 수많은 아낙들이 겪는 그런 초조와 불안과 온밤을 꼬박 새우는 기다림에 견주면 그다지 심한 것이 아니었는데도 마침내 나는 남편이 매우 위중한 것이 아닌지 걱정되어 직접 그를 찾아가 보기로 했다.

그러자면 무엇보다도 비밀리에 해야 했다. 혹시라도 내 외국인 친구들 중에 만일에 내 계획을 아는 이가 있으면 그런 계절에 나를 그곳에 가도록 내버려 두지 않을 것이기 때문이었다. 그래서 나는 언더우드 씨의 사전 편찬 작업을 돕는 조수를 불러서 조랑말을 빌려 오게 했다. 나는 서울에 있는 우리 집에서 떠나기로 계획을 세웠는데(그때 우리는 강가에 있는 오두막에 묵고 있었다), 우리 친구들이 거의 다 성안을 떠나 있었기 때문에 아무도 모르게 길을 떠날 수 있을 거라고 생각했다. 그러나 떠나려는 바로 그날, 남편은 이미 그곳을 떠나 무사히 집으로 오고 있으며, 조랑말은 먼저 돌려보내고 물길을 따라서 이제 곧 도착할 것이라는 소식이 왔다. 이제는 가봤자 소용없는 일이었다. 하룬가 이틀 뒤에 그는 탈없이 돌아왔다. 그리고 나는 다시 뉘우침 속에서 남편의 점잖은 꾸지람을 들었다. "이런, 당신 참 믿음이 얕구먼. 대체 뭣 때문에 걱정을 했어?"

솔내의 교회는 조선인들이 스스로 돈을 내어 지은 최초의 교회이며, 실제로 조선에 세워진 첫 장로 교회였다. 서울에 사는 기독교인들은 우리 집의 자그마한 손님방과 그 밖의 다른 곳에서 모였다. 그러니까 솔내가 그 대열에 앞장을 섰던 것이며, 다른 모든 곳에서도 거의 예외 없이 (장로교 선교회의 경우) 그렇게 했다.

　그들은 급료를 주어야 하는 목사는 쓰지 않았고, 돈 있는 신도들이 전도사를 고용해서 그에게 종종 쌀이나 채소나 땔감 따위를 주곤 했다. 그럼으로써 다른 신앙을 가진 이웃에게 조직적으로 복음을 전하려 한 것이었다. 교회마다 가장 성실하고 똑똑한 기독교인을 뽑아 그를 지도자로 삼는 게 우리의 관습이다. 이 지도자는 예배를 주관하고, 신자들을 감독하고, 선교사에게 교회가 어떻게 돼 나가는지 보고할 책임을 진다. 지도자들은 한 해에 한 번씩 농부들이 가장 한가로운 때에 중앙의 특정한 곳에 모여서 성서의 가르침, 교회의 운영과 역사, 그리고 성서를 해석할 때 주의할 점 따위를 배운다. 또 예배를 이끄는 법과 성서 읽는 법을 가르치는 방법들을 꼼꼼하게 훈련받는다. 선교사는 이 사람들이 자기 직분을 잘 수행할 수 있도록 가능한 방법을 다 쓴다. 언더우드 씨는 도시 근처에 사는 사람들에게 예배를 보게 하는 방법과 그 자리에 참석할 수 없을 만큼 멀리 떨어진 시골에 사는 사람들에게 예배를 보게 하는 방법을 모두 잘 알고 있었다. 다른 선교사들도 그러하리라고 믿는다.

　좀 더 밝은 빛을 찾아서 모여드는 사람들을 보면 무척 재미있는 생각이 든다. 청하지도 않은 수많은 사람, 그리고 교회의 행사라고는 한 번도 참석해 보지 않은 사람들이, 수킬로나 되는 거리를 제 먹을 것을 다 싸들고 이 모임에 끼려고 찾아와 때로는 교회가 넘치기도 한다. 교회의 지도자들은 원주민에게조차 급료라고는 거의 받는 게 없다. 전도 사업에 종사하고 있는 선교사는 한 달에 5달러를 주고 조수 한 사람을 고용할 수 있다. 이런 사람들은 그 일에 자기의 모든 시간을 바치는 것이고,

또 다른 분야에 관계하고 있는 선교사들은 그 일에 조수를 두 사람까지 둘 수 있다.

언더우드 씨에게는 언제나 조수들이 아주 많았는데 그들 중에는 아낌없이 자기 시간의 대부분을 바쳐 일을 하는 사람들도 있었고, 또 원주민 기독교인들에게서 급료를 받는 사람도 있었으며, 더러는 선교 사업에 많은 시간을 쏟을 수 있도록 언더우드 씨에게서 생활의 방편을 얻는 사람도 있었다. 어떤 이들은 키니네 행상을 하기도 했는데, 그걸 하면 돈을 많이 벌어 잘 살 수 있었다. 그들은 키니네 약병을 종교 책자에 싸서 판다. 그런데 이 장사들에게 제 손에 든 물건 가운데서 어떤 것이 더 값진 것인지를 확인시켜 주는 것만도 무척 힘이 들었다. 또 어떤 이들은 급료라고는 한 푼도 안 받고 자그마한 책 가게를 맡고 있기도 하고, 더러는 예배당이나 약국을 관리하기도 하나 그 대가는 그 집을 차지하고 산다는 특혜가 고작이다. 언더우드 씨의 주위에는 언제나 젊은 선교사들이 많은데 그들은 여기저기서 특별 예배를 열어 달라는 부탁을 받고 몹시 기뻐하고 자랑스러워한다. 젊은 선교사들은 조직적인 선교 사업을 위해 자기들까지 단체를 만들어 주일마다 한 마을을 찾아가 책자도 나누어 주고 설교도 하곤 한다. 언제나 언더우드 씨의 뜻에 따라 자기 마을에서의 일을 처리하는 이 지도자들이야말로 아주 소중한 협력자들이다. 이런 계획, 또는 이와 비슷한 일들은 내 생각으로는 지금 장로교 선교회의 모든 전도사가 수행하고 있다. 언더우드 씨는 또 감리 교회를 본떠서 서울과 그 일대에 기독교인의 공부 모임들을 조직하고 그것을 보살폈다.

그 모임의 지도자들은 일주일에 한 번씩 언더우드 씨와 만났는데, 저마다 자기 책을 들고, 그동안의 출석자, 결석자, 환자, 이사 간 사람, 배교자, 죽은 사람, 개종한 사람 따위에 대해 보고서를 만들어 온다. 그 모임의 지도자는 우리가 아는 한에서는 그 모임에서 가장 뛰어난 사람이고 또 아주 쓸모 있는 조수이다.

1895년 봄에 서울 정동에 있는 장로교에서는 예배를 볼 장소를 스스로 세우기로 결정했다. 그 교회의 신자들은 조선 사람들의 생각에 따르더라도 아주 가난한 사람들인 도배장이, 목수, 가게 점원, 농부, 순검, 역관, 군인, 서기, 필생, 심지어는 가마꾼, 행상들이었고, 그들 중에 가장 잘사는 사람조차 한 달에 금화로 5달러도 채 못 벌었다. 그래서 우리 선교사들은 그들을 최대한 격려하려고 그 일에 필요한 2만 원을 거의 전부 우리가 마련하기로 결정했다.

그러나 주님의 사업을 자유로이 후원하는 것이 우리의 의무라는 것을 원주민들에게 설명하려던 언더우드 씨는 어느 날, 그렇게 되면 그것은 외국인의 교회로 불릴 것이라는 것, 따라서 외국인들이 거기서 수지를 맞추려고 하지 않는다는 것을 이해시키기가 어렵겠다는 것을 깨닫게 되었다. 그래서 내 남편은 "여러분들이 앞으로 그 일을 하는 데 외국인의 돈을 쓴다면 누구나 그런 생각을 할 겁니다. 여러분들이 손수 교회를 지어 자기 것으로 하고, 전도사를 내보내고, 학교를 후원하게 될 때, 그때에는 여러분들이나 남들이나 모두 그것이 외국인의 일이 아니라 여러분의 일이라는 사실을 깨달을 겁니다." 하고 말했다.

"그렇다면" 하고 조선 사람 집사가 말했다. "우리 스스로 정동 교회를 세우겠습니다." 언더우드 씨는 깜짝 놀랐다. "어떻게 그런 교회를 세운단 말입니까?" 하고 그는 물었다. 그 집사는 "목사님께서 하느님의 사업을 물으시는 겁니까? 하느님과 함께라면 모든 일이 가능합니다." 하고 대답했다. 이제 더 말할 것도 없었다. 선교사들은 정치적인 말썽이 생길 경우를 생각해서 그들에게 땅을 주는 것이 훨씬 현명한 일이라고 생각했다. 그런 건물을 짓는 데는 전부 만 원이 들 것이었다. 사람들은 스스로 기꺼이 일하러 나왔고, 목사와 다른 전도사 한둘은 옷을 벗어젖히고 일을 도왔다. 사내아이들은 돌을 날랐고, 붓보다 더 무거운 것은 평생 들어본 적도 없는 점잖은 어른들이며 선비들, 훈장님들이 몸소 집짓는 일에 뛰어들었고, 목수들은 이틀에 하루만 벌이를 나가면서 하루 걸러 한 번씩 그 숙련된 기술을 제공했고, 여자들은 식구들에게 밥을 지어줄 쌀을 조금씩 덜어내어 모아 그것을 팔아 돈을 기부했고, 그 밖에도 여러 가지 방법으로 돈이 들어와 일이 진척되었다. 그러나 마침내 더 들어올 돈이 없어 집짓는 일은 중단되고 말았다. 선교사한테 빌리는 것이라도 빚을 지고자 하는 사람은 아무도 없었다. 그래서 길이 생길 때까지 그냥 기다리기로 했다.

모든 일이 아무 희망도 없이 꽉 막혀 버린 바로 그때 아시아의 방방곡곡에서 콜레라가 발생했다. 조선 사람이 여름철마다 그 무서운 병에 걸리지 않는 것은 아직도 풀리지 않는 수수께끼다. 구정물이란 구정물은 좁고 불결한 도랑으로 흐르는데 도랑이 흔히 쓰레기로 막혀서 길거리에 구정물이 넘쳐흐른다. 푸르스름하고 끈적끈적한 물이 마당에 또 길가에 그냥 고여 있고, 우물은 바로 곁의 더러운 옷을 빤 시궁창 물로 더럽혀져 있다. 무더기로 내다 버린 나물 찌꺼기가 길바닥에서 또 창문 밑에서 그냥 썩고 있었다. '비위생적'이라거나 '불결함'이라는 말에 딱 맞는 상상할 수 있는 온갖 행동들이 예사로 저질러졌다. 팔에 안긴 어린아이들마저 시퍼런 오이를 날로 먹고 껍질도 안 벗긴 씁쓸한 과일이나, 채익지도 않은 뜨거운 떡을 그냥 먹는다. 조선 사람들은 지저분한 물에다 헹군 거칠고 소화도 안 되는 나물을 곁들여 찬밥, 더운밥을 마구 먹어 치우는데, 그 나물들은 무와 그 밖에 소금과 후추로 맛을 낸 것들이다. 그야말로 자연법칙을 깡그리 무시하고 과일을 먹건만 대체로 아무런 해도 입지 않는 것(무시무시한 결과를 일으키지는 않는다는 말이다)은 서양 사람들에겐 참으로 놀라운 일이다. 조선 사람들은 '신성한 자연'에 대한 무관심과 자유를 으레 자기들의 권리인 양 당연하게 여기는데, 만일에 외국인인 우리가 그런 무관심과 자유를 그들의 십분의 일만큼이라도 누린다면 틀림없이 당장에 죽고 말 것이다.

좀 자신이 없기는 하지만 내가 얻은 해답은, 적자생존의 원칙에 따라 청소년기까지 또는 아주 어린 시절을 넘긴 튼튼한 사람들만이 살아남는다는 것, 그리고 유아기에 그런 끔찍한 시련을 이긴 이들은 그 뒤에 일어나는 어떤 무서운 시련도 다 견딜 수 있다는 것이었다.

그러나 사람들의 내장이 철판을 씌운 것 같아도 언제나 안전한 것은 아니다. 시간이 걸리기는 하지만 다섯 해나 여섯 해마다 그 안에서는 세균이 엄청나게 부지런히 불어난다. 세균은 아주 강하고 잘 무장이 되어 있으며 독소를 지니고 있기 때문에 제아무리 조선 사람들이라고 하더라도 반드시 거기에 무릎을 꿇게 된다. 마침내 콜레라가 번지고 말았다. 여덟 해 전인 1887년에도 역병이 온 나라를 휩쓸어 수천 명이 쓰러졌다. 선교사들과 원주민 기독교인들은 하느님께서 이 재앙을 막아 주시기를 함께 기도했다. 의사들은 추위가 다가와 세균이 죽게 되기 전에 전염병이 멈춘다는 것은 자연법칙에 어긋나는 일이라고 했다. 그런데 놀랍게도 우리의 믿음을 증명하듯이, 역병의 맹위는 8월 그믐과 9월 초순의 그 끔찍한 열기 속에서 갑자기 사라졌다.

9. 어둠을 덮은 어둠
콜레라와 왕비 암살

　그런데 이제 그 세균이 다시 번식한 것이다.[1] 병은 무시무시한 기세로 퍼지기 시작했고, 아침까지만 해도 멀쩡하던 사람들이 낮에 송장이 되기도 했으며 한 집안에서 몇 식구가 같은 날 죽기도 했다. 그 위세는 도저히 걷잡을 수도 없고 한 치의 어김도 없으며 그야말로 무시무시했다. 일본인들과 지각 있는 조선 사람들은 일찍이 이 일을 경고했고, 유럽인과 미국인 의사들에게 온 나라에 검역소와 보건 단속 기구를 설치할 것을 의논하기도 했었다. 그러나 한 재치 있는 젊은 조선인은 처량하게 말했다. "법을 만들기는 쉬우나 그 법이 제대로 시행될지는 정말 의심스럽습니다."

　검역을 하려고 관리와 군인을 파견한다 하더라도 그들은 거의 아주 작은 뇌물에도 금세 마음이 흔들리고 말 거라는 점은 이 나라의 관습과

---

1) 1893년 7월과 8월에 콜레라가 조선을 휩쓸었다. 그때 조선에 와 있던 외국 선교사들은 캐나다의 선교사이자 의사인 애비슨 박사의 지휘 아래 단합하여 이 병을 막아내는 데 앞장섬으로써 조선 사람들에게 큰 환심을 샀다. 애비슨은 조선 정부의 지원을 받음은 물론 경찰 지휘권까지 위임받아 일곱 주 동안에 외국 선교사들과 더불어 콜레라 환자 수천 명을 치료했다. 그뿐 아니라 전염병의 위력에 어두운 조선 사람들을 계몽하려고 콜레라라는 병의 성격과 발생 원인, 예방 지식 따위를 한글로 자상히 적은 인쇄물을 널리 배포하여 그 예방에도 힘을 기울였다. 이 일로 그 뒤의 선교 활동이 크게 활발해졌다.

이 나라 사람들을 잘 아는 이에게는 거의 의심 없이 받아들여지는 사실이다. 제물포와 서울 사이에 검역소를 세울 필요성이 얘기되었을 때 고급 관리들 스스로가, 이 두 곳 사이의 교역의 중대성에 비추어 그것은 불가능하다고 말했다. 이 한 가지 사실만으로도 검역 따위를 시행하는 것이 아예 희망 없는 것임을 알 수 있을 것이다.

시퍼런 사과며 수박, 오이 따위를 미친 듯이 먹는 것을 막아보려고 이런 음식을 사거나 파는 사람에게는 엄벌을 내린다는 금지령이 내려졌고, 어디에나 그 포고문이 붙었다. 그러나 바로 그 일이 있은 뒤에 내 남편은 그런 물건을 엄청나게 많이 파는 좌판 앞을 지나게 되었다. 그 좌판 장수 뒤에는 바로 그 포고문이 붙어 있었으나 순검 몇이 물건을 사는 사람들 속에 섞여서 보란 듯이 뻔뻔스럽게 그 금지된 과일을 맛있게 허겁지겁 먹고 있었다고 한다. 조선 정부가 자기들은 상황을 충분히 알고 있으며 모든 힘을 다 기울이고 있지만 수많은 관리들의 통탄스러운 부패 때문에 곤란을 겪고 있다고 말하는 것도 지나친 일이 아니다. 조선 정부는 임시로 콜레라 응급 병원을 세우고, 위생법을 실시하고, 돌림병이 번지는 것을 막으려고 2만 원을 기부했으나 그 돈을 탐욕스러운 아랫것들이 조선의 표현대로 많이 "먹어 치웠다."

그때 그 도시에 있던 유럽인, 미국인, 일본인 의사들이 모임에서 애비슨 박사가 이 응급 병원과 위생 사업의 책임자로 뽑혔는데, 일본인들은 자기들은 서양 사람 밑에서는 일할 생각이 없다면서 가 버렸다. 그리고 마지막에는 미국인들만이 이 엄청난 적을 상대하게 되었다.

수많은 좌절과 장애를 겪은 뒤에 환자들, 그리고 매우 많은 선교사들(감리교, 침례교, 장로교의 선교사들이 고용한 조선 사람들의 도움을 받는)로 구성된 간호원과 의사들을 받아들일 낡은 헛간 같은 집이 거칠게나마 완성되었다. 이런 긴급한 사태에는 걸맞지 않은 몹시 초라한 집이었으나 서둘러야 할 필요가 있었다. 그러나 그 집이 들어선 장소가 그런 목적에 적절한 일을 할 수 있을 곳 같지 않았다. 그곳은 툭 터진 곳이었고 습기가 차고 쌀쌀한 곳이었다. 게다가 환자들을 따뜻하게 하거나 격리할 방법도 없었다. 그 도시 안에서 어디서나 금방 볼 수 있는 필수품 정도로 가까스로 구색을 맞추었다. 아, 미국 병원의 그 화려함! 미국인이 생각하는 '필수품'과 아시아에서 우리가 구할 수 있는 '필수품'을 같은 것이라고 생각해서는 안 된다. 미국인들은 필수품이라면 으레 침대와 침대보, 베개 따위를 생각할 것이다. 그러나 우리 환자들은 작은 무명 포대기를 덮고 바닥에 누워 있다.

그러나 우리가 이 일을 하는 데 있어 다만 시설이 형편없고 필수품이 모자라고 적절한 위생 단속이 시행되지 않고 협조가 부족해서 실망스러워했던 것은 아니다. 애비슨 박사를 비롯해서 그 아래의 외국인 일꾼들이 모두 영웅적으로 일했고 지칠 줄 모르는 희생정신을 발휘했다. 그러나 그것은 공평치 못한 수고였다. 조선 사람들은 대부분 병원에 오려고 하지 않았다. 그들을 병원에 끌고 가는 건 위험한 일이기도 하다. 그들은 자기 집에서조차 외국인 의사의 진료를 받으려 하지 않았으며 우리가 조선 약품을 써도 그 점은 마찬가지였다. 그러나 아아, 그 병은 너무나 맹렬해서 온갖 과학의 힘으로도 어쩔 수 없을 정도였다.

그것은 지금껏 내가 본 일들에서 가장 절망적이고 무시무시한 일이었으며, 약이라는 것도 그저 최후의 순간을 조금 늦추어 주는 것밖에는 아무 쓸모도 없는 경우가 종종 있었다. 독은 단번에 중추 신경을 마비시키고 모든 기관에 퍼진다. 끔찍한 경련으로 근육이 옥죄게 되고, 심장이 약해지고, 사지가 점점 차가워지고, 맥박은 가늘어지며, 정신이 오락가락하게 된다. 때로는 아무런 예비 증세도 없이 갑자기 쓰러져서 급사하기도 한다. 또 병의 가장 격렬한 증상이 다 사라지고, 욕지기와 고통도 멈추고, 맥박이 거의 정상이 되어 환자가 막 퇴원하려고 하는 때에, 폐렴이나 요독성 경련, 또는 그 밖의 병으로 죽기도 한다.

언더우드 씨는 도시 곳곳에 설치된 검역소의 책임을 맡았으며 거기에 보고되는 모든 환자들은 곧 응급 치료를 받았다. 젊은 기독교인 몇 사람은 이 일을 하려고 언더우드 씨에게 훈련을 받았고, 언더우드 씨는 그들을 데리고 나가서 병이 퍼진 마을들을 찾아내 병에 안 걸린 사람들에게 일을 시키고, 조수들과 주민들에게 집을 소독하는 법을 가르쳤다. 이 젊은이들은 총명함과 열정과 용기로 지칠 줄 모르고 일을 했다. 검역관과 의사와 간호원들은 모두 배지를 달았는데, 그 배지는 조선 국기[2] 위에 적십자가 그려진 것이었다. 그러니 조선 땅 어디에서나 십자가가 움직인 셈이었고 그것이 조선 정부의 상징을 지배한 것이었다.

사람들은 그 병을 막는 데 석회가 효험이 있다는 것을 알게 되었다. 그래서 지저분한 도랑가에 석회 가루가 여기저기 뿌려져 있기도 했고, 석회를 하얗게 바른 호로병을 콜레라를 쫓아버리는 부적으로 여겨 문간에 매달아 놓기도 했다.

조선 사람들은 그 병을 '쥐병'이라고 했다. 콜레라에 걸리면 쥐가 다리 안쪽을 콕콕 깨물면서 기어 다니다가 가슴까지 올라온다고 생각했기

----

2) 태극기. 1882년에 박영효가 고안해 낸 이 기를 1888년에 조선 정부에서 정식으로 국기로 채택했다.

때문이다. 그래서 쥐의 넋에게 기도를 드리기도 했고, 집 대문에다 고양이 그림을 걸어놓기도 했으며, 고양이 가죽으로 쥐가 난 곳을 문지르기도 했다. 그들은 온갖 높은 장소에서 하늘─'하느님'─에 기도를 드리고 제물을 바치곤 했다. 병이 퍼진 지역의 거리에는 8미터쯤 간격으로 높이 1.5미터의 금줄이 쳐져 있었고 그 금줄에는 종이 부적이 달려 있었는데 그것들 때문에 지나갈 수가 없을 정도였다. 내 가마의 가마꾼이 가마를 메고 그곳을 지나치다가 그 하나를 끊고 말았다. 그때 그 부적을 보호하려고 달려온 주인에게 나는 이렇게 충고하지 않고는 견딜 수가 없었다. "좀 더 높이 다는 게 좋겠어요."

아아! 부적은 땅에서 너무 가까우니 불쌍한 조선의 형제들은 그것이나 높이 달 수밖엔 없는 것이다. 이 돌림병과 관련된 광경 가운데에서 가장 참담했던 것은 어디에나 힘없이 걸려 있던, 바람에 찢기고 비에 너덜너덜해진 가련한 종이 부적들이었다. 이것은 동정심도 없고 들으려고도 하지 않는 쓸모없는 귀머거리 귀신에게 바치는 맹목적인 미신이었다.

돌림병이 점점 번져 나가던 8월 초순에 우리 진료소에서도 콜레라 환자를 받기로 결정했고, 애비슨 박사는 웰즈 박사와 언더우드 씨 그리고 나를 이곳의 감독자로 임명했다.

도성 바깥의 높직한 곳에 자리 잡은 이 진료소에는 아늑한 방들이 많이 있었고, 방바닥을 따뜻하게 덥힐 수도 있어서(몸이 차갑고 맥박이 가물가물한 병자들에게 이것은 더할 나위 없이 좋았다) 그런 일에는 아주 적합한 장소일 것 같았다. 그곳은 사실 그다지 큰 곳은 아니었으나 환자들은 재빨리 낫거나 재빨리 죽거나 했으므로 우리는 꽤 많은 환자를 받을 수 있었다. 언더우드 씨와 웰즈 씨는 쓸모가 있는 것이라면 구할 수 있는 대로 죄다

구해서 쌓아 놓으라고 하며 쉴 새 없이 일을 했다.

내 남편은 조선 사람 가운데에서 간호부 지원자들을 모아 조를 짰다. 일할 수 있을 만한 선교사들은 모두 다른 곳에서 일을 하고 있었고, 또 관청에서 고용한 간호부들도 수없이 많았으나 언더우드 씨는 몇몇 기독교인 조수들에게 그리스도의 사랑으로 이 봉사를 해달라고 부탁하기로 했다. 콜레라는 참으로 지긋지긋한 병이어서 가련한 병자들을 아무 불쾌감 없이 믿음직스럽고 친절하게 간호하는 데에는 사랑보다 중요한 것이 없었다.

이 일에는 선비나 양반 계층에 드는 사람들도 끼어 있었는데, 그들은 육체노동이라곤 도무지 해본 적 없는 사람들이어서 처음에는 좀 망설이기도 했다. 그러나 마침내 그들이 이 일을 하기로 결정하자 기꺼이 일을 했고 훈련을 좀 받자 아주 훌륭한 간호부가 되었다. 그들은 아무리 힘들고 불쾌한 일에도 결코 움츠러드는 법 없이 믿음직스럽게 헌신적으로 일했다. 저녁마다 진료소의 뜰에서 예배를 보고 찬송가를 불렀다. 그곳에서 의식이 있는 사람이면 누구나 그 소리를 들을 수 있었다. 우리는 마음을 모은 기도와 하느님의 전능하심을 내놓고 인정하는 이 모임에 대한 답으로 우리가 하는 일에 크나큰 축복이 있을 것임을 믿었다. 또 여기에서 우리 일꾼들은 새로운 열정과 믿음과 희망에서 우러나오는 용기를 얻을 수 있었다.

웰즈 박사의 눈부신 업적은 높이 살 만하다. 나는 8킬로미터 밖에 앓아 누워 있는 우리 아기를 놀보느라고 병원에는 하루 걸러 한 번씩 밤에만 와서 봉사할 수밖에 없었으므로 우리 세 사람 중 나머지 두 사람의 노고가 더욱더 컸다. 그러나 우리의 힘이 필요한 만큼 용기도 그만큼 더

났다.

　꼭 밝혀 두어야 할 말할 수 없이 비참한 정경이 너무나 많았다. 돌봐야 할 아이 셋이 딸린 한 불쌍한 아낙은 과부가 된 바로 그날에 몸이 차갑게 식고 맥박이 거의 끊어진 채로 실려 왔다. 우리는 이 가여운 아낙을 구하려고 밤을 꼬박 새웠다. 아침 일찍 열한 살 먹은 큰딸이 어머니를 보살피려고 찾아왔다. 그 아이는 전보다 어머니의 몸이 얼마나 더 따뜻해졌는지 알아보려고 어머니의 손을 초조하게 비벼대면서 우리를 바라보며 쉴 새 없이 "우리 어머니 살아날까요? 살아날까요?" 하고 물었다. 수심이 가득한 그 작은 얼굴을 보니(엄청난 슬픔에 잠긴 아이의 얼굴이야말로 이 세상에서 가장 서글픈 것이다) 그 아낙을 살리기 위해서라면 누구라도 기꺼이 목숨을 바칠 수 있겠다는 생각이 들었다. 우리는 아낙이 꼭 살기를 바랐다. 그런데 긴 고비를 넘긴 끝에 그의 맥박이 다시 뛰고 팔다리가 점점 따뜻해지면서 불길한 증상이 거의 사라져 우리 모두는 희망을 갖게 되었다. "어머니, 이제는 살았어요." 하고 아이는 기쁨에 넘친 소리로 말했다. "아, 살 수 있다면 정말 좋겠다." 가까스로 정신이 든 어머니는 말했다. 그러나 아아! 그 다음날 그 어린 삼남매는 부모 없는 신세가 되고 말았다. 밤마다 도성을 줄줄이 빠져나가 주변의 언덕을 새 무덤들로 뒤덮을 장례 행렬에 끼어 이 어린 상주들은 풀이 죽어 서글픈 장례를 치르게 되었다. 어느 늙은 아버지는 열네 살 먹은 자기 아들을 헌신적으로 돌보고 있었다. 며칠 전만 해도 그의 집은 대식구였으나 이제 그 나이에 남은 것이라곤 그아이뿐이었다. 우리 모두는 그 소년이 제발 살아나기를 간절히 바라며 돌보았다. 소년은 아직 어렸고, 또 나이 많은 사람 중에도 회복된 사람이 많았으니 꼭 살아날 것 같았다. 그러나 마침내 그 소년의 몸은 점점 차갑게 식어갔고, 가냘픈 맥박은 다시 뛰지 않았다. 슬픔에 잠긴 늙은 아버지는 마지막 소원대로 아들을 따라 무덤으로 가버렸다.

그러나 우리는 우리 환자들이 꽤 많이 목숨을 건졌다는 사실에 진심으로 감사드려야겠다. 65퍼센트가 회복했다는 것은 일찍이 없었던 일이며 이것이 우리 진료소의 기록이었다.

하느님의 보살핌 속에서 우리는 이같이 엄청난 치료 실적을 기록했으니 거기에는 주로 다음과 같은 세 가지 원인이 있었다. 첫째, 될 수 있는 대로 빨리, 그리고 많이 살롤을[3] 썼고, 둘째, 환자의 체온이 회복되고 혈액 순환이 좋아질 때까지 환자를 아주 뜨거운 방바닥에 눕혀 놓았으며, 셋째, 원주민 기독교인들의 양심적이고 지칠 줄 모르는 간호가 있었다는 점이다.

물론 여기서 갖가지 치료법과 우리가 사용한 진료 방법들을 상세하게 말할 것도 아니고 또 그럴 시간도 없다. 우리는 살롤로 병을 치료할 수 있다고 믿었다. 그러나 그 밖에도 그 병을 고치려고 여러 가지 다른 방법도 썼다. 사실 우리가 알고 있는 방법을 모두 썼고, 모든 일을 재빨리 처리해야 했다. 우리한테 실려 오는 환자 가운데 많은 사람이 도착했을 때는 이미 거의 죽은 상태였다. 그래서 치료를 해봤자 희망도 없다는 생각이 들 때도 있었으나 그래도 방에 눕히고 몸을 세게 문지르면서 자극성 약품을 살갗에 주사하면 살롤을 써도 될 만큼 환자의 몸이 소생했고 이것이 기적 같은 효과를 내는 것 같았다. 우리는 웰즈 박사의 지시를 따라 이 약을 썼고 그것은 이런 축복을 보여주었다. 어떤 지체 높은 집

---

3) 페니살리산실염의 약 이름.

안의 젊은 남자는 처음부터 식구들이 살아나리라고 기대하지 않고 결국 수의를 만들려고 집으로 가버렸는데, 아침에 수의를 갖고 돌아와 보니 환자가 완전히 위험을 벗어나 있어 깜짝 놀라며 기뻐한 경우도 있었다. 또 하나 놀라운 경우는 나이가 거의 일흔 살이나 된 어떤 늙은 부인의 일이다. 그 부인의 아들과 딸은 어머니의 병에 아무 희망도 걸지 않았으나 마지막으로 섭섭하지나 말라고 어머니를 우리에게 데려왔다. 그 환자는 완전히 의식을 잃었고 맥박은 거의 멈춘 상태였다. 우리는 그의 차디찬 팔다리를 알코올로 문지르고, 따뜻한 방바닥에 눕혀 몸을 따뜻하게 해 주었다(실제로 그는 밤새도록 뜨거운 구들 위에 뉘어 있었다). 그리하여 놀랍게도 몇 시간 뒤에 그는 조금씩 회복되기 시작하더니 곧 좋아서 펄펄 뛰는 식구들에게로 돌아갔다.

관심이 없는 사람은 읽지 않고 그냥 건너뛰어도 좋지만 의학을 공부하는 독자의 편의를 위해 여기에 우리의 의료 기록을 덧붙인다. 우리는 환자 172명을 받았고 거기서 62명이 죽었다. 18명은 도착했을 때 이미 죽었거나 죽어가고 있었다. 95명은 몸이 뻣뻣하게 굳은 상태로 들어왔는데 그중 42명이 죽었다. 35명은 몸이 아주 쇠약한 지경이었고, 그중에서 2명이 죽었다. 4명은 부분적으로 쇠약했고, 그중에서 죽은 사람은 없다. 20명은 병의 초기 단계였는데, 그중에서도 죽은 사람은 없다. 죽은 사람들 중에 25명은 아무런 반응이 없었고, 2명은 분만 후유증을 앓았고, 1명은 이미 결핵을 앓고 있었고, 3명은 뇌막염이 진전되었고, 1명은 만성 방광염의 후유증을 앓았고, 1명은 만성 신장염을 앓았으며 2명은 살롤이 받지 않았다.

나머지는 모두 회복되었는데, 이 사실은 이 도시 안에서 적지 않은 감동을 불러일으켰다. 특히 마을 주민의 거의 3분의 2쯤이 죽은 곳에서는 더욱더 그랬다. 기독교 병원에만 오면 죽지 않고 살 수 있다는 것을 사람들에게 알리는 선전문이 담벼락에 붙어 있었다. 며칠 밤을 꼬박 새우며 환자를 돌보는 선교사들을 본 사람들은 서로 이렇게 말하곤 했다. "이 외국인들이 어쩌면 우리를 이렇게 사랑할까? 이 사람들이 남에게 하는 것만큼 우리가 우리 애들에게라도 할 수가 있을까?" 여름날 아침 아득한 여명 속에서 거리를 급히 걸어가고 있는 언더우드 씨를 본 몇몇 사람들은 이렇게 말했다고 한다. "저기 그리스도의 사람이 가는구나. 저 분은 한시도 쉬지 않고 병자들과 함께 밤낮을 일하고 있다네." "무엇 때문에 그러지?" 하고 다른 사람이 물었다. "우리를 사랑하기 때문이야." 하는 것이 그 대답이었다. 우리의 봉사 속에서 사람들이 주님을 발견하는 것보다 더 즐거운 보답이 어디 있을까! 그가 구원하려고 하는 그 영혼의 눈앞에 주의 모습이 좀 더 분명히 다가올 수만 있다면 돌림병을 통째로 나쁘다고만 할 수는 없겠다.

　괴로운 일이지만, 날마다 도성 안에서 죽는 사람들의 정확한 수효를 헤아릴 수 있었다. 시체는 모두 성문 두세 곳을 지나서 운반되었기 때문이다. 사망자는 하루에 300명 이상으로 늘어나다가 점점 줄어들었다. 돌림병은 여섯 주일을 채 못 끌었다. 성 밖 3킬로미터 반경 안에 사는 사람들을 포함해서 도성 밖의 인구는 아마 도성 안만큼 많을 것이다. 모두 합쳐서 인구는 30만에서 40만 사이였다. 돌림병이 거의 가라앉을 때 조선의 외부에서는 미국 공사를 통해 다음과 같은 감사 편지를 보내왔다.

외부

504년[4] 음력 7월 3일

1895년 8월 22일

외부대신 김

미국 공사 실 씨에게

본인은, 콜레라 진료를 위해 많은 돈을 쓰시고 노고를 아끼지 않으신 ㅇㅇㅇ 씨와 그의 친우들에게 삼가 우리 정부의 깊은 감사의 말씀을 드리는 바입니다. 본인은 각하께서 우리 정부를 대신하여 그들에게 감사의 말씀을 전해 주실 것을 믿습니다. 본인은...

김윤식(도장)

병원에서 일을 거들었던 선교사들은 많은 선물을 받았다. 내부대신의 이름과 그것을 받는 사람의 이름이 새겨진 비단 두루마기와 부채, 그리고 자그마한 은제 잉크스탠드 들이었는데, 그중에서도 가장 흥미로웠던 것은 강화도에서만 자라는 독특한 갈대로 싼 방석이었다.[5] 이 방석들은 빛깔이 다른 갈대를 솜씨 있게 엮어서 만든 것으로, 우리들에게 준 그 방석의 한끝에는 이 나라의 상징이 수놓여 있었고, 다른 한쪽에는 적십자와 내부대신의 이름이 수놓여 있었다.

....
4) 조선 왕조가 창업된 해로부터 504년이 되는 해임을 뜻한다.
5) 왕골로 짠 강화 화문석.

물론 이것은 더할 나위 없이 기쁜 선물이었다. 그러나 이보다 더 좋은 선물은, 조선 정부와 조선 사람들이 주님의 대표자인 우리를 쓸모있고 별로 가치도 없는 사람이긴 하지만 자기들의 친구로, 또 우리가 그러려고만 든다면 자기들을 돕는 사람으로 인식하게 되었다는 점이었다.

그러나 더 근사한 일이 벌어지고 있었다. 조선 사람들은 진료소와 검역소에서 간호를 하고 일을 한 조선 사람들의 명단을 달라고 했다. 그들에게 보수를 치르겠다는 말이었다. 우리는 그 사람들이 보수를 바라고 그 일을 했던 게 아니라고 말했다. 그러나 그들은 들은 체도 않고 줄곧 그들에게 보답을 해야겠다고 정중하게 우겼다. 거의 모든 기독교인들은 생각지도 않던 어마어마한 거액의 돈을 받자 놀랍게도 이 돈을 기꺼이 새 교회를 짓는 기금으로 내놓았다. 그들은 이 돈을 하느님의 선물 곧 신앙의 힘으로 이루려는 사업을 도와달라는 기도에 대한 응답이라고 생각했다.

그래서 그들은 이제 교회를 짓는 일을 계속하여 마칠 수가 있었다. 사람들은 점점 불어나서 200명이나 모였다. 그 교회는 아주 검소한 집으로서 토속 재료만 써서 지었으니, 벽에는 진흙을 바르고 지붕에는 기와를 이고 창에는 종이를 발랐다. 그러나 그때는 창에 유리를 끼우거나 벽돌이나 돌로 벽을 지어 으스댈 줄은 아무도 몰랐으므로 그 교회는 가장 훌륭한 조선집의 모습을 갖추었다. 그 집에는 그리 많지 않은 사람들이 모여서 기쁜 마음으로 하느님께 손수 자기의 정성을 바쳤다. 그것은 희생과 사랑과 믿음을 통한 것이었으니 그들이 드리는 기도는 주님이 보시기에 황금이나 상아보다도 더 값지고 귀한 것이었겠다.

콜레라도 가라앉고, 그에 관련된 여러 일들도 끝난 지 얼마 되지 않아서 대궐에서는 큰 비극이 일어났다. 진보와 문명과 개혁의 벗이었던 총명하고 진보적인 왕비가 암살되었다.[6]

중전마마는 총명한 외교관이었으나 늘 그의 적들에게 시달리고 있었다. 일본인들은 전쟁이 끝난 뒤에 조선이 독립국임을 선언했지만 실제로는 조선을 일종의 보호국으로 생각하여 왕비가 나라 안팎에 펼치는 정책을 감독하려고 들었다. 많은 관직들이 일본인들, 또는 일본을 지지하는 사람들로 채워졌고, 조선 군대의 거의 전부가 일본 관리의 훈련을 받았으며 그 명령을 따랐다.

왕비의 애국심과 총명함을 보고 일본인들은 조선을 일본화하려는 자기들의 계획에 절대로 복종하지 않는 사람 하나와 마주쳐야 한다는 것을 깨닫고는 나랏일에 그가 참여하는 것을 반대했다. 그리고 우리가 들은 말에 따르면, 그들은 이런 명령에 절대로 복종한다는 다짐을 왕비에게서 강제로 받아냈다. 물론 이 다짐은 지켜지지 않았고, 왕비는 여전히 혼란을 일으켜 그들의 계획에 큰 장애가 되었다. 마침내 일본 공사관의 인사에 결정적인 변화가 일어났다. 일본 정부의 이름으로 그때까지 줄곧 왕비에게 일본의 지지와 보호를 약속해 오던 이노우에 공사가 본국으로 소환되었다. 미우라 공사가 그 자리를 맡았는데 그는 전임 공사와는 전혀 성향이 다른 인물이었다. 미우라 공사는 아주 독실한 불교 신자였으며 일본의 이익을 위해서라면 어떤 나라에 대해서도 물불을 가리

6) 을미사변. 1895년 10월 5일에 일본 공사 미우라가 훈련대와 일본 수비대 병사 및 낭인들로 하여금 경복궁에 침입하여 명성왕후 민씨를 살해하게 한 사건이다. 일본은 친러 세력을 제거하여 조선의 식민지화를 서두르려고 친러정책을 쓰는 왕비를 죽였다. 시체마저 비단 홑이불에 싸여 불살라진 왕비는 그 뒤 곧 일본의 압력으로 폐위되었다가 두 해 뒤에야 명성황후로 올려졌다. 왕비가 죽자 대원군이 잠깐 정권을 손에 쥐었으나, 일본의 괴뢰 역할에 그치지 않았으며, 미우라가 일본으로 소환되자 그도 정계에서 완전히 물러났다.

지 않을 사람이었다.

1895년 10월 8일 아침에 우리는 대궐에서 나는 총소리를 들었다. 그 때는 평화로운 때였기 때문에 그 소리가 틀림없이 불길한 징조임을 알 수 있었다. 확실한 것은 아무것도 알 수 없었고 모든 것이 혼란스러웠다. 다만 일본 군대가 새벽 세 시에 대원군(임금의 아버지이며 왕비의 가혹한 적이다)을 호위하고 대궐에 도착하여, 다이 장군(미국인이다) 휘하의 원주민 근위병을 물리치고 지금 대궐문을 지키고 있다는 것만 알 수 있었다. 그러나 오후까지는 아무것도 더 알 수 없었다. 오후에 한 조선 양반을 만나자 그는 기절할 듯이 놀란 얼굴로 지금 막 왕비가 살해되었다는 보고를 받았다고 말했다.

그 뒤 몇 시간 동안에 좀 더 상세한 소식이 들려왔는데 이 소식은 확실한 것으로 굳어졌다. 그즈음에 대원군은 대궐에서 쫓겨나 시골집에 연금되어 있었는데, 그것은 그가 손자 편을 들어 임금에게 반대하는 음모에 가담했기 때문이다.[7] 아무튼 그는 왕비에게 반대하는 음모꾼들의 지도자가 되어 그 무리의 앞장을 서서 대궐에 들어가 두 분 전하를 사로잡은(그리고 그 김에 정권도 손에 쥐고) 뒤에 왕비를 쫓아내는 데 이미 그들과 합의를 본 것이었다. 그래서 그 무리들은 이 늙은이를 가마에 태우고 이미 모든 준비가 다 끝난 대궐문으로 행진해 들어갔다. 탄약은 몰래 옮겨다 놓았고, 미국인들에게 훈련받은 군인은 거의 다 일본인들에게 훈련받은 군인들로 바꾸어 놓았으므로 공격 부대는 총을 쏜 뒤에 거

---

7) 청일전쟁 뒤에 일본의 도움으로 대원군이 다시 집권하자 저자에는 그가 손자 이준용(그의 맏아들인 이재면의 아들)을 왕세자로 옹립하려 한다는 소문이 퍼졌다. 이 소문의 진위는 가려지지 않았으나, 고종 내외는 이 일을 빌미로 삼아 대원군을 다시 몰아냈다.

의 아무런 저항도 받지 않고 대궐 안으로 들어섰다. 왕족의 숙소까지는 얼마만큼 거리가 있었는데 소동이 일어났다는 소문은 그들이 쳐들어오기 조금 전에 그곳에 들려왔다. 중전마마는 깜짝 놀랐다. 중전은 용감한 여자였다.

그러나 그는 자기의 적들이 아주 지독하고 힘이 세며 위험한 무리라는 것, 그리고 자신의 목숨이 마치 데모클리스의[8] 경우처럼 가냘픈 실에 매달린 칼 아래 있는 것과 같다는 것을 알았다.

임금의 둘째 아들인 의화군은[9] 왕비에게 아직 파수꾼이 지키고 있지 않은 작은 문으로 자기와 함께 도망치자고 간청했다. 변장을 하고 그 문을 빠져나가 성안에 있는 그의 친구들에게로 가자는 것이었다. 그러나 중전마마는 외국인들이 대궐을 점령한 것이 틀림없는 이런 공포 속에 나이가 너무 많아 움직일 수 없는 대비를 홀로 남겨 놓고 갈 수는 없다고 점잖게 거절했다. 게다가 그는 이노우에 공사가 자기에게 했던 다짐, 곧 절대로 안전을 보장하겠노라던 그 다짐을 아무 의심없이 믿었고, 더구나 정병하라는[10] 신하가 무슨 일이 일어나도 두 분 전하는 절대로 안전하다고 다짐했다. 이 남자는 근본이 천한 사람인데, 왕비의 덕으로 출세를 하고 많은 은혜를 입은 사람이었다. 그래서 왕비는 그에게 퍽 의

8) 데모클리스는 그리스 신화에 나온 디오니소스 임금의 신하로서, 임금이 그의 머리 위에 머리카락 한 올로 칼을 매달아 임금 자리에 있는 이에게는 늘 위험이 따름을 경고한 이야기.

9) 고종의 다섯째 아들. 필자가 둘째 아들로 잘못 알았다. 어머니는 귀인 장씨이다. 열다섯 살 되는 1891년에 의화군으로 봉해졌다가 1899년에 의친왕으로 올려졌다. 조선이 일본에 강점당한 뒤에 상해 임시 정부로 탈출하려고 상복 차림으로 만주 안동까지 갔으나 일본인에게 들켜 강제로 송환당했다. 그 때문에 일본 정부에 큰 물의를 일으켰으며, 그 뒤로 여러 차례 일본으로 갈 것을 강요받았으나, 이를 마다하고 줄곧 배일 정신을 지켰다. 1955년에 사망했다.

10) 친일 개화파 정객. 을미사변 때에 농상공부 협판이었다. 뒷날 김홍집과 함께 길에서 성난 군중들에게 맞아 사망했다.

지하고 있었다. 그는 왕비에게 숨지 말라고 전언을 해 놓고는 그의 움직임을 소상히 파악했다. 의리라고는 눈곱만큼도 없는 그 자는 이미 암살자들의 하수인이 되어 있었다. 그가 왕비 암살의 공보자임을 밝혀 주는 증거는 매우 많다. 그래서 왕비는 무척 불안하고 두려운 채로나마 그냥 남아 있었다. 그러다가 대원군과 고용된 암살자들이 왕비를 찾으려 밀어닥쳤을 때에야 숨으려고 했다. 아아! 그러나 숨기에는 너무 늦었다.

우리에게 말로 전해진 숱한 소식들 가운데에는 갈피를 잡을 수 없는 것들이 꽤 있었다. 그러나 외국인 두 사람 곧 러시아 사람인 사바틴 씨와 미국인인 다이 장군이 그때 일어난 일을 거의 모두 보았던 사람들인데 이 두 사람은 다음과 같이 서로 맞아떨어지는 말을 했다. 곧, 일본인 장교들이 대궐 마당에서 왕족의 처소를 에워쌌다는 것, 일본인 장교들이 대궐 마당에서 저질러진 난폭한 짓을 눈으로 보고 있었다는 것, 그 모든 짓들을 일본인 '소시'[11]나 직업적인 칼잡이들이 저지를 것임을 그들 모두가 알고 있었다는 점들이다. 서른 명쯤 되는 이 암살자들은 "왕비, 왕비! 어디 있어!" 하고 외치면서 왕족의 숙소에 들이닥쳤다.

그들은 먹이를 찾아 미친 듯이 야만적인 사냥질을 시작했다. 사람이라기보다는 차라리 들짐승 같은 그들은 대궐의 여자들을 붙들어[12] 머리채를 잡고 질질 끌면서 두들겨 팼다. 왕비가 어디 있는지 대라고 하는 것이었다. 사바틴 씨도 그들에게서 질문을 받았으며 죽인다는 위협도 받았다. 일본군의 제복을 입은 '소시'와 장교들은 임금이 서 계신 방을 지나갔다. 임금은 그들의 관심을 왕비에게서 다른 데로 돌리려고 애를 썼

---

11) そうし[壯士], 일본 메이지 유신기에 자유민권 사상을 외치면서 폭력을 일삼던 무리.
12) 「조선인의 벗」, 1895년. (원주)

다. "일본인 하나가 임금의 어깨를 잡고 밀어 제쳤다. 궁내부 대신 이경직은 전하의 눈앞에서 일본인에게 죽임을 당했다. 세자 저하도 일본인에게 붙들렸다. 그들은 저하의 모자를 찢어발기고 머리채를 끌어당겼다. '소시'는 왕비가 어디 있는지를 대라고 하면서 칼로 저하를 위협했다."[13] 마침내 그들은 가련한 왕비를 찾아내서는 칼로 찔러 죽였다. 그런 뒤에 왕비의 시체를 덮어 두었다가 궁녀들을 데려와서 갑자기 그것을 보여 주었다. 그러자 그들은 공포에 질려 "중전마마! 중전마마!" 하고 소리쳤다. 이것으로 충분했다. 이런 계략으로써 이 암살자들은 자기들이 찾던 사람을 제대로 쓰러뜨렸다는 것을 알게 되었다.

그 뒤에 곧 거기서 그다지 멀지 않은 작은 숲으로 시체들을 옮겼고 그 위에 등유를 부었다. 그리고 불을 붙였고 뼈 몇 줌만이 남았다.

그 다음에 펼쳐진 일들은 모두, 이 암살자들이 자기들의 범죄를 감출 수 있다고 생각하고 저지른 어리석은 일들이었다.

갖가지 얘기들이 떠돌았다. 중전은 무사히 피신하여 어딘지에 숨어 계신다는 둥, 일본인들이 잠깐 데려갔을 뿐이니 언제라도 다시 모셔올 수 있다는 등의 얘기였다. 1895년 치 「조선인의 벗」에는 암살자들에 대한 공식 보고서와 일본 히로시마에서 열렸던 미우라 공사와 '소시'에 대한 공판 기록이 실려 있다. 공식 보고서에는 이렇게 적혀 있다.

"피고인 미우라 고오로는 1895년 9월 1일… 공무를 맡아… 그의 관찰에 따르면, 조선의 사태는 잘못된 방향으로 흐르고 있었으며, 중전

13) 「조선인의 벗」 중의 공식 보고서에서. (원주)

은 나날이 횡포를 더해 가고 있었고, 국사에 방자한 간섭을 획책하고 있었다. 이리하여 이제 막 제국 정부의 지도와 협조 아래 재조직된 행정 체계에는 무질서와 혼란이 일어났다. 조선의 궁중은 일본에 대해 등을 돌렸고 '구렌다이' 부대(일본 장교 휘하의 조선 군대이다)를 해산하고 그 장교들을 처벌할 것을 논의하였다. 게다가 미우라에게 보고된 내용에 따르면, 조선 궁중에서는 개화파와 독립협회에 참여한 혐의를 받는 몇몇 각료들을 좌천시키고 또 살해함으로써 모든 정권을 탈취할 계획을 세우고 있는 중이었다. 이러한 상황에서 미우라는 큰 불안을 느꼈다. 궁중이 보여주는 태도는 조선을 위하는 일에 대한 뚜렷한 반대 표시일 뿐만 아니라, 내정 개혁 사업에 대한 훼방이고 '왕국의 독립을 위태롭게 하는 일'로 여겨졌기 때문이다."

이어서 이 보고서에 따르면, 피고인은 한편으로는 "조선 왕국의 독립을 보장하고, 또 한편으로는 '이 나라에서의 제국의 특권을 유지하기 위하여'" 개선책을 쓸 필요를 느낀다고 말했다. 더 나아가 이 보고서에는 10월 3일에 열린 대원군과 일본인 관리들이 이 회의에서 "대원군이 대궐에 들어가는 데 '구렌다이' 부대를 이용하여 도움을 주기로 결정을 보았다. 이 부대원들은 대궐의 미움을 받고 있었으며, 자기 스스로 위험을 느끼고, 사건의 전개를 매우 침통하게 여기는 젊은 사람들이었다. 또 이 작전을 지원하려고 서울에 주둔한 일본 군대도 출동하도록 했다. 더 나아가 이 기회를 이용하여 대궐에서 압도적인 영향력을 발휘하고 있었던 왕비의 목숨을 빼앗도록 결정을 보았다"고 쓰여 있다.

이 계획에 대한 더 자세한 내용들은 일본인의 공판 기록에 이렇게 나타나 있다.

"미우라는 그들(대원군을 호위하기로 한 사람들)에게 작전의 성공에 따라 지나 스무 해 동안 조선에 온갖 손해를 끼쳐 왔던 죄악을 뿌리 뽑을 수 있다고 말하고, 대궐에 들어가는 대로 바로 왕비를 처치하라고 부추겼다."

뒤이어 이 기록에는 음모자들이 꾸민 갖가지 절차들이 언급되어 있으며 마침내 이렇게 적혀 있다.

"그리하여 일당은 서울을 향하여 천천히 나아가다가 서울의 서쪽 문밖에서 '구렌다이' 부대와 합류하였다. 그들은 얼마 동안 거기서 일본군을 기다리고 있었다. ···동틀 무렵에 그들은 모두 광화문을 지나 대궐로 들어가 곧장 지밀로 진격했다. 그러나 이러한 사실들에도 불구하고 피고인들 중에 그 누구에게도, 실제로 그 범죄를 저질렀다는 충분한 증거는 없다. ···이러한 이유들로 해서, 피고인들을 모두 석방한다. ···이 사건에 관련되어 압수된 기록들과 다른 문서들은 그 소유자들에게로 돌려준다.

히로시마 지방 법원의 판결임.
예심 판사 요시다 요시다
법원 서기 다무라 요시하루
메이지 29년 1월 20일
이 사본은 원본과 틀림없음.
히로시마 지방 법원 서기."

이 기록에 대해서는 더 말할 필요가 없다. 미우라 공사는 일시적으로
박탈당했던 그의 모든 직함과 명예를 최근에 되찾았다.

10. 내 남편은 사랑방 손님을 몰랐다
춘생문 사건

이러는 동안에 임금과 세자는 자기 처소에서 일본 정부를 지지하는 조선인들로 구성된 내각의 포로가 되어 있었다. 왕비가 죽은 뒤에 곧 그 군인들과 암살자들이 흩어지기도 전에 일본 공사가 대궐에 들어와 임금 뵙기를 청했다. 공식 보고서에 따르면, 미우라 공사는 자기 비서인 스지마 씨와 대원군 그리고 '소시'의 우두머리인 한 일본인과 함께 나타나서[1] 임금에게 문서 셋을 내놓으며 서명해달라고 했다. 하나는 이제부터는 내각이 나랏일을 관장한다는 것이었고, 또 하나는 이재면 공[2]이 궁내부 대신이 되어야 하며 그 부서에 협판 한 사람을 임명한다는 것이었다. 간밤의 사건에 무척 겁을 먹은 데다 적의 손아귀에서 무력하기만 했던 임금은 이 세 문서에 모두 서명하고 말았다. 그런 뒤에 일본 군대는 물러가고 '구렌다이' 부대는 경비를 보기 위해 남았다. 그 뒤에 곧 국방과 경찰을 관장하는 책임자들이 친일파들로 바뀌었고, '그래서 정부의 군사력, 심지어는 전하의 개인 시종들까지' 모두 왕실의 적대자들 손에 들어가게 되었다.

....
1) 「조선인의 벗」 중에 왕비의 암살에 대한 공식 해명을 볼 것. (원주)
2) 흥선 대원군의 큰아들 곧 고종의 형.

러시아 공사 웨베르 씨와 미합중국 대리 대사 알렌 박사가 총소리를 듣고 대궐에 도착했을 때 일본 공사는 아직 거기에 있었다. 그들은 임금에게서 그때 막 일어난 일들에 대해 얼마만큼 들을 수 있었다. 가련한 임금은 거의 지쳐 쓰러질 지경으로 충격을 받은 상태였다. 간밤의 끔찍한 경험, 그가 우상처럼 여기는 왕비의 무참한 죽음을 겪은 뒤의 그의 모습은 차마 볼 수 없을 정도였다.

수천 명이나 되는 왕실의 친지들과 측근들, 관리들, 군인들, 시종들 그리고 대궐 주변에 오락가락하는 사람들은 모두 엄청난 공포에 휩싸였다. 그들은 저마다 대궐을 빠져나가려고 미친 듯이 서둘렀고 궁중에 소속된 사람임을 표시하는 제복이나 그 밖에 여러 가지 것들을 주저 없이 찢어버렸다. 미국 공사관과 러시아 공사관, 영국 공사관에는 조선인 매국노 일당의 손아귀에서 도망쳐 피난처를 구하려는 사람들이 끊이지 않았다. 외국 공사들은 왕비의 잔인한 암살에 깊은 분노와 아울러 임금에 대한 동정을 표시했다.

얼마 동안 외국 공사들은 날마다 대궐을 방문했다. 그들은 반역 정부를 인정하기를 거부했으며, 전하의 소망과 정책이 무엇인지를 알려면 그를 개인적으로 만나야 한다고 생각하는 것 같았다. 또 임금을 손아귀에 쥔 사람들의 의중이 무엇인지 확실히 알 수가 없다고 생각했기 때문에 정보를 얻기를 바랐고, 행여나 왕실의 남은 식구들에게 다시 폭력을 휘두를 계획이 있지 않나 늘 살피려 했던 것 같다. 그러한 상황 아래서 조선 사람 통역은 아무도 믿을 수가 없었으므로 미국 공사는 언더우드 씨에게 통역으로 따라가 달라고 부탁했고, 프랑스인 주교도 프랑스 공사를 위해 그런 역할을 맡았다.

그런데 내게는 한 가지 의문이 있었다. 우리 정부와 동양 여러 나라 사이의 매우 중대한 나랏일을 다루는 데 우리 고급 관리들이 여태껏 잘 훈련된 미국인 통역을 하나 두지 않고 의심스럽기 이를 데 없는 조선인 통역들에게만 의존하는 까닭은 대체 무엇일까? 조선인 통역들은 자기 목적을 이루려고 일부러 그러는 때도 있지만, 때로는 겁을 먹거나 능력이 부족하여 가장 중요한 문제를 잘못 전달하거나 꼭 표현해야 할 부분을 완전히 오해하기도 하고, 경솔하게도 전체 문장 중에서 가장 중요한 부분을 빠뜨릴 수도 있다.

내각의 엄중한 감시를 받아야만 겨우 임금을 만날 수 있었으니 그것은 분명히 지독한 위압이었다. 따라서 임금이 그들의 지시와 정책을 거스르는 재치를 발휘한다는 것은 생각조차 할 수 없는 일이었다. 드문 일이긴 하나 그들의 관심이 다른 손님들에게로 잠깐 쏠릴 때가 있었는데, 그때 전하는 언더우드 씨의 손바닥에다 은밀한 전갈을 적은 쪽지를 전해 주곤 하였다. 그것으로 임금은 자기의 소망이나 계획, 적들이 지켜보고 있어 이미 공식적으로 대답해 버린 문제들에 관한 진정한 답변들을 간략하게 전했다. 임금은 언제나 독살의 공포를 느끼고 있었으니 거기에는 그럴 만한 충분한 이유가 있었다. 비양심적이고 비정상적인 그의 아버지 대원군이 다른 아들에게서 난 손자를 임금 자리에 앉히려고 갖은 애를 쓰고 있고 또 임금을 둘러싸고 있는 숱한 공모자들은 이제는 목숨이 걸린 위험한 지경에까지 이르러 자기들의 이해와 관련된 것이라면 무슨 일이든 저지를 사람임을 이미 입증했기 때문이다. 그래서 임금은 한동안 자기가 보는 앞에서 딴 깡통 연유나 날달걀 요리 말고는 아무것도 들지를 않았다. 이 소식을 듣고 우리는 보잘것없으나마 우리의 동정심을 나타낼 기회를 얻은 것을 기뻐하면서 한 유럽 공사관의 부인과 내가 교대로 특별히 음식을 만들어 임금에게 보냈다. 이 음식들은 영양가도 풍부했을 뿐 아니라 맛도 좋았다.

이 음식들을 놋그릇에 담아 예일 자물쇠로[3] 잠가 보냈다. 공사관과 대궐 사이의 연락과 통역 일을 맡고 있던 언더우드 씨는 어떤 때는 하루에 두 번씩 열쇠를 가져다 임금에게 건네주었다. 그런가 하면 음식을 담은 통은 일정한 관리가 아무 때나 편리한 때에 가져갔다. 그것은 자그마한 봉사에 지나지 않는 일이었다. 그러나 우리에게 충성심을 요구할 권리가 있는 그분에게, 그토록 기가 막힌 모욕을 당했던 그분에게 무언가를 해줄 수 있다는 것이 얼마쯤 위안이 되었다.

어느 날 언더우드 씨는 전하에게 갔다가 늙은 대원군을 만나게 되었다. 대원군이 말했다. "그 좋은 음식을 무엇 때문에 전하께 드리오? 전하께는 그런 게 필요 없소. 나는 늙었소. 게다가 이도 다 빠졌으니 전하보다는 내게 그 음식이 필요하오." 그러나 이 교활하고 잔인한 늙은 호랑이의 이빨과 발톱은 여전히 싱싱했다! 왕비가 죽은 뒤 오랫동안, 거의 일곱 주일 동안, 미국인들은 한 번에 한두 사람씩 날마다 대궐로 오라는 부탁을 받았다. 외국인들이 보고 있으면 음모꾼들이 흉포한 짓을 더 벌이지는 않을 거라고 생각되었기 때문이다. 그들은 임금을 해칠 필요가 있다고 생각했음이 거의 틀림없었다. 그러나 동양인들은 서양 사람들을 죽였을 때 그 나라가 얼마나 분노할지에 대해 무척 겁을 먹고 있는 만큼 선교사들이 보는 앞에서는 전하나 세자에게 폭력을 휘두르지는

---

3) 미국인 예일이 발명한 원통형 자물쇠.

않을 터였다. 선교사들은 밤이면 밤마다 두 사람씩 남아서 영원한 평화(그때 가여운 조선에는 그것이 얼마 남아 있지도 않았지만)를 약속하는 복음을 설교했다.

우리 아낙들은 남편들이 대궐에서 파수를 보고 있는 동안에 집에서 외롭게 불침번을 서면서, 대궐 쪽에서 무슨 불길한 소리가 들리지 않는지 잔뜩 촉각을 세우고 있었다. 남편들이나 우리나 모두 이 봉사가 즐거웠다. 우리는 우리가 가장 높은 사람에게서부터 가장 낮은 사람들에 이르기까지 모든 사람들의 친구임을, 또 정의로운 지배자임을 입증하는 것이 기뻤다. 특히 우리가 기뻤던 것은, 복음의 전파를 금지하는 법령에 복종하기를 거부함으로써 불충자로 불렸던 사람들이 이제는 임금에게 가장 충성하는 사람들임을 보여줄 수 있었기 때문이다.

왕비 시해가 있던 다음 날에, 임금의 둘째 아들인 의화군이 사람을 보내어 우리 집에 피신하게 해달라고 요청했다. 이 집은 미국의 재산으로 되어 있었으므로 여기서라면 붙들리지 않고 안전하게 지낼 수 있을 터였다. 공사관은 피신해 온 고관들로 가득 찼고 몇몇 사람은 우리 집의 '사랑방'이나 손님방에 묵고 있었다. 물론 우리는 젊은 왕자를 기꺼이 받아들였고, 그에 대한 우리의 관심을 입증할 이런 기회를 얻게 된 것이 기뻤다. 이렇게 피난처를 내준 결과 우리는 영광스럽게도 가짜 정부의 감시를 끊임없이 받게 되었다. 우리 집에는 밤이나 낮이나 모든 문마다 염탐꾼들이 줄곧 감시하고 있었다. 손짓, 발짓 하나하나까지를 형사들에게 감시당하는 사람들은 알지도 못했고, 또 어떤 식으로든 정부와 충돌하는 일은 꿈도 꾸어보지 못한 나로서는 그 일이 참으로 기괴하게 여겨졌다. 그러나 만일에 정부가 잘못 되었다면 올바른 마음을 지닌 사람들은 그 정부를 반대해야 하며, 또 그런 정부에 저항하는 정당하고 합법적인 주권자의 벗들을 음모꾼들과 배신자들의 무리로부터 보호하여 폭력과 죽임을 당하지 않도록 지키는 것이 우리의 임무라고 믿게 되었으니 그것은 아마 우리 선조들의 혁명 정신 때문이었을 것이다.

이러는 동안 새 정부는 새로운 관리들을 임명하고 죄 없는 사람들을 왕비의 살해자로 재판에 걸고 고문하고 처형했다. 그들은 자기들을 보호하려고—그것은 그 누구도 속이지 못할 쓸데없는 어리석은 짓이었지만—새로운 직책을 숱하게 만들고는 그 자리에다 일본인들을 앉혀놓고 엄청난 급료를 주었다. 그리고 백해무익하고 부당하기 이를 데 없는 우스깡스러운 새 법률들을 만들었다.[4] "여자들은 얼굴을 가리고 길거리에 나가서는 안 되었고, 담뱃대는 정해진 길이를 따라야 했고, 옷소매는 짧고 좁게 해야 했고, 도포는 특정한 빛깔을 따라야 했고, 갓양태는 폭을 정해진 대로 따라야 했다. 이 일은 '개화' 또는 개혁이라고 했다. 사업적인 이득을 좇는 수많은 일본인이 서울과 내륙으로 밀려 들어왔다. 우리가 듣기로는, 그들이 차지한 재산은 언제나 합법적인 한도를 벗어난 것이거나 그 별 볼 일 없는 직책으로 얻을 수 있는 재산의 정도를 한껏 벗어난 것이었다.

내륙 지방에서 돌아온 선교사들은 곳곳에서 그들이 들은 비참한 얘기들 곧 돈이나 땅문서를 빼앗기고 어려움에 빠진 농부들, 잔인하게 겁

----

4) 갑오개혁. 1894년 6월부터 그때 연말까지에 이루어진 정치, 경제, 사회, 문화의 개혁이다. 저자는 '왕비 시해'가 있은 뒤에 갑오개혁이 이루어진 것으로 적고 있으나, 개혁이 먼저였다. 이 개혁을 이끈 세력은 일본 세력을 등에 업고 정계에서 주도권을 잡은 개화파로 싸인 김홍집 내각이었는데, 청국 세력의 대리자인 왕비를 제거하려고 정무에 대원군을 등장시킴으로써 왕비는 일시에 세력을 잃게 되었다. 그러나 일본의 강압으로 이루어진 갑오개혁으로 국민들의 대일 감정이 나빠지자 왕비는 이를 빌미로 삼아 친러책을 썼고, 그 결과 일본 공사 미우라가 왕비 시해 사건을 일으켰다.

탈을 당한 여자들의 얘기를 했다. 불쌍한 시골 사람들은 마치 이리떼 한복판에 있는 양과도 같았다. 그들의 목자는 양을 버렸고 그들의 우리는 부서졌던 것이다.

친일 정부가 취한 또 하나의 조치, 그것은 이미 타격을 받은 외로운 임금에게 다시 잔인한 상처를 입힐 계획인 것이어서 엄청난 흥분과 단순한 항의보다 더 큰 어떤 일을 일으킬 수도 있었다. 그 조치는 임금의 이름으로 온 나라에 왕비를 사악한 여자로 선언하고 가장 낮은 계급으로 강등하는 조칙을 내리는 것이었다.[5] 그들은 임금에게 이 조칙에 서명하고 도장을 찍으라고 요청했다. 그러나 임금은 떨기는 했으나 자기의 죽은 배필을 모욕하는 이 일만큼은 단호히 거절했다. 내각은 그 문서에 그의 서명을 위조하여 써 넣고 자기들 스스로 도장을 찍을 수밖에 없었다. 이런 짓은 대원군의 특징이었으니, 그의 끊임없는 증오는 왕비를 암살한 것으로 만족하지 않고 그를 무덤까지 쫓아가서 모욕을 주었다.

혼란 속에서 흥분에 휩싸여 하루하루를 보내던 임금의 가장 충성스러운 신하들은 그를 구출할 계획을 세웠다. 이것이야말로 임금의 모든 벗들이 열렬히 바라는 일이었다. 그러나 전하는 늘 염탐꾼과 경비병에 둘러싸여 있었기 때문에 실행하기는 매우 어려운 일이었다. 임금을 엄격하게 감시하는 것이 염탐꾼과 경비병들의 임무이자 또 자기들의 이득이 달린 일이기도 했다.

수많은 조선인이 임금을 구출할 갖가지 계획을 세우고 남편을 찾아

---

5) 명성황후 민씨를 시해한 사건이 일어난 지 이틀 만인 1895년 10월 10일에 그를 폐위시켜 서인으로 낮춘다고 밝힌 조치. 비록 고종의 명의로 발표한 조칙이나 실제로는 김홍집 내각의 강압으로 이루어진 것이다.

왔다. 그들은 내 남편에게 조언과 도움을 구했다. 그러나 그는 반역 정부에 대한 그들의 반대에 동감을 표시하고 자기도 그 정부를 인정하지 않는다는 뜻을 거리낌 없이 말할 수 있었으나 그들의 계획에는 어떤 것에도 동의하지 않았다. 그것은 누구를 믿어야 할지를 모르기 때문이기도 했거니와 내 남편과 같은 선교사들은 그런 일에 끼어들거나 후원을 할 수 없었기 때문이기도 했다. 그러나 나는 내 남편이 그럴 수 있는 방법을 알기만 했다면 많은 희생을 치르고라도 기꺼이 임금을 안전한 곳으로 도망시키는 일을 도와서, 임금으로 하여금 그곳에서 자기의 뜻을 거스르는 사람들에 대한 두려움 없이 자신의 정부를 세울 수 있게 했을 것이라고 믿는다.

임금을 구출하는 계획은 매우 은밀하게 짜였다.[6] 그래서 그 무리의 지도자인 윤 장군[7]과 또 한 사람이 그 전날 밤 늦게까지 우리 집에 있었으나 선교사들조차 아무도 그런 사실을 몰랐다. 아마도 이런 사실은 많은 사람이 내 남편이 왕실과 관련은 있으나 불행한 사건에는 끼지 않을 거라 생각하고 믿어준 덕분일 것이다. 그러나 임금의 적들은 그 친구들의 계획을 눈치채고, 염탐꾼들과 변절자들을 통해 곳곳을 다 찾아내어 자기들의 준비를 완전히 갖추었다. 구출 부대가 대궐로 들어갈 때 성문을 열어주고 입성을 도와주기로 했던 한 장교가[8] 배신을 하고 사이비 내

---

6) 왕비 시해 사건 뒤에 불안에 떠는 고종을 경복궁 밖으로 빼내고, 그와 함께 김홍집 내각을 타도하여 정국을 수습하자는 뜻 아래 왕실 측근과 구미파 요인들이 꾸민 사건. 왕비 폐위 조직이 있은 지 만 이틀이 채 안 된 10월 11일 밤중에 일으켰으나 변절자가 생겨 미리 김홍집 내각 쪽에 밀고를 한 터라 실패로 끝났다. 경복궁의 춘생문을 거쳐 대궐로 쳐들어가도록 꾸민 사건이라 하여 춘생문 사건이라고 한다.

7) 윤치호의 아버지인 윤웅렬.

8) 그때 친위대 대장이었던 이진호를 가리킨다.

각에다 모든 일을 죄다 털어놓고 말았던 것이다. 그리고는 군대와 함께 충신들을 맞아들여 격퇴시킬 준비를 했다. 저녁에 임금을 구출하러 떠나기로 했는데, 내 남편은 오후 내내 머물러 있던 대궐에서 집으로 막 돌아오다가 우리 선교회의 애비슨 박사를 그의 집에서 만났다. 애비슨 박사는 바로 그날 밤에 조선인들이 대궐을 습격할 준비를 하고 있다는 소식을 전해 주었다. 그는 그때 막 그 소식을 그 사람들 가운데 한 사람한테서 들었다고 했다. 언더우드 씨는 그 말을 믿으려 하지 않았다. 그러나 애비슨 박사가 집에 있는 동안에 미국 공사관의 직원이 미국 공사의 부탁을 가지고 찾아와서 말하기를, 자기들에게도 그와 똑같은 일에 대한 믿을 만한 정보가 있으며, 임금은 틀림없이 크게 놀랄 것이고 그 배신자들 때문에 큰 위험에 빠질 것이며 잇달아 습격이 있을 것이라고 했다. 미국 공사는 언더우드 씨에게 임금의 신변 가까이에서 밤을 보내 달라고 부탁했다.

성문이 아마 닫혀 있을 것이고 아무도 들어갈 수가 없을 터인 만큼 출입 허가를 얻을 수 있도록 언더우드 씨에게 공사의 명함도 보내왔다. 물론 그것은 하나의 제안에 지나지 않는 만큼 거절하는 것은 언더우드 씨의 자유라고 했다. 그러나 그는 기꺼이 가기로 했다. 그리고 그는 이런 일에 뽑힌 것을 큰 영예로 여겨서 당장에 동의하고는, 지금은 정부가 운영하는 학교에서 일하고 있는 헐버트 씨에게 함께 가자고 청했다. 직업상 요청을 받은 애비슨 박사도 함께 나서서 이 세 사람은 대궐 문 앞에서 만나게 되었다. 경비병은 그들이 들어가는 걸 그 자리에서 막았다. 그 누구라도 들여보내서는 안 된다는 엄한 명령이 내렸던 것이다. 우리 공사의 명함을 내밀어도 별 효과가 없었다. 다만 파수를 보는 장교 하나가 그 명함을 들고 대궐에 들어가 허가를 받아오겠다고 했을 뿐이었다. 그것은 아무 소용없는 짓이란 걸 언더우드 씨는 알고 있었다. 왜냐하면 내각에서는 거절할 게 거의 틀림없기 때문이었다. 그래서 그는 이렇게 대꾸했다. "아니오. 나는 지금 당장 들어가야겠소. 지체할 수 없습니다. 나는 미합중국 공사의 요청을 받고 온 사람입니다. 만일 당신이 그의 명함과 그가 보낸 사람들을 막는다면 당신은 책임을 져야 하오. 나는 지금 곧 돌아가서 미국 공사에게 이 사실을 전하겠소." 바로 그 며칠 전에 어떤 장교 하나가 외국 외교관이 들어가는 걸 막았다가 엄한 벌을 받은 적이 있었다. 그 외교관은 노발대발해서 대궐 문 앞을 떠났었다. 그러자 비로소 파수 보는 사람들이 머뭇거렸다. "어서, 결정하시오." 하고 언더우드 씨는 준엄하게 말했다. 마침내 이 작전이 성공해서 미국인들은 급히 안으로 들어갔다. 그들은 곧장 임금에게로 갔다. 그리고는 임금에게 밤새 무슨 일이 있을까 해서 왔노라고 알리고 그의 뜻을 물었다. 임금은 그들에게 다이 장군의 방에서 기다려 달라고 했다. 그 방은 임금의 신변에서 아주 가까운 곳으로 무슨 일이 나면 맨 먼저 경계를 취할 수 있는 곳이었다.

그리하여 이 '파수꾼 세 사람'은 일이 어떻게 진행되는지를 지켜보려고 장군의 방으로 갔다. 여기서 언더우드 씨는 다이 장군과 몇 마디 이야기를 나누고, 또 그 배신한 조선 장교와도 말을 나누었는데, 그는 언더우드 씨가 저편의 계획에 동조하는 것 같은 낌새를 채고는 온갖 말로 꼬이면서 자기 자신과 남들을 배반하도록 설득했다. 그러나 내 남편은 그 계획에 관련된 사람들이라든지 그 계획에 관한 것은 아무것도 몰랐을 뿐만 아니라 그 계획과는 전혀 무관했기 때문에 그에게서 무슨 정보를 얻어내기는 불가능했다. 열두 시 정각에 갑자기 총소리가 들렸다. 언더우드 씨는 벌떡 일어나 임금의 숙소로 달려갔고 다른 두 사람이 그 뒤를 바싹 쫓았다. 길을 따라 어깨를 겨루고 길게 늘어선 군인들이 "서라!" 하고 날카롭게 소리쳤다. 그는 거들떠보지도 않고 잽싸게 그들을 지나쳤다. 그들이 미처 알아볼 틈도 없이 아니, 뭘 어찌 해야 좋을지 결정을 내리기도 전에 애비슨 박사와 헐버트 씨도 그 뒤를 따랐다. 문 바로 저쪽에는 장교 몇 명이 칼을 뽑아 들고 가로막고 있었다. 언더우드 씨는 권총으로 그 칼들을 물리치고 뛰어 들어갔고, 그 뒤에 있던 두 사람도 곧 들어섰다. 그때 막 그들은 임금이 이렇게 소리치는 것을 들었기 때문이었다. "외국인들은 어디 있느냐? 외국인들을 불러라." "여기 있습니다, 전하. 저희들은 여기 있습니다." 세 사람은 대답하며 방으로 들어섰다. 임금은 그들의 손을 잡고 밤새도록 자기 곁에 머물게 했다.

임금의 벗들은 안타깝게도 무장이 안 되었기 때문에 미리 작정해 두었던 숲속까지는 잘 진격해 들어왔으나 함정을 발견했을 때는 이미 벗어날 수가 없었다. 수많은 사람이 체포되어 몇몇은 죽고 나머지는 뿔뿔이 도망쳤다. 반역 패거리의 위치는 적어도 그때까지만 해도 몹시 의심스러운 것이었으나 이 일로 그들의 권력이 더욱더 굳건해졌음은 말할 것도 없다. 수많은 사람이 체포되었으며 감히 임금의 복권을 시도했던 사람들은 처형당하거나 가혹한 처벌을 받았다.

언더우드 씨가 대궐에 있는 동안 우리도 집에서 자그마한 연극을 벌였다. 키가 큰 새로 온 선교사 한 사람이 집안을 보호하려고 거대한 6연발총으로 무장을 했다. 우리는 그가 일방적인 비상 태세 이상으로 준비하는 것이라고는 생각하지 않았다. 우리의 가장 큰 관심(적어도 우리 집과 관계있는 한에서는)은 왕자의 안전이었다. 그는 시종 한 사람만을 데리고 우리 숙소에서 멀리 떨어진 끝 집의 한 방에 묵고 있었다. 우리의 모든 관심이 대궐로 쏠려 있는 동안에 이 나라의 적들이 만일에 그를 납치하거나 살해한다면 어떻게 될까? 우리는 스스로를 보호하기에는 너무 보잘것없는 작은 무리임이 슬펐다.

그러나 열 시 반쯤 모두 자러 가려고 할 때 뜰로 나 있는 선교회의 손님방 문을 쾅쾅 두드리는 소리가 들렸다. 낯선 사람이 틀림없었다. 우리와 아는 사람이라면 누구나 정문으로 들어오기 때문이었다. 나는 곧 불려 나갔다. 어떤 일본 장교가 나를 만나려고 기다리고 있었다.

나는 완전 무장을 하고 제복을 입은 일본인을 만났다. 그는 왕자를 찾고 있었다. 물론 나는 의심스러운 생각이 들었다. 특히 그가 집 구석구석에 얼마나 많은 군인을 숨겨 놓았을지 짐작할 수 있었다. 나는 그가 누구며 무엇 때문에 이 시간에 왕자를 만나려 하는지를 물었다. 그는 유창한 조선말로, 자기는 왕자의 절친한 친구라고 대답하면서 나도 알고 있는 우리 손님의 친구인 한 조선 사람의 이름을 들먹이면서 자기가 그날 우리 집에서 함께 식사했다고 덧붙였다. 그리고는 한자로 적힌 명함을 내밀었다. 이것은 당장에 알 수 있는 거짓말이었다. 왕자의 친구는 머리가 길었고, 상투를 틀고 갓을 썼었는데 이 남자의 머리는 일본인처럼 짧았기 때문이었다. 이 남자는 머리끝부터 발끝까지 일본 군인이었다.

"이 명함은 한자로군요. 전 읽을 수가 없습니다." 하고 나는 차갑게 대답했다. "당신은 내가 한 번도 만난 적이 없는 일본인입니다. 이 시간에 왕자를 만나실 수 없습니다. 왕자에게 볼일이 있으시다면 돌아가셨다가 아침에 다시 오십시오." 그러나 사내는 기어이 왕자를 만나야겠다고 고집을 부렸다. 정말이지 그는 안 되겠다는 말을 아예 듣지 않으려고 작정을 한 것 같았다. 그가 고집을 부리면 부릴수록 나는 그가 일단 왕자를 우리 집 어디에서든 보기만 하면 숨겨 놓은 자객들을 풀어서 잡아 죽일 게 틀림없다는 생각이 들었다. 나는 점점 강하게 의심이 들면서 흥분하기 시작했고 말이 점점 거칠어졌다. 마침내 나는 가장 천박한 말로 그에게 당장 나가라고 명령했다. 이렇게 실랑이하는 동안 조선말을 하나도 모르는 서부의 사나이는 아주 흥분된 모습으로 커다란 총을 거기 모인 사람들에게 위험스럽게 휘두르며, "쏠까요, 언더우드 부인? 쏘라고 말씀만 하시면 쏘겠습니다." 하고 우리들의 실랑이 사이로 자꾸 끼어들었다. 마침내 손님은 왕자를 찾으려 해봤자 소용이 없다는 걸 깨닫고, 마지못해서 물러가 버렸다. 적이 그렇게 사라지자 우리는 크게 이긴 것 같아 자랑스러웠다.

이러는 동안에 우리가 서 있던 곳의 맞은편 마당으로 열린 방문 앞에서는 왕자가 그들이 도착하는 소리, 우리의 긴 얘기들, 칼이 계단에 부딪치는 소리들을 들으며 문을 지키고 서 있었다. 그의 옆에는 시종이 칼을 뽑아 들고 벽장문을 지키고 있었다. 그들은 그 문도 마당으로 열려 있다고 생각했으나 사실은 잠겨 있었다. 이튿날 아침에 내가 왕자에게 그 명함을 보이자 그는 거기에 적힌 자기 친구의 이름을 보고 몹시 기뻐했다. 그러고는 곧이어 그 사람이 다시 나타났다. 그는 변장을 하려고 바로 그날 머리를 짧게 깎고 외모를 완전히 바꿀 만큼 다른 옷을 입었던 것이었다. 그러니까 그가 우리 집 문에서 아주 험악한 말로 나가라는 명령을 들었던 것은 오로지 그 변장이 완벽했던 탓이었다. 그러나 나는 비굴하게 사과는 하지 않았다. 그 사람이 나한테 주었던 공포는 그만두고라도, 그는 나에게서 모든 자랑스러움을 앗아갔고, 또 그 달콤한 낭만을 빼앗아 갔으며, 그 일을 질 낮은 우스갯소리로 떨어뜨렸기 때문이다. 식구들의 웃음소리가 귓전에서 맴도는데 나는 도무지 그 사람을 용서할 수 없는 기분이 들었다.

대궐 습격이 있었던 날 다음 날 아침에 그 일의 주모자이자 지도자였던 윤 장군이 우리 사랑방에 나타났다. 그는 우리 집을 피난처로 삼아 도망쳐 왔는데, 쓸데없이 자기 집으로 가거나 다른 조선 사람의 집으로 가봤자 사태가 더 악화할 것이라는 것을 잘 알고 있었다. 그는 누가 붙들렸는지 또 얼마나 붙들렸는지를 알아보고 나서 "그럼 나는 죽은 목숨이로군." 하고 말했다. 관련자의 명단을 알아내려고 이루 말할 수 없이 무자비한 고문을 할 것을 잘 알고 있었기 때문이다. 그리고 그가 어디 있는지 알려지면 미국 공사는 경무청에서 가택 수색을 허락하도록 강요받을 것도 알고 있었다. 윤 장군은 내 남편과는 오랜 친구였다. 내 남편은 그를 할 수 있는 데까지는 숨겨주고 곧 이 나라에서 빠져나가도록 해주겠다고 약속했다. 우리들 못지않게 임금을 지지하는 러시아 공사도 새 정부를 인정하지 않고 있었는데, 우리는 그와 상의하여 윤 장군을 중국으로 탈출시킬 계획을 짰다. 우리 집 이웃에는 또 다른 장로교 선교사의 집이 있었고, 그 집은 러시아 공사관과 이웃해 있었다. 바로 그 너머로는 외교관 전용 회관이 있었는데, 거기서 몇 발짝 가면 자그마한 성문이 있었다.

그래서 윤 장군은 M씨의[9] 문간방(우리 집과 그의 집 사이에 있는)에서 묵

---

9) 저자는 이 사람의 이름을 밝히지 않고 그저 "미스터 M"이라고만 써 놓았다.

었다. 그날 밤에 언더우드 씨는 윤 장군과 그의 친구를 M씨와 자기의 옷으로 갈아입힌 뒤에 면도를 시키고 모피로 된 모자를 씌워서 얼굴을 감추게 했다. 그러고 나서 언더우드 씨는 두 사람을 이끌고 러시아 공사관을 거쳐 회관 마당을 지나 성문을 빠져나갔다. 이곳을 지나는 동안 그들을 그런 겉모습과는 다른 사람으로 의심하는 사람은 없었다. 성문을 지나 얼마 가지 않아서 가마가 기다리고 있었다. M씨와 성서공회의 사람이 나와 그들을 제물포까지 안내했다. 제물포에서 그들은 러시아 함대에서 나온 호위병을 만나 제포로[10] 옮겨 갔고 거기서 배를 갈아타고 마침내 무사히 상해에 내렸다. 그들은 임금이 다시 권력을 되찾을 때까지 그곳의 한 감리교회의 선교사 집에서 쉬게 되었다.

언더우드 씨는 그 음모를 추진하고, 심지어는 비록 해는 끼치지는 않았지만 대궐을 습격하는 일을 이끌었다고 일본 신문들에서 가혹한 비난을 받게 되었다. 그는 그 사건과는 절대로 관련이 없을 뿐 아니라 그 일에 대해선 아무것도 몰랐으며 그랬다는 증거는 티끌만큼도 없었건만 엄청난 중상모략을 꼼짝없이 참아내야만 했다. 그러한 중상은 그의 직업과 다만 앞만 보고 살아가라는 그의 신념에 나쁜 영향을 끼치는 것이 아니었던들, 그로서는 새삼 생각해볼 가치도 없는 것이었다. 사건 전날 밤에 윤 장군이 우리 집에 있었다는 것, 그리고 언더우드 씨가 미국 공사와 임금의 부탁을 받아 그 사건이 있던 날 밤에 대궐에 있었다는 것, 이 두 사실은 그런 얘기의 가능성을 널리 퍼뜨리는 데 이용되었고, 그 사실을 믿는 사람들에게 의심할 수 없는 증거가 되었다.

---

10) 오늘날의 진해시 웅천동을 가리키는 듯하다.

임금의 복위를 꿈꾸던 사람들을 무너뜨린 음모자들은 이제 정말로 고압적인 자세로 일을 수행해 갔다. 이른바 '개화'를 촉진한다고 하면서 그들이 만든 여러 가지 밉살스러운 법률들, 그리고 사치를 금지한다는 독재적인 법률들 중에는 대궐에서부터 초가삼간에 이르기까지 모든 곳에 사는 사람의 상투를 잘라 버리라는 명령이 있었다.[11] 아무리 신분이 높은 사람이라도 이 굴욕적인 조치를 따라야만 했으니 그 일을 무슨 양 떼의 털을 깎아내는 일쯤으로 여겼음이 틀림없다. 이러한 조치가 대체 무엇을 뜻하는지는 다음 장에서 설명하겠다.

11) 단발령. 김홍집 내각이 조선 왕조 개국 504년(1895년) 음력 11월 17일을 건양 원년 1월 1일이라고 하며 양력을 사용하도록 하고 아울러 전국에 단발령을 내렸다. 고종이 솔선수범하여 머리를 깎았으며, 내부대신 유길준은 고시를 내려 관리들로 하여금 백성들의 머리를 강제로 깎도록 하였다. 여기에 반대하여 전국의 유생들이 곳곳에서 의병을 일으켰으며 백성들의 배일 감정이 더욱더 깊어졌다.

11. 상투가 상징하는 것
단발령과 아관파천

　조선 사람들에게 가장 소중하고, 굳게 뿌리내린 보편적인 관습과 미신은 머리카락을 땋고, 돌돌 말아서 동곳을 꽂아 상투를 트는 것이다. 이것은 마치 머리칼로 된 주춧돌처럼 조선의 사회와 정치, 종교의 중심을 이룬다. 중국인들의 변발은 그 중요성에서 이것과 견줄 바가 아니다. 사실 변발은 노예의 신분을 나타내거나 본래는 정복자에게 정복당했음을 나타내는 것이기 때문이다. 그러나 상투는 그렇지 않다. 이 풍습은 역사가 수백 년이나 된 것으로 고대의 역사 기록과 그림들, 시가와 설화들에 따르면, 이 민족이 생겨났던 그때로까지 거슬러 올라가는 것이다.

　한 소년이 약혼하거나 혼인할 때가 되면 아주 엄숙한 의식을 치른다.[1] 마땅한 증인이 지켜보는 가운데 (점성가나 점술가들 중에서) 적절한 사람의 손으로 지금까지는 여자아이처럼 등 뒤로 길게 땋았던 머리칼을 머리 꼭대기의 가마를 중심으로 해서 깎아낸다. 그러고는 남은 머리를 위쪽으로 부드럽게 당겨 조인 뒤에, 깎아낸 자리 위에 아주 단단하게 묶는

---

1) 관례. 남자가 스무 살이 되면 치르던 어른이 되는 의식으로 유교의 풍습이다. 그러나 조혼을 하는 풍습이 성행하여 관례를 열다섯 살에서 스무 살 사이에 치르고 곧 혼례를 올리거나 아예 혼례와 겸하게도 되었다. 이 의식에서 길게 땋아 늘였던 머리를 상투를 틀어 올리고 갓을 씌웠다.

다. 그런 다음에는 자그마한 매듭으로 돌돌 마는데, 그 높이는 5~7센티쯤 되고 너비는 2.5센티쯤 되게 한다. 호박이나 산호, 은, 때로는 금이나 보석이 박힌 동곳을 그 사이에 찔러 넣는 게 보통이다. '망건'이라는 것은 그물망으로서, 상투 아래 곧 위의 머리를 빙 둘러 조이는 것이다. 그럼으로써 잔머리털이 제자리에 꼭 붙게 된다(벼슬을 얻으면 말총으로 만든 자그마한 갓을 상투 위에 쓴다). 그리고 무슨 모자를 쓰거나(세공으로 만든 것이거나, 대로 만든 것이거나, 비단 또는 말총으로 만든 것이거나), 상투는 다 보이도록 되어 있다. 그런 다음에는 근사한 새 옷을 입히는데, 그것은 아주 긴 도포로서, 그렇게 하면 소년은 어른이 되는 것이다. 잔치가 벌어지고, 소년은 아버지의 친구들 앞에 불려 나가 축하를 받는다. 그리고 바로 그날 또는 그 다음날에 혼인을 한다. 그렇지만 앞에서도 말했듯이 어떤 소년들은 약혼할 때 이미 상투를 틀기도 한다.

아무리 나이가 많아도 상투를 틀지 않은 사람은 어른 행세를 못 하고 존댓말도 듣지 못하며 정중한 대접도 못 받는다. 상투를 튼 뒤에는 아무리 나이가 어려도 집안의 한 남자로서의 권위와 의무가 생기며 조상에게 제사를 드리는 데에도 한몫을 하게 된다. 조상들은 그를 식구의 한 사람, 곧 자기들에게 존경심을 나타내고 또 자기들이 보호하고 축복해야 할 식구의 한 사람으로 인정하게 된다. 여기서 잠깐 딴 얘기를 하자면, 이러한 관습은 그들의 신앙과 아주 밀접한 관계가 있기 때문에 많은 기독교 개종자들이 기독교로 개종할 때는 상투를 잘라 버리는 아주 재미있는 일이 있다. 그들은 그것을 낡은 생활 방식과 미신을 가장 효과적으로 없애는 첫 단계(그들의 우상을 파괴하고 난 뒤의)로 여기고 그 일을 통해 자기를 식구와 친지들을 버리고 뛰쳐나온 사람으로 생각하는 것이다.

그들은 선교사가 제의하지 않아도 오로지 자기들의 뜻에 따라 이 일을 시작했다. 그들이 무턱대고 낡은 관습을 멀리하는 것을 싫어하는 몇몇 우리 선교사들의 반대에도 불구하고 그렇게 한 사람들도 더러 있었다. 그러나 새로운 신자들 사이에 이 자랑스럽고 존경스러운 징표를 희생하는 것이 점점 보편적인 일이 되어 가고 있었다. 한 젊은 친구는 내 남편에게 자기는 머리를 자를 때까지는 낡은 죄악에서 벗어날 길이 없다고 말했다. 그래서 선교사들은 그가 진정으로 그러는 것임을 믿고 그냥 내버려 두었다. 그러나 그것은 비싼 대가를 치르는 일이며 이러한 경우에는 오직 자발적으로 실행하는 것이지 결코 정복자들이나 매국노들의 명령에 따라 억지로 그러는 것은 아니다. 명령에 복종하여 그러는 것은 다른 문제이다.

머리를 땋은 소년보다 더 낮은 계층으로 모든 사람이 경멸하는 사람은 날마다 손에 피를 묻히고 송장을 만지는 백정들인데 그들에게까지도 이 조치가 시행될 만큼 이것은 온 사회에서 철저하게 이루어졌다. 천한 백정 다음의 계급은 '머리를 깎은' 불교의 중들로서, 이들은 아주 천한 계층인 만큼 그때는 성안에 들어올 수도 없었다. 그것은 서울을 모욕하는 일이었다. 이렇게 백정 계급에 이르기까지 조선의 모든 남자는 머리를 깎아야 했다. 일찍이 성년이 될 때 겪었던 우아한 의식의 기억들, 명예로운 집안의 전통, 무시무시한 미신, 조상님들의 분노와 불쾌감, 철석같이 지켜 온 오랜 관습, 나약하고 음탕스럽고 천한 중에 대한 혐오감, 이 모든 것들 때문에 머리를 깎는 그 모욕적인 일을 할 수가 없었다. 그들의 긍지와 자존심과 위엄은 모두 빼앗겨 발아래 짓밟혔다. 어디에서나 잔뜩 찌푸린 성난 얼굴들이 보였고 집집마다 통곡 소리와 탄식 소리가 끊이지 않았다. 남자들보다 여자들이 더 심하게 울부짖었다. 성문에 는 파수꾼이 지키고 서서 들어오는 사람들의 상투를 칼로 잘라냈기 때 문에 농부들과 장작 배달꾼들은 물건을 시장에 내놓지 않았다. 큰 길거 리마다 사람들이 진을 치고 서서 지나가는 사람들의 상투를 잘랐고, 모 든 관리와 군인 들은 당장 머리를 깎았다. 비통하게 울부짖고 통곡하는 소리가 들리곤 했다.

그것은 개인의 자유에 대한 잔인한 공격이었다. 앵글로 색슨인이라 면 그런 고통보다는 차라리 죽음을 택할 것이다. 이 무력하고 약한 나라 는 그것 때문에 더욱더 가련하고 꼼짝할 수 없게 되었다. 그것은 또 조 선 사람을 일본인이나 중국인과 갈라 구분 짓는 특징에 대한 재빠른 일 격이었다. 우리는 그것을 조선의 민족 주체성을 말살하고 일본과 동화 시키려는 계획의 첫 중요한 부분으로 생각하지 않을 수 없었다. 그러나 그것이 그들의 의도였다면 뭔가 잘못된 것이었다. 이 일은 이 나라의 바 로 한복판에 뜨거운 분노를 불러일으켰을 뿐만 아니라 조선 사람들이 그들의 오랜 정복자와 적에 대해 품고 있던 증오심을 더 거세게 했다. 우 리들(우리 몇몇 사람들)로 말하자면, 조선 사람의 처지에 서서 우리의 민족 적인 경험을 되새겨 보고 가능한 한 그들을 칼에서 보호하려고 수많은 조선 사람을 우리 숙소에 머물게 했다. 나라의 분위기는 더할 나위 없이 험악했다. 백성의 어머니로 존경받던 왕비는 암살되었으며, 임금은 실제 로는 감옥에 갇힌 셈이었고, 나라는 음모꾼들의 명령과 정복자들의 무 기의 지배를 받고 있는 터에 이제 집집마다 이 마지막 타격을 가하는 것 은 너무나 가혹한 일이었다. 깊은 분노와 저항이 온 나라를 휘저었다. 그 러나 그들에게는 지도자가 없었고 무기도 없었으며 조직도 없었다. 그리고 그들은 무엇을 해야 할지도 몰랐다. 그들은 가련하게 짓밟힌 단순한 사람들이었으며, 누구에게 도움을 청해야 할지를 모르는, 자기의 울부짖음을 들어주고 고난의 원인을 막아줄 사람이 누구인지를 모르는 사람들이었다.

지방에서는 동학당이 다시 일어섰고 여러 마을에서 폭동이 일어났다. 시골로 내려갔던 몇몇 머리 깎인 원님들은 폭도들에게 쫓겨 왔다. 폭도들은 그들을 지배자로 받아들이지 않았고 몇몇은 실제로 죽이기도 했다. 관아는 부서졌고 군인들은 무력해서 혼란을 진입할 수가 없었다. 사태는 점점 더 악화되는 것 같았다. 해병대는 제물포(거기에는 많은 외국의 포함과 전함이 정박하고 있었다)에서 공사관으로 오도록 명령을 받았고, 다음에 무슨 일이 벌어질지, 언제 갑자기 전체적인 상황이 뒤바뀌는 사태가 일어날지 아무도 알 수가 없었다.

그러나 여기서 나는 잠깐 다른 문제로 얘기를 돌려야겠다. 서울에서 북쪽으로 320킬로미터쯤 되는 황해도 북부의 곡산이라는 지방에서 아주 흥미로운 기독교 사업이 시작되었다. 그것은 우리의 사업이 늘 그래 왔듯이 하나님께서 말씀과 정신을 사람들에게 직접 불어넣은 것이었다. 그 지방에서 서울에 볼일이 있어 왔던 사람 하나에게 언더우드 씨가 몇 가지 작은 친절을 베풀었는데 그는 그것에 뭔가 감사를 하고 싶었다. 그는 언더우드 씨가 말하는 '진리'에 관심을 보이는 것보다 완벽하고 훌륭한 감사의 표시는 없다고 생각했다. 그래서 그는 한문으로 된 성경책 네 권을 사서 자기 보따리에 넣어 집으로 가져갔다. 그러고는 읽지 않은 채로 바로 그 시렁 위에 얹어 두었다. 얼마나 오랫동안이었는지는 알 수 없지만 아무튼 그 성경은 거기에 몇 달 동안 얹혀 있었다.

그러던 어느 날, 어떤 친구가 먼지가 켜켜이 앉은 그 책을 발견하고 끄집어 내려서 그것이 무엇인지 그리고 어디서 어떻게 가져온 것인지를 물었다. 주인은 자기는 그 책들을 읽어 보지는 않았지만 그것은 서울에 있는 외국인들이 가르치는 새 진리를 담은 책이라고 대답했다. '조 선생'은 호기심이 생겨서 그 책들을 빌려 집으로 가져왔다. 그 책들을 읽어 볼수록 점점 더 읽고 싶은 욕망이 생겼다. 물론 그렇게 된 데에는 그동안의 기독교적인 전통의 소중한 유산, 독실한 선조들의 투쟁과 기도와 승리, 그리고 몇 세대에 걸쳐 내려온 기독교적인 훈련의 결과 따위를 무시할 수는 없다. 그러나 이 이교도가 대번에 그 성경 네 권을 읽을 수 있었다는 것은 대단한 일이었다. 그는 아무 선입견도 없이, 또는 붉거나 푸른 이론의 안경도 쓰지 않고, 또 '이 세상의 현인'에 대한 어떠한 비평이나 설명도 듣지 않고, 또 철저한 맹신도 없이 그 책에 쓰인 글들을 그대로 읽었다. 절대로 편견이 없는 마음으로 읽은 결과 그는 그 계시를 기쁘고 놀라운 것으로 받아들일 수가 있었다. 한 줄 한 줄 읽어갈 때마다 깜깜한 무지가 자리 잡고 있던 그의 마음에는 진리가 꽃 피고 놀라운 영광이 어둠을 비추었다.

우리는 이 이교도의 보상받음을 부러워했다. 그는 주님의 말씀을 기쁨으로 받아들였고, 경이와 존경을 느꼈다. 이 사람이야말로 성경의 철학적인 가르침을 잘 이해하고 유교와 불교의 공허한 껍질을 깨달은, 그러나 일찍이 기독교인의 가르침은 한 마디도 들어본 적이 없었던 사람이었다. 그런 만큼 이 사람은 편견에서 벗어나 하느님의 말씀을 접하게 되었던 것이다. 그는 그것을 하느님의 진리라고 진심으로 믿고 받아들였으며 자신의 낡은 미신과 철학 체계에서 완전히 등을 돌리고 스스로 기꺼이 기독교에 귀의했다. 이 즐거운 소식은 그가 새로 발견한 기쁨을 남에게 기쁘게 말함으로써가 아니라 오히려 그 자신 안에서 일어난 놀라운 변화로써 사람들 사이에 재빨리 퍼져 나갔다.

다른 사람들도 곧 기독교를 믿게 됐고, 누군가가 와서 좀 더 많은 것을 가르쳐 달라는 주문을 서울로 해왔다. 그렇지 않으면 그들이 사랑하는 주님의 말씀을 오해하거나 제대로 실행하지 못하는 결과가 올지도 모른다는 것이다. 그러나 서울에서건 다른 곳에서건 일꾼은 부족했고 도움을 바라는 손길은 나라 곳곳에서 몰려들고 있었다. 마케도니아의 울부짖음은[2] 수많은 곳에서 비통하게 들리고 있었고, 거두어야 할 곡식은 엄청난데 일꾼은 부족했다. 성경도 번역해야 했고, 이미 시작된 일도 보살펴야 했다. 한마디로, 거기에 갈 수 있는 사람이 없었다. 그러나 그 부름은 거듭되었고 마침내 우리를 눈물 짓게 하는 편지 한 장이 도착했다. 그 편지에서 그들은 이렇게 말했다. "어째서 아무도 우리를 도우러 오지 않습니까? 우리를 가르칠 사람이 아무도 없습니까? 하느님께서 우리의 구원을 허락하시지 않을 만큼 우리가 죄에 깊이 빠져 있단 말입니까?" 곧장 언더우드 씨가 애비슨 박사와 함께 떠났다. 상투를 자르라는 법령이 반포된 지 한 달쯤 뒤의 일이었다. 도시의 흥분도 얼마만큼 가라앉은 만큼 곡산에서 오라는 부름에 응하지 않을 수가 없었다. 가는 도중에 의료와 선교 사업을 하느라고 잠깐씩 멈추기도 하면서 그들은 서울을 떠난 지 3주쯤 뒤에 걸어서 곡산에 도착했다.

그들은 소박한 마음씨를 지닌 열렬한 신자 몇 명을 만나게 되었다.

2) 고대 마케도니아 왕국이 로마에 정복되던 때의 참상을 가리키는 듯하다.

그들은 자기들의 우상을 집어던지고 제사를 지내지 않기로 한 사람들이었고, 모든 면에서 자기들이 아는 한에서는 주님을 따르고 있었다. 그러나 '뱁티즘(Baptism)'의 번역인 '세례'라는 것이 그들에게는 수수께끼였다. "믿음을 갖고 씻김을 받는 자 구원받으리라." 이게 대체 무슨 말일까? 그들은 깊이 생각하고 연구했다. 죄악을 씻어내는 어떤 방법을 하느님께서 그들에게 보이신 거라고 생각은 했지만, 오랫동안 기다려도 가르쳐줄 사람은 오지 않았으므로 그들은 저마다 자기 집에 돌아가서 성부와 성자와 성신의 이름으로 자기 자신과 형제들을 위해 기도하면서 스스로 죄를 씻기로 뜻을 모았다. 만일에 이런 의식 속에서 혹시 무슨 죄를 범하게 된다면 하느님도 용서를 해주실 거라고 그들은 생각했다. 그래서 선교사들이 그들을 만났을 때 그들은 자기들 나름으로는 정식 절차를 따른다고 했으나 앞서 말한 식으로 세례를 치르고 있었다. 그러나 그것은 하느님이 보시기에는 이미 다 이루어진 것이나 다름없는 일이었다.

주님의 죽음을 기리는 빵과 포도주의 의식에 처음으로 그들 모두가 모여 앉았을 때 그 방에서 눈물을 흘리지 않은 사람은 아무도 없었다. 조 선생의 얼굴에서도 눈물이 줄줄 흘러내렸다. 나중에 그의 이웃 사람들은 신앙 좌담회에서 이렇게 말했다. "조 영감이, 무뚝뚝한 조 영감으로만 알았던 조 영감이, 어렸을 때 아버지한테 매를 맞으면서도 신음소리 한번 안 내던 그 사람이, 어머니를 무덤에 묻으면서도 눈물 한 방울 흘리지 않았던 그 사람이, 아끼던 부인이 죽었을 때도, 맏아들을 땅에 묻을 때도 눈물 한 방울 보이지 않았던 조 씨가 울었다. 그의 눈에 눈물이 나다니 대체 무슨 기적이 일어난 것일까?"

애비슨 박사와 언더우드 씨가 곡산에서 단순한 마음씨를 지닌 사람들에게 어울리는 하느님의 말씀을 증거하는 예배를 보고 있는 동안에 서울에서는 놀라운 일들이 일어났다. 지금까지 넉 달 동안 적의 손아귀 안에서 꼼짝 못 하고 잡혀 있던 임금이, 갑자기 러시아 공사관으로 멋지게 피신을 한 것이다.[3]

임금 가까이에 있는 한 사람에게서 들은 얘기는 다음과 같다. 그 사건으로 지치고 병든 전하께서는 여자들의 숙소로 물러앉았다. 그곳에서 그는 자기 적들의 진저리나는 감시를 얼마만큼 피하면서 시간을 보냈다. 적은 임금을 감시하려고 나이 먹은 여자 둘을 보냈는데, 대원군의 부인과 또 다른 여자였다. 이들의 임무는 낮과 밤으로 번갈아 가며 임금을 감시하는 것이었다. 그러나 그들의 경계는 어떤 식으로든 충분히 벗어날 수가 있었으므로 궁중 나인 두 사람이 임금을 빼낼 계획을 짰다. 그것이 어떻게 성공했는지는 다음과 같다.

앞서 말한 대로 번갈아서 한쪽은 감시하고 한쪽은 잠을 자고 하던 그 두 감시꾼은 어느 날 어떤 탄신 축하연에 임금과 함께 참가해 달라는 초대를 받았다. 엄청난 술과 기나긴 여흥이 있는 큰 잔치였다. 임금의 감시꾼들은 밤새도록 흥청망청 먹고 마시고 동이 트기도 전에 둘 다 곯아떨어졌다. 얘긴즉 이것이다. 그러나 내 생각으로는, 그 여자들 중 하나가 임금의 어머니였으므로 그 부인은 불행한 아들에게 안타까운 마음을 갖

<hr />

3) 아관파천. 1896년 2월 11일에 고종과 세자가 러시아 공사관으로 피난한 사건. 을미사변으로 대일 감정이 몹시 악화되어 곳곳에서 의병이 일어나자 러시아 공사 웨베르가 공사관 보호라는 명목으로 수병 백 명을 서울로 데려다 놓은 뒤에 친러파인 이범진과 공모하여 임금을 러시아 공사관으로 모셨다. 저자는 러시아 공사가 임금을 우의로써 보호했다고 하나 실제로 그동안에 조선의 정권은 러시아의 손에 있었고 많은 이권이 러시아를 비롯한 열강에 넘어갔다.

고 일부러 감시를 늦춘 것이 아닐까 한다. 여기서 따뜻한 인간애의 손길을 발견한다는 것은 앞서 했던 길고도 우울한 그 얘기들에 대한 쓸데없는 치장이겠다. 아무튼, 대궐 사람들 모두가 임금과 세자가 잠들었을 거라고 생각하고 있는 경비를 풀었을 때 그들은 저마다 대기하고 있던 여자용 가마를 탔다. 이 가마의 가마꾼들은 특별히 고른 사람들이었으나 가마 하나에 두 사람을 태운다는 것만 알고 돈을 받았을 뿐이었다. 대궐의 여자들이 그런 식으로 자주 그들의 집으로 나가곤 했기 때문에 가마꾼들은 달리 생각하지 않았던 것이다. 그래서 가마 하나에 나인이 한 사람씩 임금과 세자 앞에 막아 앉아서는 누가 들여다보지 못하도록 했다. 성문의 파수꾼들에게는 따뜻한 음식과 독한 술을 잔뜩 먹여서 완전히 매수를 해놓았기 때문에 그 소중한 짐을 실은 가마가 지나갈 때 보지도 못하고 훼방도 놓지 않았다. 그들은 러시아 공사관으로 갈 참이었다. 러시아 공사관에서는 해병 160명을 그때 막 소집했었다. 해병대는 급히 길을 떠나 1896년 2월 11일 아침 일곱 신지 여덟 신지에 서울에 도착했다.

이것은 왕위를 뺏으려는 자들의 몰락을 뜻했다. 임금이 사라짐으로써 권위와 권력에 대한 그들의 모든 권한도 사라진 것이었다. 또 그것은 조선 문제에 관한 일본의 영향력이 당분간 끝났다는 것, 그리고 이 나라는 거의 러시아의 손 안에 떨어졌다는 것을 뜻했다. 이 일은 오로지 '일본의 특권을 확립하려' 했던 각료들의 멀리 못 본 정책 때문에 일어났다.

우리 집은 러시아 공사관에서 아주 가깝고, 같은 거리에 마주보고 있었기 때문에 뭔가 심상찮은 일이 벌어졌다는 것을 금세 알았다. 길거리는 눈길이 닿는 곳마다 밀려드는 사람들 곧 서민들, 가마들, 양반의 심부름꾼들로 꽉 찼다. 길을 따라서 몇 발짝마다 경비병들과 파수꾼들이

서 있었고, 소리소리 질러대서 엄청나게 시끄러웠다. 그 시끄러운 소리들과 혼란 속에서 무슨 말을 하는지 알아듣기는 어려웠다. 나는 언더우드 씨의 조수 한두 사람을 그곳에 보냈다. 그들은, 조금 전에 임금이 러시아 공사관에 도착하여 정권을 장악했으며, 군대와 관리들과 백성들이 임금의 주위에 몰려들어 저마다 남보다 먼저 충성과 복종을 맹세하려고 열을 올리고 있다고 말했다.

나는 잠깐 동안 재빨리 이 일에 대해 생각해 보았다. 처음 떠오른 생각은 물론 '이 일이 여기 없는 선교사들에게 어떤 영향을 끼칠까?' 하는 것이었다. 이 일은 일본인들(이제는 신뢰를 받지 못하는 사람들인)에게 어떤 영향을 끼칠 것이며, 내륙에 나가 있는 모든 외국인들은 그 일본인들 때문에 어떤 영향을 받게 될지, 이 나라 사람들이 외국인들에게 분노를 터뜨리지나 않을지, 또 외국인들과 비슷한 옷을 입은 다른 사람들과 외국인을 그들이 구별할지를 생각해 보았다. 아마 그렇지는 못할 것이라는 생각이 들었다. 임금의 탈출 소식과 친일파들이 망했다는 이야기가 알려지자마자 나는 애비슨 박사와 언더우드 씨가 심각한 위험에 빠져 있을지도 모른다는 걱정을 했다. 아무튼 그곳 사람들이 그 소식을 듣기 전에 될 수 있는 대로 빨리 그들에게 말을 전해야 했다. 나는 우리의 아주 절친한 친구인 러시아 공사에게 전하게 보내는 전갈을 담은 편지를 보냈다. 나는 그 두 선교사를 보호하고 무사히 돌아오도록 무슨 조치를 취해주실 수 없겠느냐고 여쭈었다. 즉각적인 답변은 거의 기대할 수 없음을 잘 알고 있었다. 그곳은 해야 할 일들과 시간을 다투는 방문객들, 갖가지 요구를 지니고 온 사람들로 밀려 있었기 때문에, 나는 서기 한 사람을 불러서 서둘러야 할 필요가 있음을 알리고, 바로 그 자리에서 그가 내 남편에게 위험을 알리는 편지를 갖고 떠나는 것을 보고서야 안심했다.
잠깐 뒤에 나는 그 사람을 지체하게 하는 무슨 일이 일어나지나 않을까
두려워서 다른 사람 하나를 또 다른 길로 보냈다. 이 두 번째 사람은 외
국인들을 찾고 있던 동학당에게 붙들리고 말았다. 그들은 무슨 이유에
서인지 그를 의심해 몸을 뒤지고는 옷을 찢어 내 편지를 (물론 그들이 읽
는 못했지만) 찾아내서 빼앗고는 그를 강제로 서울로 돌려보냈다.

내가 보낸 사람들이 떠난 다음 날에 러시아 공사관에서 친절한 편지
가 왔다. 임금께서 미국인 두 명을 데려오도록 곡산에 군인을 곧 보내실
것이며, 또 거의 같은 때, 그 두 사람의 친구이자 윤 장군의 처남인 송도
에 사는 한 부유한 양반이 그들이 있는 곳을 알고 그들을 염려하여 무사
히 집으로 데려오려고 특별히 자기 집 사람을 보냈다는 것이다.

내가 할 수 있는 일은 모두 다 해놓고 이제는 가장 어려운 일인 기다
리는 일만이 남아 있었다. 그러나 나는 나와 똑같은 처지에 빠진 자매
한 사람이 있다는 것, 그리고 그는 일의 정확한 형편을 나만큼도 모르고
있으리라는 것, 또 우리의 남편에게 어떤 전갈이 보내졌다는 것조차 모
르고 있음을 생각해냈다. 우리 집 앞길은 흥분한 사람들로 꽉 차 있었
다. 그러나 나는 가마를 타고 그들 사이를 지나 애비슨 부인에게 가기
로 마음먹었다. 애비슨 부인은 우리가 사는 곳에서 한참 멀리 떨어진 곳
에 살고 있었다. 나는 멀리 떠난 남편들의 안전을 위해 무슨 조치를 했
는지, 그리고 우리 동네에서 무슨 일이 일어났는지를 말해줌으로써 그
의 마음을 진정시켜 보려고 했다. 나는 우리 이웃에 몰려 있는 사람들을
재빨리 지나쳤다. 아무도 내게 관심을 보이지 않았다. 잠시 뒤에 대궐로
향하는 큰 길거리에 이르렀다. 그 길을 건너면 병원과 애비슨 박사의 집

이 있었다.

골목길에 이르렀을 때, 나는 얼굴이 시뻘겋고 머리를 풀어헤친 아주 거칠고 무섭게 생긴 남자들 한 패거리를 만났다. 그들은 우리 쪽을 향하여 저마다 소리를 지르며 달려왔다. "일본 군대가 온다. 총을 쏜다. 도망쳐! 도망쳐!" 무엇보다도 나는 그들의 매무새가 마음에 들지 않았으나 일본 군대가 그들을 쫓고 있으니 내가 그들의 목표가 될 거라고는 생각지 않았다. 아무튼 나는 내 가마꾼들에게 '도망'치라고 명령했다. 그 군중들은 골목길을 휩쓸고 돌아 우리가 있는 길목으로 밀려들었다. 복수의 칼날 앞에서 살길을 찾아 겁에 질려 도망쳐 온 거친 사람들의 틈바구니에 장로교 선교사가 끼어 있다는 것은 그다지 점잖거나 바람직스러운 일은 아니었다. 게다가 그들을 도울 길도 없었다. 내 가마의 가마꾼들에게는 재촉할 필요도 없었다. 그들도 어서 이곳을 벗어나고 싶은 마음뿐이었던 것이다. 그러나 그들에게 큰 고마움을 느껴야 할 것이 그런 상황에서도 그들은 나를 내버려 두고 자기들만 살려고 하지는 않았다. 얼마쯤 달린 끝에 우리는 병원 정문에 이르렀고 그리로 서둘러 들어가서 무사히 몸을 숨겼다. 추운 날씨가 아니었는데도 나는 사시나무 떨 듯이 온몸을 떨고 있었다. 참으로 이상한 일이었다.

아무튼 애비슨 부인과 나는 곧 조금 전의 그 엉뚱한 사건을 웃으며 얘기했다. 그리고 볼일이 끝나자마자 나는 다른 길로 해서 서둘러 집으로 돌아왔다. 서두르긴 했으나 빨리 올 수는 없었다. 길거리마다 성난 얼굴을 한 사람들이 꽉 차 있었고 어떤 사람들은 나를 째려보면서 '외국 놈'이라고 중얼거리기도 했기 때문이다. 그날 밤에 우리는 친일파 대신 두 사람이 길에서 폭도들에게 살해되어 갈가리 찢겼다는 소식을 들었다.[4] 그 폭도들은 그 끔찍한 일을 끝내고는 그날 오후에 길에서 나를 따라다녔던 것이다. 젊은 일본인 하나도 그날 길거리에서 돌에 맞아 죽었다. 며칠 만에 애비슨 박사와 언더우드 씨가 무사히 돌아왔다. 나의 믿음직스러운 발 빠른 심부름꾼은 지름길을 달려 놀랍도록 짧은 시간 안에 곡산에 도착했던 것이다.

소식을 듣고 우리 남편들은 우리가 잔뜩 걱정스러워서 폭도들의 폭력이 어느 정도인지 알지도 못한 채, 밤에 겨우 한 시간 남짓 잠을 자고 걸으며 밥을 먹으면서 320킬로에 가까운 거리를 60시간 동안 거의 내내 걸어서 (조랑말은 너무 느렸기 때문이었다) 왔다. 애비슨 박사와 언더우드 씨는 임금이 보낸 군인과 송도에서 보낸 사람들과는 다른 길로 왔기 때문에 서로 만나지는 못했으나, 길을 걸으며 겁에 질린 불쌍한 원주민들을 많이 만났다. 그들은 한편으로는 동학당, 또 한편으로는 친일파의 틈에 끼어서 어디로 가야 할지, 누구에게 보호를 부탁해야 할지를 모르고 있었다. 나중에 우리는 일본인들에게 가해진 슬픈 일들에 대한 얘기를 많이 들었다. 많은 일본인이 아주 간단한 재판을 거쳐 성난 백성들에게 처형되었다고 한다. 일본 공사는 군대를 보내 일본인들을 보는 대로 모두 되돌아오도록 했고, 그렇게 희생된 사람들의 목숨 값으로 엄청난 돈을 조선 정부에 요구했다. 이 요구에 대한 답변은 마땅히 이런 것이어야 한다고 생각한다. "왕비의 목숨에 대해서는 누가 조선에 보상을 할 것이냐?"

이리하여 중국에게 이긴 뒤에 뭔가 잘 될 것처럼 시작되었던, 그리고

---

4) 총리대신 김홍집과 농상공부 대신 정병하.

좀 부드럽고 온화한 정책을 썼더라면 점차로 강력해질 수도 있었을 일본의 집권은 얼마 동안이나마 끝장이 났다.

임금은 러시아 공사관에 한 해 동안 머물렀다. 거기서 그는 참으로 정중한 대접을 받았다. 러시아의 이익을 위한 어떤 강요나 압력을 받지 않고 가장 완벽한 자유를 누렸고, 아무런 특별한 간섭도 받지 않았다. 임금을 모시는 데 주인 구실을 했던 러시아 공사는 진정한 신사였으나 매사에 나서지를 않았고, 심지어는 전하께서 조언을 좀 해달라고 부탁할 때조차도 그러지를 않았다. 9월로 다가온 임금의 탄신일을 앞두고 내 남편은 이 날이 기독교인들의 충성을 표시하고 기독교를 널리 알릴 수 있는 그 어느 때보다도 좋은 기회가 될 것으로 생각했다. 우리들은 겨우 하루 이틀 전에야 임금의 탄신일이 임박했다는 사실을 알아냈고 비로소 그런 생각이 떠올랐다.

시간이 급했으나 우리는 곧 독립문 근처의 커다란 정부 청사를 사용할 허가를 받아냈는데 그곳은 천 명 이상을 수용할 수 있었다. 임금의 탄신일을 축하하기 위한 기독교인들의 예배가 거기서 열린다는 것을 널리 알렸다. 연단을 세웠고 건물에는 빙 둘러 깃발을 꽂았으며 대신들과 몇몇 뛰어난 조선 사람들, 그리고 외국 선교사들 중에서 연사도 구했다.

언더우드 씨는 소책자들을 준비하느라고 밤을 꼬박 새웠다. 감리교 선교회의 출판부에서는 그 특별한 행사를 위해 책을 수천 권 찍어냈고, 또 찬송가도 찍어냈는데, 그것은 「아메리카」의 가락에 맞춘 노래였다.

그날 일찌감치 기독교인 청년들과 소년들이 온 도시를 돌아다니며 책자와 찬송가를 나눠주었다. 예배가 시작되기 훨씬 전에 여러 계층의 사람들이 그 언저리까지 가득 차서 연사들과 선교사들이 도착했을 때는 거의 접근조차 할 수 없을 정도였다. 건물 안은 서 있는 사람들로 금세 꽉 찼고, 널찍한 출입구마다 사람들이 줄을 지어 늘어섰으며, 층계와 가까운 곳에도 사람들이 들어찼다.

예배는 기도로 시작되었고, 연설(주로 종교적인)이 있었고, 찬송가를 불렀으며, 마지막으로 일제히 주기도문을 반복하여 외는 것으로 끝났다. 그렇게 많은 사람이 경건하게 기도문을 외는 것을 듣다니 참으로 가슴 뛰는 일이었다.

조선말로 번역된 주기도문을 여기 쓰겠다. 이것으로써 독자들은 조선의 기독교인들이 어떤 말을 썼는지를 알수 있을 것이다.

"하날에 계신 우리 아버지신 자여, 이름이 거룩하심이 나타나옵시며, 나라에 임하옵시며, 뜻이 하날에서처럼 따에서도 이루어지이다. 오늘날 우리에게 일용할 양식을 주옵시고, 우리가 우리(에)게 적죄한 자를 사하야 주는 것같이 우리 죄를 사하야 주옵시며, 우리가 시험에 들지 말게 하옵시고, 다만 우리를 행악에서 구하옵소서. 대개 나라와 권세와 영광이 주께 영원히 잇사옵나이다. 아멘."

12. 황후 폐하의 마지막 호사
한밤에 치른 장례

　이듬해 봄에[1] 언더우드 씨는 일본으로 가 달라는 부탁을 받았다. 그곳에서 미국으로 떠날 둘째왕자의 공부를 도우라는 것이었다.

　왕실에서는 왕자가 대학엘 가든지 군사 교육을 받든지 기독교인의 지도를 받아 미국에 가는 것이 가장 좋겠다고 생각했던 것이고, 내 남편은 이 일이 조선의 장래에 얼마나 중대한 영향을 끼칠 일인지를 잘 알고 있었기 때문에 그 임무를 기꺼이 받아들이기로 했다. 모든 계획을 서울에 있는 정부에서 짰고 언더우드 씨는 전하의 뜻에 따라 지시를 받았다. 그런데 우리는 즐거우면서도 한편으로 분개하지 않을 수 없었는데 그것은 우리가 집을 떠난 바로 그날부터 어디에서나 염탐꾼들이 우리를 쫓아다니고 있다는 것을 곧 알게 되었기 때문이다. 도쿄에 있는 사람에게 보낸 언더우드 씨의 편지는 조심하면서 은밀하게 부쳤는데도, 주소에 적힌 사람에게 도착하기도 전에 이미 다른 사람들이 뜯어 읽어 버렸다. 어디에서나 그림자처럼 우리를 붙어 다니는 사람들이 있었을 뿐만 아니라 우리 방 바로 아래에 염탐꾼이 잠자고 있음을 알고 등골이 오싹한 기

_____

1) 1897년.

분마저 느끼곤 했다.

그래서 우리는 태어나서 두 번째로 특별한 감시의 대상이 되는 영광을 얻었다. 멀쩡한 정신을 가지고 법원이라든지 감옥이라든지 그 밖에 이루 말로 할 수 없는 흉측한 분위기가 뒤범벅된 것들과 얽힌 셈이었다.

그러나 우리는 양심에 거리끼는 일은 아무것도 한 게 없으므로, 좀 불쾌한 모욕감을 느낀 것 말고는 오히려 염탐꾼의 추적을 즐겼다고 생각한다. 우리는 그 추적에서 분명히 좀 장난스러운 즐거움을 맛보았다. 왕자를 일본에 붙들어 두는 것이 자기들의 이익이라고 생각하는 사람들이 틀림없이 있었다. 그러나 그들에게 임금의 명령을 충분히 이해시키자더는 어려움이 없게 되었고, 미국으로 떠나는 일에 관한 한 오랫동안 바라던 대로 이루어졌다. 그러나 우리의 힘으로는 어쩔 수 없는, 그리고 우리가 나중까지도 할 수 없었던 어떤 힘으로 왕자는 가톨릭 교회의 통역관 한 사람을 따라 미국으로 가게 되어 우리가 왕자를 미국으로 데려가려던 계획과 희망은 물거품이 되고 말았다.

그해 여름에 우리 식구들은 병이 들었는데, 내 남편은 어떻게 치료조차 해볼 수 없는 열병으로 몇 주일을 침대에 누워 보냈다. 물론 기력도 점점 떨어져 갔고, 몹시 쇠약해져서 어떤 식으로도 건강을 회복할 수 없을 것 같았다. 우리는 한강가의 벼랑 위에 있는 집에 살고 있었는데, 뜨겁고 비가 오는 계절에는 늘 거기서 지내곤 했다. 그러나 도움을 청하고 치료를 받으려고 서울로 나가려면 수 킬로나 가야 하는 먼 곳이었다. 친구들과 도움을 줄 만한 사람들이 그토록 멀리 있는 곳에서 남편의 병이 어떻게 될지도 모르면서 혼자서 간호하는 것은 외로운 일이었다.

마침내, 어느 날 밤에 나의 시련은 극도에 이르렀다. 비는 억수같이 퍼부었다. 구름에서 내리는 비라기보다는 마치 칠갑을 두른 적군이 성을 에워싸는 것 같았다. 태풍과도 같은 바람이 불었고 끔찍한 천둥과 함께 쉴새 없이 번개가 쳤다. 남편은 너무 아파서 아무것도 모르고 깊은 혼수 상태에 빠져 있었다. 엉성한 초가지붕이 체처럼 흔들거리기 시작했고, 한편으로는 창문과 방문 틈 언저리로 빗물이 새어 들었다.

환자는 무거운 침대에 누워 있었다. 그 침대는 보통 때라도 움직이려 면 여간 힘든 게 아니었는데, 그의 무게가 있는 데다가 될 수 있는 대로 편안하게 움직여야 하니 이만저만 어렵지가 않았다. 몸집도 크지 않고 힘도 세지 않은 여자인 내 사촌과 나는 젖 먹던 힘을 다 내어 가구들과 환자를 물이 떨어지지 않는 곳까지 밀고 갔다. 그러고는 이 층에서 일 층 으로 떨어지는 물과 어디에서나 줄기차게 쏟아지는 물줄기를 틀어막으 려고 누더기 옷이며 목욕 수건, 침대보, 방수포 따위를 찾아 이리저리 뛰 어다녔다.

부엌은 집을 뒤덮은 물 아래 잠겨 살림살이라곤 거의 엎다시피 텅텅 비었다. 이러는 동안 이따금 남편의 침대를 다른 장소로 옮겨 가야만 했 다. 엉성한 집은 폭풍에 곧 쓰러질 것처럼 흔들거렸다. 그것은 누구나 평 생에 한 번도 경험하기 힘든 그런 일이었다. 하느님조차 얼굴을 숨기신 듯한 가운데 비정한 자연이 억센 환경과 손을 맞잡고, 또 눈에 보이거나 보이지 않는 우주의 모든 힘이 손을 맞잡고 우리의 육체와 영혼을 쓰러 뜨리려는 것 같은 그런 때였다. 그러나 맛볼 수 있는 모든 쓰라림을 마 지막 한 방울까지 다 들이킨 남편은 아무리 사태가 암담해 보여도 결코 우리를 저버리지 않았으니, 그 무시무시했던 밤에 우리가 보기보다는 그 다지 외롭지 않았음을 나는 알았다.

아침에 애비슨 박사가 서울에서 찾아와서는 친절하게도 언더우드 씨를 그의 집으로 데려가겠다고 청했다. 그 집은 산들바람이 시원하게 부는 언덕 위에 있었고 거기에서라면 가까운 곳에서 도움을 구할 수도 있으며 약을 얻을 수도 있었다. 그래서 환자는 양옆에 막대를 자른 긴 들 것에 누워 담요와 방수포에 싸여 우산을 씌운 채 여덟 명의 집꾼들에게 들려 서울로 돌아갔다.

그 뒤 한 주일도 채 안 되어 우리 애가 똑같은 열병에 걸리고 말았다. 아버지와 아이가 모두 저마다 두 주일 동안을 지독하게 앓았다. 그러나 둘 다 목숨을 건졌고, 뼈만 앙상하게 남아서 아무도 알아볼 수 없을 지경이 되었다.

이 무렵에 외국 공사관에 오래 머물고 있는 임금에 대해 어떤 부류의 사람들 특히 친일파들에게서 매우 불온한 움직임이 엿보여서 1896년 10월 내각에서는 임금에게 거처를 바꾸도록 요청했다. 이듬해 2월 웨베르 씨가 이 나라를 떠나고 다른 사람이 러시아 공사 자리를 맡을 무렵에 임금은 영국 영사관과 미국 공사관에서 가까운 곳에 있는 정동의 궁궐로[2] 거처를 옮겼다. 러시아 장교들이 조선 군대를 책임지고 있었고 러시아의 영향력이 판을 쳤다.

1897년 10월에 임금은 황제의 칭호를 사용했고, 곧바로 죽은 왕비의 계급도 황후로 올려졌다. 이어 동짓달에는 황후 폐하의 장례가 거행되었다. 지체가 높은 사람의 경우에는 그 시체를 방부제로 밀봉하여 몇 달 동안 또는 몇 해 동안, 점쟁이가 적당한 날짜와 무덤자리를 짚어줄 때까

---

2) 경운궁 곧 덕수궁.

지 보관해 두는 게 보통이다. 그래서 황후가 죽은 지 2년이 지난 지금에야, 점쟁이들이 자꾸만 방향을 바꾸는 바람에 돈을 무척 들인 뒤에 마침내 묘지가 결정되고 장례 날짜가 잡혔다.

이보다 두 주일 전까지 경운궁에서는 날마다 제사를 지냈고, 다달이 초하루와 보름에는 특별한 제사를[3] 지냈다. 궁중의 관리들은 모두 정식 상복을 입었고, 백성들은 모두 약식 상복을 입었다.

묘지로 정해진 땅은 동대문 밖으로 궁에서 4~5킬로쯤 떨어진 곳에 있었고, 그 넓이는 수천 제곱미터나 되었다.[4] 돈을 물 쓰듯 했고, 황후의 지체에 어울리고 그에 대한 임금의 애정을 기리는 데 필요한 만큼의 위엄과 장중함을 갖추려고 어떤 고통도 감수하고, 어떤 비용도 아끼지 않았다. 무덤은 높이가 15미터가량 되는 자그마한 언덕 꼭대기에 단단한 벽돌로 지었고, 유물을 임시로 보관해 둘 아주 값비싼 사당을 그 언덕 기슭에 세웠으며 거기에서 마지막 의식을 치를 예정이었다. 그리고 장례는 밤에 지낼 것이기 때문에, 대신들과 외국 공사들 그 밖에 다른 손님들이 묵을 건물들도 여러 채 세웠다. 몇 천 명에 이르는 조선인들, 외국인들, 관리들, 친구들, 군인들 그리고 그들의 하인들이 먹을 음식도 준비했다.

조선의 외부에서는 외국 공사관에 정중한 초대장을 보냈다. 서울에 거주하는 민간인들(외국인들)에게도 참석해 줄 것을 부탁하는 초대였다. 상여는 11월 21일 아침 여덟 시 정각에 대궐을 떠났다. 군인 5,000명과 등불을 든 사람 4,000명, 경찰관 650명, 그리고 헤아릴 수 없이 많은 문

---

3) 삭망전. 상중에 다달이 초하루와 보름에 지내는 제사.
4) 명성황후의 무덤은 홍릉으로 원래 서울 청량리에 있었으나 고종이 숨겨 경기도 금곡에 묻히게 되자 그곳으로 옮겨졌다.

무백관이 따랐다. 그 광경은 참으로 굉장하고 다채로운 것이었다. 길거리에는 수천 명이 모여들었고, 길 여기저기에 아치가 세워져 있었다. 황후의 덕을 거리는 현수막들과 웅장한 비단 깃발들, 아름다운 작은 걸상들과 나무로 만든 말들(저 세상에서 쓸 물건이다)이 헤아릴 수 없이 많았다. 옛날 군복과 지금 군복들의 갖가지 모습들, 또 대신들과 다른 관리들, 시종들, 나인들, 가마꾼들, 마부들의 갖가지 옷차림과 제복들이 곁들여져 장관을 이루고 있었다.

황제와 황태자는 오후 한 시 전에는 상여를 따라가지 않았다. 폐하께서는 장례 행렬에 참석해 달라는 특별 초대를 우리에게 보내 주셨다. 그러나 우리는 조금 뒤에 가는 게 낫겠다고 생각했다. 우리는 우리가 사랑하던 그 벗, 깊은 슬픔을 안겨 준 그 벗에게는 그런 찬란한 행렬이 어울리지 않는다고 생각했기에 그저 수수한 문상을 하기로 했다.

저녁 여덟 시가 가까워서 우리가 장지에 도착했을 때, 조선의 고유한 빨간 등불과 노란 등불(이 빛깔은 임금의 표시이다)이 그 넓은 땅을 밝히고 있는 것이 보였다. 그 등불들은 60센티가 채 안 되는 거리를 서로 마주보면서 5킬로미터나 되는 구불구불한 길을 따라 늘어서 있었다. 찬란한 만장들이 공중에 나부끼고 있었고, 들판 여기저기에는 횃불이 피어오르고 있었으며 군인들이 떼를 지어 그 불가에 모여 있었다. 날씨가 몹시 추웠다. 수정처럼 맑은 밤하늘에 별이 반짝이는 밤이었다.

시간이나 의식 같은 것이 희미해지고 그다지 중요하게 여겨지지 않는 이때, 세상의 소란스러움도 모두 잠든 이 시간에, 즐거웠던 한낮의 요란함도 모두 덮이고 오직 정적과 어둠이 주는 위안과 함께 가슴을 치는 슬픔만이 느껴지는 이 고요하고 성스러운 밤에 장례를 지내는 것은 참으로 어울리는 관습이었다. 그 시간에 신의 존재가 가장 가까이 있는 것 같았다. 아니 좀 더 확실히 느낄 수 있었다.

여섯 차례에 걸친 기도와 제사, 그리고 마지막 고별 의식을 치른 뒤에 시신이 무덤 안으로 들어가게 되어 있었다. 새벽 세 시에 모든 준비가 끝났다. 왕족을 나타낼 때 쓰는 노란 비단의 아름다운 어용 가마를 왕실 가마꾼들이 들어 올려 먼저 언덕에 거창하게 자리를 잡았다. 그 다음에 푸른 비단으로 된 가마가 따랐고, 마지막으로 황후의 상여가 따랐다. 상여에는 기다란 밧줄을 묶었는데, 그 밧줄을 남자들이 촘촘히 붙어서 잡고 있었다. 그래야만 아주 천천히 걸을 수 있는 것이다. 물론 그들 말고도 정식 상여꾼이 있었는데, 그 한 사람이 상여 앞에 서서 방향을 잡고 이끌고 있었다. 만사가 아주 꼼꼼하게 진행되어 한 치의 착오도 없었다. 이런 경우에는 관 위에다 물이 찰랑찰랑 넘칠 만큼 담긴 그릇을 올려놓고 물이 한 방울이라도 떨어지면 상여꾼들에게 엄한 벌을 내린다고 한다.

만장과 붉은 등불, 노란 등불을 든 군인들과 시종들의 장중하고도 엄숙한 행렬이 상여를 따랐다. 그들은 양옆에 두 줄로 서서 행진했는데, 앞으로 나갈 때마다 운율을 맞춰서 낮은 목소리로 함께 곡을 했다. 우리의 총명한 황후는 그렇게 안식처로 옮겨졌다.

그날 그 어둠 속에서 반짝이는 별들과 밑도 끝도 없는 우주의 심연을 뒤로 하고 언덕을 오르면 그 구불구불한 행렬보다 더 감명 깊고 엄숙하고 아름다운 것은 절대로 없을 것이다. 상여 뒤로는 황제와 황태자가 따랐다. 그들은 그 소중한 시신이 무덤으로 내려가는 것을 손수 지휘하고, 심지어는 관을 덮을 커다란 화강암 밑에 관이 잘 놓이는지를 보려고 묘실 안으로 들어가기까지 했다.

다시 제사를 지내고 기도를 드렸다. 나무로 만든 커다란 말을 불태우고 문상객들은 물러갔다. 모든 외교관과 문상객들이 임금을 뵙고 조의를 표하고 작별 인사를 드림으로써 의식은 아침 여덟 시쯤에 끝났다.

임금이 정동에 있는 궁궐로 거처를 옮길 그 무렵 러시아의 영향력이 점점 커지는 것에 대한 염려와 불안이 자라고 있었다. 그런 불안은 임금에게 러시아 공사관을 떠나 대궐로 돌아갈 것을 요구하는 공식 요청에도 나타났었다.

폐하가 아직 거기에 머물러 있는 동안에, 그리고 러시아에 대한 불안이 아직 드러나기 전에 서재필 씨가 '독립협회'를 조직했다. 이들은 임금의 지지를 받아 중국의 영향에서 벗어나 조선의 독립을 단단히 하려고 했다. 중국에서 공물을 걷으러 오는 사람들을 맞아들이던 옛날의 건물을[5] 헐어 버리고 그 자리에 독립문을 새로 세웠다. 그뿐만 아니라 협회의 사무를 보기 위해 커다란 건물을 짓고 '독립관'이라고[6] 불렀다. 황태자는 이 일에 1,000달러를 내놓았다. 이 협회는 모든 계층의 사람들과 양반들을 광범위하게 끌어들였고 평민들도 그 회원이 되었다. 그러나 이 협회의 진정한 목적은 특히 중국뿐만이 아니라 러시아와 일본 같은 '모든' 외국 세력에서 조선의 독립을 지키는 것이었으며, 또 할 수 있다면 외국의 침략을 막고 영향에서 벗어나 백성의 권리와 나라의 자율성을 찾자는 것이었다. 그들의 신조는 한 마디로 말해서 '조선인을 위한

---

5) 영은문.

6) 원래 중국 사신을 영접하던 곳인 모화관을 개수하여 이름을 독립관으로 바꾸었다. 따라서 저자가 새로 지었다고 한 것은 잘못 안 것이다.

조선'이었다.

그래서 이제 서쪽에서 불어오던 위협이 그 방향을 바꾸어 북쪽에서 불어오는 듯한 때에, 독립협회는 러시아를 향해 자기의 주장을 펴기 시작했다.

그 협회의 지도자 한두 사람에 관한 얘기는 흥미를 끌 만한 것이겠다. 서재필 씨는 그 전에 개화당에 들었던 사람이었으므로 일본으로 망명해야 했다.[7] 거기에서 잠깐 머문 뒤에 그는 미국에 갔다. 그는 아주 지체 높은 사람이었고 집안도 부자였지만 재산을 몰수당했기 때문에 고학하면서 일류 대학을 우등으로 졸업했다. 그런 뒤에 그는 문관 시험을 거쳤고 미국 시민이 되었다. 그는 미국 정부의 자리를 하나 얻었는데,[8] 그 일은 보수는 좋으면서도 일은 쉬워서 그는 의과 대학을 마칠 수가 있었다. 그 뒤에 그는 매우 경쟁이 심한 시험을 거쳐 정부의 아주 좋은 의료직을 얻게 되었다.[9]

그러나 그의 마음은 자기 나라로 돌아섰다. 청일전쟁이 끝나고 친일파들이 정권을 잡은 뒤에 그는 조선으로 돌아와 임금의 고문이[10] 되었고, 곧이어 「독립신문」이라는 신문을 발간했다. 그 신문은 반은 영어로, 반은 한글로 인쇄된 것이었다. 서씨는 재능 있고 총명하고 말 잘하는 사람이었다. 그는 자기 나라의 해방과 복지를 이루는 데 몸 바치려 한 사람이었고, 이 위대한 목표를 한시라도 빨리 이루려고, 젊고 열렬한 애국

7) 서재필은 갑신정변 때 김옥균을 도왔으므로 일본을 거쳐 미국으로 망명했다.

8) 미국 육군의 총감부 동양문번역관.

9) 워싱턴의 기아필드 병원의 의사로 근무하며 세균학을 연구했다.

10) 중추원 고문.

자들이 으레 저지르는 실수이지만, 참을성 없이 너무 서둘렀던 모양이다. 서씨는 독립협회의 첫 회장이었고, 그 뒤에는 전에 임금을 구하려고 대궐로 쳐들어갔던 윤 장군의 아들인 윤치호 씨가 회장이 되었다. 서씨와 마찬가지로 윤씨도 몇 해 동안 조선을 떠나 중국에 있는 미국 감리교 학교에서 교육을 받았고, 그 뒤에는 미국에 가서 역시 같은 교육을 받았다. 서씨와 윤씨는 모두 미국 개신 교회의 신자이다. 윤씨는 아직 조선의 시민권을 지니고 있지만, 이 두 사람은 모두 글을 잘 쓰고 말도 잘하는 사람들이고 열렬한 애국자이며 진보주의자들이다. 윤씨는 그 뒤에 서씨의 뒤를 이어 「독립신문」의 주필이 되었다. 매우 많은 사람이 그들을 따랐는데, 거의가 피끓는 젊은 청년들이었다. 그 안에는 기독교인이 많고, 학생도 아주 많다. 서울의 총명하고, 힘차고, 진실한 애국 청년들은 거의 다 이들을 따르는 것 같다.

앞서 말했듯이, 웨베르 씨가 가고 임금이 러시아 공사관을 떠나고 러시아 공사가 새로 온 뒤에, 조선은 그 어느 때보다 더욱더 러시아의 영향을 받게 되었다. 대궐에서는 러시아인들이 활개를 쳤고, 군대와 국고는 완전히 그들의 손으로 들어갔다. 그들이 패권을 쥐는 것은 몇 주일이나 몇 달 정도의 짧은 시간 문제에 지나지 않는 것처럼 보였다.

바로 그때, 1898년 2월, 독립협회는 임금에게 군대와 정부에서 모든 러시아인을 몰아낼 것을 요구하는 청원서를 올렸다. 러시아 공사는 이 문제에 관해 자기의 소망을 말하도록 해달라고 임금에게 요청했고 곧이어 허락이 내렸다. 그리고 러시아인들은 얼마 동안 모두 물러났다. 이것은 많은 사람에게 러시아가 조선에서 완전히 물러서는 것과 매우 관계가 깊은 일로 생각되었다. 그러나 조선에 대한 이권을 전혀 생각하지 않고 러시아가 그런 행동을 할 턱이 없었다.

독립협회는 이제 점점 더 인기를 끌었고, 시끄럽고 요란한 집회를 자주 열었다. 그 집회에서는 공적인 문제들을 자유롭게 토론했고, 고급 관리들의 잘못된 행동을 드러내놓고 매섭게 비판했으며, 평판이 나쁜 법률들을 공공연히 날카롭게 비판했고, 그 밖에도 가혹하고 통렬한 반대 의견이 쏟아지곤 했다. 그들은 희망과 애국심에 가득 차 있었고, 그들의 계획과 예상은 모든 잘못을 바로잡고 모든 악습을 없앨 것처럼 보였다. 그리하여 조선은 하루아침에 자유로운 정부를 다시 세우고 백성을 편안하게 할 것 같았다.

독립협회는 거대한 군중집회를 열었다.[11] 가게는 문을 닫고 모든 주민들이 술렁거렸으며, 여자들까지 집회에 참석했다. 도저히 믿기지 않는 일이었다. 이 집회의 결과로 정부에 탄원서를 보내게 되었다. 그 탄원서는 고문과 부당한 관습들을 없앨 것, 좀 더 자유를 줄 것 따위를 포함한 일곱 가지의 개혁을 요구하는 것이었다.

내각은 이 요구를 받아들였고, 임금은 그 개혁안에다 새로 여섯 가지 규정을 덧붙였다.[12] 그리고 윤치호는 중추원 부의장이 되었다. 또 다른 대중 집회가 열렸고, 거기서 뽑힌 위원들이 이 새 규정을 수만 장이나 찍어서 곳곳에서 사람들에게 나누어 주었다. 새로 발표된 열세 가지 규정 속에는 일종의 의회를 창설한다는 조항이 들어 있었다. 그 의회는 법을

---

11) 1898년 3월에 이어 10월 29일에 독립협회 주최로 종로 네거리에서 열린 민중대회. 흔히 만민공동회라고 한다. 이 대회에서 시국에 대한 개혁안 여섯 조항이 결의되었다. 저자는 이것을 일곱 조항으로 잘못 알았다.

12) 임금이 만민공동회의 개혁안에 새로 여섯 조항을 덧붙인 것이 아니라, 정부로 하여금 그 의견을 받아들여 잘 처리하라고 다섯 조항의 칙조를 발표했다.

제정하는 기관으로서, 고문의 권한을 가지는 것인데(아주 분명히 제한된 권한이었다) 100명으로 구성하며, 그중 50명은 인민의 선거로 뽑고 나머지 50명은 임금이 임명한다는 것이었다. 그러나 여기서 정부는 경계심을 느끼기 시작했고, 자기들을 위협하는 물꼬를 터놓았음을 깨달았다.

독립관 건물에서 이 의회의 첫 선거를 하기로 되어 있던 날 전날 밤에, 독립협회의 간부 열일곱 명이 체포되었다.[13] 법부대신은 이 사람들을 사형에 처할 작정이었다. 그러나 백성이 '한꺼번에' 들고 일어났다. 흥분한 그들은 여기저기서 떼를 지어 집회를 열었다. 그 감정들이 너무나 고조된 것이어서 사형 결정은 바뀌었고, 그 대신에 협회의 간부들은 국외 추방 선고를 받았다. 그러나 백성의 분노는 끊이지 않았다. 폭력에 맞설 아무 준비도 없이 수많은 사람이 떼를 지어서 곳곳의 관아 앞에 모여 분노를 터뜨리고 위협을 하면서 그 열일곱 명을 풀어 주든지 아니면 자기들을 다 잡아가든지 하라고 요구했다. 마침내 닷새 동안 위협적인 시위를 벌인 끝에 열일곱 명은 풀려났다. 이제 독립협회는 자기들이 진정한 승리를 얻었음을, 정부가 졌음을, 그리고 이제는 백성들이 그 무엇이라도 이룰 수 있음을 알게 되었다.

임금에게 아직 지켜지지 않고 있는 열세 가지 개혁안을 지킬 것을 요구하는 시위가 새로 시작되었다. 그러자 관리들은 몸소 군중 앞에 나타나서 해산할 것을 명령하고, 해산한다면 모든 요구를 들어주겠다고 약속했다. 그 결과 백성들은 조용히 흩어졌다.

---

13) 수구파 내각이 독립협회가 임금을 폐지하고 윤치호를 대통령으로 내세우는 공화 정치를 꾀하고 있다고 독립협회를 모함하는 상소를 고종에게 올려 이상재를 비롯한 독립협회 간부 열일곱 명이 체포된 사건.

오랫동안 꾸준히 참고 기다렸는데도 아무런 결과가 없고, 오히려 쫓겨났던 악질 관리들이 다시 임명되자, 사람들은 그들의 요구를 다시 주장하려고 종로(서울의 큰 길이다)에서 한 달 뒤에 다시 모였다. 이때 경찰관들은 윗사람에게서 소집 명령을 받아 종로로 나가라는 말을 들었다. 그리고 해산하지 않는 비무장 군중을 모조리 칼로 쳐 죽여도 상관없다는 명령을 받았다. 그러자 경찰관들은 거의 한 사람 남기지 않고 모두 자기의 견장을 뜯어 던지면서 자기들도 백성의 한 사람이며 그런 명령에는 절대로 복종할 수 없다고 말했다.

그러자 중앙통에 주둔하고 있던 규모가 큰 군부대가 소집되었고, 군중은 총칼 앞에 흩어지고 말았다.

그리하여 독립협회 사람들은 자기들을 그렇게 짓누른 것이 임금이 아니라 못된 관리들이라는 것, 그리고 그들의 탄원서는 결코 폐하께 갈 수가 없으리라는 것을 알았다. 그리하여 그들은 임금의 은혜를 간절히 바랄 때 하는 오랜 전통에 따라 모두 대궐문 앞에 모였다. 수천 명의 사람들이 밤이고 낮이고 거기에 조용히 앉아서 임금이 자기들의 말을 들어줄 때까지 열나흘을 기다렸다.

그것은 무시무시하고도 감격적인 장면이었다. 그 조용하고 참을성 있는 단호한 시민들의 행렬을 결코 우스꽝스럽게 바라볼 수는 없었다. 수많은 사람이 그들이 먹을 음식을 날라다주었고, 어떤 사람은 남들이 지켜보고 있는 가운데 자기들이 밥을 먹고 잠을 잘 자그마한 천막을 치기도 했으며, 또 어떤 사람들은 밥을 먹으러 갔다가 밥만 먹으면 서둘러 제자리로 돌아왔다.

독립당이 대궐 문 앞에서 그렇게 며칠 동안 진을 치고 있는 동안에

'보부상'이라는 행상 조합 사람들이 독립당을 습격하겠다는 뜻을 공공연히 밝히고 도시의 다른 쪽에 모여들었다.

보부상이란 이름 그대로 행상인들의 조직인데 자기들의 이익과 보호를 위한 비밀 조직이었다. 그들은 나라 안 곳곳에 연락망과 지부를 갖고 있으며, 필요할 때면 언제나 서로 돕기로 맹세한 사람들이었다. 메이슨 클럽처럼[14] 그들에게도 비밀 암호와 신호가 있어서 그걸로 서로를 알아보며 이 거대한 조직에 속한 사람은 서로 처음 만났을 때라도 있는 힘을 다해 상대방을 도와주기로 되어 있다. 이런 식으로 그들은 금세 엄청난 힘을 갖게 되었고 빈부와 귀천을 가리지 않고 누구에게나 무서운 상대가 되었다. 그들은 순식간에 꽤 많은 무리를 모을 수 있었고 흉포한 악당으로서 오랫동안 이름을 떨쳐 왔다. 대원군의 집권 기간에 그 교활하고 빈틈없는 정치가는 이 위험한 조직에 적대적인 태도를 보이는 것보다는 그들을 친구로 삼는 게 좋겠다고 마음먹고는 그들에게 매우 많은 특혜를 주었다. 그 하나는 그들에게 일정한 상품의 세금을 걷을 권리를 준 것이었다. 그 대가로 그들은 정부의 명령을 따르는 정규적인 조직을 짜고 스스로 지방 관아의 수령이나 다른 관리들의 통솔을 받아 어느 때라도 그들에게 봉사할 준비를 갖추었다. 그들은 독특한 밀짚모자를 쓰고 여느 조선인들과는 뭔가 다른 옷을 입고 있기 때문에 어디에서나 쉽게 알아볼 수 있었다.

이 대규모의 보부상이 나타나자 임금은 사람들의 의심을 가라앉히려고 담화를 발표했다. 보부상들을 돌려보내도록 경찰에 명령을 내렸고

---

14) 프리메이슨. 1717년에 런던에서 결성된 자유주의자의 단체.

대궐 앞에서 상소하던 사람들 주위에는 경찰의 비상 차단선을 치도록 했으니 보부상에 대해선 걱정할 필요가 없다는 것이었다. 그러나 어느 날 아침 일찍 보부상이 마침내 공격해 왔다. 그때는 독립협회 사람들이 더러는 지난 밤에 돌아가고, 더러는 아침을 먹으러 가서 그 수효가 많이 줄어든 시각이었다. 경찰은 바로 철수해버렸고, 독립협회 사람들은 쫓겨나고 많은 사람이 몹시 다쳤다. 그들이 다시 돌아가려고 했을 때 길에는 군인들이 가로막고 있었고, 그들의 적인 보부상들은 대궐에서 보낸 음식을 배불리 먹고 있었다. 그러자 다시 사람들이 엄청나게 모여들었고 그들은 보부상을 몰아낼 작정으로 싸움을 벌여 몇몇이 죽고 다쳤다. 두 번째 싸움이 벌어진 지 얼마 안 되어 백성들은 물러나야만 했고 독립협회 사람이 한 명 죽었다.

그러나 백성들은 종로에서 다시 모였다. 이때 임금은 다시 담화를 냈는데, 그들이 해산한다면 요구 조건을 모두 들어주겠다고 약속했고, 이 말에 따라 백성들은 흩어졌다. 열흘 뒤에, 임금은 대궐 앞에서 그들을 만나겠다고 불렀다. 이때 임금은 이 일을 해결하기 위해 만든 연단에 대신들을 거느리고 나타났다.[15] 외국 공사들은 한쪽의 천막에 자리 잡고 있었고 그 밖에 수많은 외국인도 참석했다. 이 묵은 나라의 역사에서 임금이 백성들과 함께 나랏일을 논하려고 나온 것은 정말이지 새로운 일이었다. 그때 독립협회의 의장이었던 고영근과 전 회장이었던 윤치호는 임금의 부름을 받고 나아가 임금에게서 노란 황실 종이로 된 문서를 받았다. 그 문서에서 임금은 열세 가지의 개혁안을 지킬 것을 엄숙히 약속했다.

---

15) 1898년 11월 26일에 돈화문 앞에 천막을 치고, 옥좌를 만들어 놓은 다음 고종이 친히 나와 네 시간에 걸쳐서 독립협회 쪽과 보부상 패의 의견을 듣고 사건을 무마하려 한 일.

그런 뒤에 집회는 끝났고 사람들은 또 다시 한 달을 기다렸다(그러나 아무 변화도 일어나지 않았다). 놀랄 만한 결의와 인내심, 그리고 어떤 과부에 대한 우리 주님의 비유, 곧 불공정한 재판관에게 끈기 있게 찾아가 마침내 그를 지치게 하여 목적을 이루고야 말았던 어떤 과부의 값진 성공과도[16] 같이 그들은 다시 종로에 모여 요구 조건을 내걸었다.

그들에게 햄프턴, 크롬웰, 워싱턴 또는 롤런드 같은 사람이 하나만 있었더라면 그런 역사는 다시 되풀이되었을 것이다. 그러나 역시, 수많은 사람의 각오, 곧 크롬웰이나 워싱턴의 뒤를 따랐던 사람들의 결연한 의지와 불굴의 정신이 필요했던 만큼이나, 두려움 없이 올바른 길을 걷는 지도자도 필요했다.

아무튼 그들은 다시 요구 조건을 내세우고, 임금의 약속이 지켜질 때까지는 정부가 어떤 일도 못하도록 하겠다고 주장했다. 군대가 자주 파견되어서 그들을 해산시켰으나 그들은 다시 모이곤 했다.

마침내 정부는 그들이 공화국을 세우고 대통령을 선출할 음모를 꾸몄다는 혐의로 그들을 체포했고 군인과 경찰이 시내에 쫙 깔렸다.[17] 대대적인 검거 선풍이 몰아닥쳤고, 서너 사람이 모이기만 해도 정탐꾼들과 광범위한 정탐 조직이 해산을 시켰다. 집회는 금지되었고, 독립협회는 무너졌으며, 그들의 건물과 재산은 몰수당했다. 그리하여 적어도 얼마 동안은 혁명의 시작처럼 보였던 것이 끝장나고 말았다. 사람들은 준비가 안 되어 있었고, 때가 무르익지 않았던 것이다.

---

16) 신약 성서 '누가복음' 18장 1절부터 8절까지 사이에 있는 이야기.

17) '윤치호 대통령설'을 퍼뜨린 수구파 내각은 다시 독립협회를 모함하려고 이번에는 박영효가 대통령이 되려 한다는 소문을 꾸며댔다.

13. 다시 흩어지는 '어린 양'들
은율과 솔내와 백령도의 신자들

1900년 9월 26일에 우리는 작은 일본 기선을 타고 평양을 떠나 한밤중에, 반은 일본식이고 반은 조선식인 진남포 항구에 닿았다. 우리는 젊은 여자 셋을 데리고 갔는데, 하나는 갓 도착해 공부하는 방법을 배우려는 사람이었고, 또 하나는 몇 주일 동안 북부 지방의 험한 시골 생활에서 자극을 좀 받아보려고 하는 사람이었고, 또 하나는 그해 가을에 은율의[1] 여자 연수반을 나와 함께 운영하도록 그 전에 약속이 되어 있었던 사람이었다. 우리는 진남포에서 그날 밤을 보내야 했다. 그러나 너무 늦게 도착했기 때문에 여인숙이 어디 있는지를 알 수 없었다. 그러다가 우리는 오랜 친구인, 영국 성공회의 스마트 신부를 만나게 되었고 친절하게도 그가 우리에게 일본 사람의 여관 한 군데를 찾아주었다. 여기서 국적, 나이, 신분, 과거 경력 그리고 앞으로의 계획들을 모두 물은 뒤에, 거절을 했는데도 강제로 신발을 벗기고는 생색을 내면서 도저히 참을 수 없는 금액을 받고 우리를 손님으로 받아주었다. 우리는 우리 담요를 쓸 수도 없었다. 여관에서 준 담요라는 것이 전에 누가 덮었는지 알 수 없는

---

1) 황해도 은율군 은율읍.

것이었고, 방에는 물도 없었으며, 목욕은 아래층에 있는 공동탕에서 모두 함께 해야 했다.

이튿날 아침 우리는 너무나 각별했던 주인에게 기쁜 마음으로 작별하고 금방이라도 부서질 것 같은 낡아빠진 나룻배를 타고 강을 건넜다. 다행히도 날씨가 좋고 강물이 잔잔했다. 그렇지 않았다면, 나는 여태껏 그렇게 찌부러진 배는 한 번도 본 적이 없었기 때문에, 우리 모두가 강물 속으로 가라앉았을 게 틀림없다고 생각한다. 우리는 하루 종일 강 위에 있었고 어두워진 뒤에야 상륙할 수 있었다. 아무튼 내리기 전까지는 버릴 수 없었던 그 배와 그리고 조류에 감사할 뿐이다.

그날 밤은 굉장히 더웠고, 여인숙은 마치 화덕과도 같았다. 아침에 우리는 모두 그 어느 때보다 지친 꼴이 되었고 이런 고통에 덧붙여 우리 일행인 젊은 여자들은 더 무거운 짐을 지게 되었다. 그것은 우리 네 사람을 모두 크게 당황스럽게 만드는 것이었다. 그날 저녁 우리는 남자반과 여자반이 열리기로 되어 있던 은율에 도착했다.

보통 때와 마찬가지로 우리가 도착하자마자 사람들이 우리를 만나려고 몰려들었다. 추수를 하는 때라서 한 해 중에 가장 바쁜 때였지만 많은 여자가 공부하러 왔다. 그들은 총명하고 개방적이었으므로 그들을 가르치는 일은 매우 기쁜 일이었다. 나는 몇몇 여자들 집으로 찾아가서 매우 재미있는 경험을 했고, 또 우리와 함께 간 신자 하나가 비신자 몇 명과 얘기를 나누는 방식이 아주 영리하고 실제적인 것을 보고 감동을 받았다. 우리 원주민 친구가 "자, 만일에 여러분이 배가 고픈데 여기 앞에 밥이 한 그릇 있다고 합시다. 그러면 당장 먹을 겁니다. 그와 마찬가지로 여러분이 구원받기를 원한다면 여러분은 그걸 먹기만 하면 됩니다." 하고 말하자 어떤 여자가 머뭇머뭇하면서 자기는 구원을 받기에는 너무나 무식하고 나약한 게 아닌지 두렵다고 했다.

그의 눈에는 눈물이 가득했다. 너무나 훌륭한 모습이었다. 우리는 오랫동안 이야기를 나누었다. 다른 여신자도 옆에 앉아 고개를 숙이고 하느님의 축복이 있기를 빌고 있었다. 세례 지원자의 시험에서, 나는 원주민 지도자들이 그들을 얼마나 신중하게 시험하고 있는지를 보고 큰 흥미를 느꼈다. "당신은 날마다 죄를 짓고 있다고 스스로 말합니다. 그러나 하느님께 용서를 빌고 나면 마음의 행복과 안정을 얻는다고 말합니다. 그러니까 당신이 죄를 짓는 건 아무 문제가 아니라는 말입니까?" 자기의 과거의 죄는 용서를 받았고, 지금의 죄도 날마다 고백을 하고 있다는 어떤 여자에게 그는 다시 이렇게 말했다. "그래요. 그러면 오늘은 무슨 죄를 지었나요?" 그는 그저 일반적인 방법으로밖에는 말을 할 수 없었고 또 그렇게만 하려고 했다. 여러 가지로 질문을 던져도 끝내 그는 특별한 것은 별로 말하지 못했다. 김씨는 말했다. "그러면, 하느님께 가서 당신이 죄를 지었음을 고백하되, 무슨 죄를 지었는지도 모르면서 용서를 비는 게 하느님을 영광되게 하는 일입니까?" 일요일에는 스무 명이 세례를 받았다. 예배 도중에 모든 사람의 눈에서는 눈물이 흘러내렸고 몇몇은 주님께서 그들을 위해 당하신 고통을 생각하고는 마치 어린애들처럼 흐느껴 울었다.

오후에는 원주민 가운데 어른인 서씨가 기독교인의 갑옷에 관한 성경의 가르침을 그린 아주 멋진 그림을 우리에게 주었다. 그것은 그가 손수 그리고 색칠한 것으로 아주 알맞은 설명이 붙어 있었다. 원주민 기독교인은 처음에는 아무것도 걸치지 않은 모습으로 표현되어 있었다. 그러다가 계속되는 그림들 속에 하나씩 하나씩 필요한 물건들 곧 투구와 방패와 신발 그리고 칼까지 덧붙여 그려 넣어놓았다. 이 그림들은 아주 독특하고 잘 그려진 것이었다. 저녁에는 간증 모임이 열렸는데, 사람들은 주님께서 자기들에게 해주신 일에 대해 차례대로 얘기했다. 어떤 사람은 술의 노예였는데, 자기 힘으로 그것을 억누르려고 몇 번이나 애를 써보았지만 자꾸 다시 빠져들었다가, 이제는 그리스도 안에서 몇 해 동안 완전히 자유로운 사람이 되어 그 친구들과 이웃들이 은총의 기적으로 여기는 사람이었다.

어떤 남자는 자기 가정생활에 대한 일을 얘기했다. 그는 아주 지독한 노름꾼으로서 인근에 소문이 자자한 사람이었다. 며칠씩 집을 비우고 방탕하게 지낸 뒤에 밤에 집으로 돌아오면 화가 난 그의 아내는 욕을 퍼붓고 바가지를 긁었다. 그러면 그는 그 가련한 여자를 학대하곤 했다. "모든 것이 비참했고 불안했습니다. 그러나 지금은 평화와 사랑이 넘칩니다." 예배에 참석했던 이웃 여자 하나가 자기 운명에는 그런 일을 기대해봤자 희망이 없다고 생각하고 이 예외적인 행복한 가정에 대해 말했다. 그는 그 행복한 아내가, 남편이 그렇게 갑자기 사람이 달라진 것은 모두 예수님 덕분에 생긴 일이라고 말하자 도저히 믿을 수 없다고 했다.

그러자 김씨 부인은 자기 남편을 불러내어 그 일이 사실인지 말하라고 했다. 그는 이렇게 말했다. "아무렴, 그보다 더한 것도 하지. 내 맹세하리라. 예수께서 당신들 가정에 찾아오시면 그곳에는 평화가 있을 것이오. 종이와 붓을 가져다주시오. 그 점에 대해서 내 당신들이 부르는 대로 얼마든지 좋으니까 보증을 서리다." 한 남자는 50년 이상이나 도저히 고칠 수 없는 고질병에 시달리고 있었다. 그런데 지금은 주님께서 그를 치유해 주었다. 또 한 남자는 정직한 말을 해도 믿어주는 사람이 아무도 없을 만큼 지독한 거짓말쟁이였다. 그러나 지금은 누구에게나 두터운 신용을 얻고 있었다.

우리가 은율을 떠나기 전에 그 지방의 원주민 신자들은 그 일대의 무지한 신자들 중에서 일을 할 조수나 전도사 두 사람을 고용하기로 결정했다. 또 그해에 그 지방에서 성경 공부반이나 연수 강좌를 저마다 다른 지역 열두 군데에서 열기로 하고, 여섯 군데는 서씨가 책임을 맡고 나머지 여섯 군데는 지도자 가운데에서 가장 학식이 많은 김윤오 씨가 가르치기로 했다. 은율에서 우리는 풍천으로[2] 갔다. 한편 언더우드 씨는 접근하기가 좀 더 어려운 자그마한 마을 몇 곳을 방문했다. 체이스 양과 나는 모임을 서로 나누어 맡았는데 우리가 예배를 볼 때마다 작은 방에 사람들이 꽉 차 모두들 열심히 귀를 기울여 주었다.

우리가 식사를 준비하도록 마련된 곳이란 게 외양간의 한 구석이었던 만큼 우리들의 숙소는 훌륭한 곳은 아니었다. 우리는 '돼지를 부엌에 놓아두는' 사람들의 얘기는 들은 적이 있다. 그렇지만 소를 거기에 둔다는 것은 정말이지 우리의 상상을 뛰어넘는 지독한 일이었다. 마침내 우리는 도저히 견딜 수 없었고, 그 결과 좀 더 위생적인 장소를 부엌으로 쓸 수 있게 되었다.

언더우드 씨가 도착한 뒤에 이곳에서는 열한 사람이 세례를 받았다. 우리는 첫 번째 공식 예배를 이 마을에서 가장 큰 여인숙의 방 하나를 빌

---

2) 황해도 송화군 풍천면.

려서 얻었다. 모든 얘기를 다 듣고 난 다음에 가장 연장자인 어른이 일어나 사람들에게 이렇게 말했다. "우리가 들은 것은 모두가 진실이라는 것을 알고 있습니다. 오늘부터 우리는 그것을 믿을 거라는 것밖에 달리 할 말이 없소이다." 이 모임에 참석했던 사람들 가운데에 몇몇 남자는 처음에는 문 밖에 서 있었다. 그들은 지체 높은 사람들이었기 때문에 그런 모임에 얼굴을 내보이기를 꺼렸다. 그러나 겨우 안으로 들어와 얘기를 듣고 난 뒤에, 그리고 예배가 끝나기도 전에 그들은 스스로 앞줄에 나와 앉아서 아주 훌륭한 얘기라고 고개를 끄덕였다.

부엌의 구조가 좀 불편했던 점, 암소가 한밤중에 우리 침실을 구경하려고 마음을 먹으면 어쩌나 하는 가벼운 걱정, 그리고 새벽 두 시면 내 머리맡에서 줄기차게 울어대던 수탉만 빼면 풍천에서 아주 즐거운 시간을 보냈다.

산속에 있는 어떤 작은 마을에서 가마꾼들이 다시 우리를 버렸다. 우리 두 젊은 여자들이 탈 것이라곤 소가 끄는 소달구지 한 대밖에 없었다. 일이 이렇게 되어가는 것이 좀 수상쩍기는 했으나, 사람들은 소달구지가 절대로 안전하다고 보장했고, 또 우리 어린 아들도 그런 식으로 긴 여행을 했던 터라, 우리는 그들에게 소달구지를 한번 타보라고 부추겼다. 그것만이 마지막 수단이었기 때문이기도 했다. 그래서 잔뜩 불안해하면서도 그들은 짐 꼭대기에 간신히 올라탔고, 신통한 짐승인 황소는 떠날 채비를 차렸다. 체이스 양이 황소가 과연 믿을 만하냐고 물었을 때 조선 사람들은 그놈은 이 나라의 어떤 황소하고라도 겨룰 수가 있다는 말로 안심을 시켰다. 그 황소에다 잔뜩 마구를 채우려니 하고 생각했었는데, 막상 코뚜레 위에다 올가미 하나만을 슬쩍 씌우고는 아무 예고도 없이 말 그대로 질주했을 때 우리 모두는 깜짝 놀랐으나 두 젊은 여자들은 그 짐승과 함께 그런 식으로 달려 나갈 수밖엔 없다고 아예 체념해버리고 말았다.

소달구지라는 것은 지독히 원시적인 것이다. 두 바퀴란 게 고작 묵직한 통나무를 되는 대로 깎아 만든 것이다. 물렁물렁한 진흙길들은 깊이 박힌 바퀴 자국으로 가득하고, 따라서 형편이 가장 좋은 때라도 덜컹거리고 흔들거리는 것은 아무 말로 할 수가 없다. 그리하여 마침내 이 힘이 넘치는 짐승이 미친 듯이 달리는 달음박질을 잠깐 멈추기로 작정하셨을 때, 두 여자는 그때를 놓치지 않고 그 수레에서 뛰어내려서는 다시 그런 탈것에 실려 목숨을 위태롭게 하느니 차라리 서울까지 걸어서 돌아가겠다는 결심이 뚜렷한 표정으로 활기차게 걷기 시작했다. 그러나 갈 길은 멀었다. 그래서 밤이 오기도 전에 그들은 마음을 바꾸어 다시 소달구지에 올라탔다. 그때는 황소도 여행에 얼마만큼 마음이 가라앉아 아침보다는 덜 까불거렸다.

초저녁에 우리는 산속 높직한 곳에 들어앉은 마을인 칠북에[3] 도착했다. 그러나 우리 짐은 그렇지 못했다. 가파른 산길을 소달구지에 실려 질질 끌려오고 있었다.

그날 우리가 사용한 수레는 아주 약한 것이어서, 마침내 산길의 절반은 완전히 부서진 채로 끌고 와야만 했다. 그래서 그 전날 그렇게 활기찼던 짐승 대신에 평균 속도가 꼭 뱀이 기어가는 것 정도밖에는 안 되는 다른 소가 끄는 수레 한 대를 오랫동안 기다린 끝에 멀리 떨어진 곳에서

3) 황해도 장연군 정연읍 칠북리.

가져와야만 했다. 그런데 이때 대행히도 우리는 젊은 여자들을 태워줄 가마와 가마꾼들을 더 얻을 수 있었고, 그래서 우리 일행은 모두 함께 갈 수 있었다. 우리 꼬마는 가마나 소달구지를 거의 타지 않고 하루에도 종종 32킬로씩 걸을 수 있을 만큼 훌륭한 보행자가 되었다. 우리 조수의 한 사람인 신씨는 그날 밤 자정에 저녁도 거른 채 완전히 지쳐서 짐을 갖고 도착해 말하기를, 목사님 부인께서 이불과 베개가 없이 잘 수는 없는 거라고 자기가 마음을 굳게 먹지 않았다면, 소달구지는 절대로 도착할 수 없었노라고 말했다. '선생'에게 필요한 것을 사람들은 이토록 지성으로 보살펴 주었다.

　이런 말이 가능할지는 몰라도 산들은 그 어느 때보다 더 아름다웠다. 때는 10월이었고, 지난봄에 철쭉과 복숭아꽃으로 붉게 물들었던 언덕들은 이제는 아름다운 가을 낙엽과 애스터, 골든 로드 따위로 주홍빛과 황금빛, 보랏빛으로 물들었다. 내가 지금껏 본 것으로는 가장 찬란한 빛깔들이 주위에 잔뜩 펼쳐져 있었다. 나무들과 바위들 위로는 달콤하고도 쌉쌀한 꽃들이 푸짐하게 널려 있었고, 갖가지 열매들이 맺혀 있었으며 모세가 호렙에서[4] 보았던 없어지지 않으면서 불타고 있는 숲을 연상하게 하는 단풍 든 수풀이 무성했다. 비록 상황은 달랐지만, 나 역시 이 땅이 눈에 보이지는 않되 느낌으로 나타나는 신성한 땅임을 알 수 있었으므로 비유적으로 말해서 세속의 신발을 벗어야 마땅하리라고 생각했다.

　며칠 뒤에 우리는 해발 600미터가 넘는 산길을 횡단했다. 여기서 우리는 더욱더 아름답고 장대한 경치를 보게 되었다. 씩씩하고 지칠 줄 모

　　　　　　　　　　　
4) 기독교의 성지인 시내산의 별칭. 시나이 반도에 있는 산으로서 모세가 이곳에서 여호와로부터 십계명을 받았다고 한다.

르는 '대장님'은 류머티즘을 앓는 여행의 동반자를[5] 마지막 가파른 오르막길까지 거의 날라다 주다시피 했다. 그러지 않으면 가마에 앉아서 비틀거리며 허덕이는 지친 가마꾼들에게 자신을 내맡기거나, '지팡이'를 손에 짚고 느릿느릿 몸을 끌다가는 바위에 자빠지고, 가파르고 미끄러운 길에 넘어지는 게 고작이었다. 반대쪽 기슭에 다다라 우리는 또다시 사랑하는 솔내에 오게 되었다. 그곳의 편안하고 따뜻한 방바닥은 모든 고통과 피로를 곧 잊게 해주었다.

솔내에서 우리는 백령, 곧 '흰 날개'라고 하는 섬을 찾아가기로 결정했다.[6] 이곳에서는 몇몇 원주민 신자들의 가르침으로 꽤 많은 사람이 기독교를 믿고 있었다. 이 이야기는 할 만한 값어치가 있다. 정치적인 사건으로 이 섬에 유배를 왔던 한 남자가 집을 떠나기 바로 전에 감리교 신자인 자기 조카에게서 기독교 책자 하나를 받았다. 그 젊은이는 아저씨에게 이 종교는 모든 시민의 자유와 문화의 기틀이라고 말했다. 그래서 유배를 간 남자는 혼자서 쓸쓸히 그 책을 읽어 나갔고 마침내 섬사람들에게 이 책의 진리를 널리 알리고 가르치기로 했다. 그는 건너편 해안의 솔내에는 이 책과 진리에 관해 더 많이 설명해 줄 수 있는 사람들이 살고 있다는 말을 들었다. 그래서 그 마을에서 가장 나이가 많고 존경을 받는 원주민 한 사람이 솔내로 가서 '서씨 어르신'에게 자기와 함께 가서 가르쳐줄 것을 간청했다.

그들은 비참할 만큼 무지했다. 예수를 믿으면서 여전히 이교도의 예식을 지키고 있을 정도였다. 그들은 희미하게 사람을 알아보는 시각장

---

5) 저자 자신을 일컫는다. 그는 어릴 적부터 류머티즘에 시달렸다.

6) 백령도. 본디 황해도 장연군에 딸린 섬이었으나 8·15 후에 경기도 옹진군에 편입되었다.

애인들과도 같이 겨우 부분적으로 고침을 받은 사람들에 지나지 않았다. 서씨는 당장 그리로 갈 수는 없었다. 그러나 얼마 뒤에 그가 그들을 찾았을 때 그는 온 마을 사람들이 이교도의 제사 준비를 갖추고 모여 있는 것을 보게 되었다. 그는 아주 진지하고 독실하게 그들에게 얘기했고 그러자 그들은 자기들의 우상 숭배를 당장에 내던지고 한꺼번에 오직 한 분뿐인 진정한 하느님께 경배할 것을 약속했다.

그러나 그 어른은 오래 머무를 수는 없었고, 몇 달 뒤 지칠 줄 모르는 전도사인 김씨 부인이 그들을 찾았을 때 그들 대부분이 다시 옛날의 관습과 믿음에 거의 완전히 빠져 있는 것을 보았다. 처음에는 아무도 그를 자기 집에 받아들이려 하지 않았다. 그러나 그가 집 바깥에서 너무나도 열렬히 여자들에게 말했기 때문에 그들은 마침내 그를 집 안으로 들어오게 하고는 이야기를 들으려고 모여들었다. 그의 가르침을 따라 다시 엄청난 변화가 일어났다.

우리는 자그마한 조선식 나룻배를 타고 여행을 했다. 그 나룻배는 아주 작고, 날씨가 나쁜 날에는 몹시 불편한 것이었으나, 우리가 길을 떠난 바로 그날에는 전혀 그렇지 않았다. 위에는 파란 하늘이 있고, 아래로는 파랗게 반짝이는 물이 있고, 아름다운 섬들이 바다에 보석처럼 점점이 박혀 있었다.

하지만 '하얀 날개'라는 섬은 해변의 둘레가 32킬로쯤 되고 길이는 15킬로쯤 되며 중심 부락 하나와 작은 마을 몇 개가 있었다. 그 섬은 지극히 아름답고 땅은 기름졌다. 해안을 따라 험준하게 솟은 그림 같은 벼랑들이 요새를 이루고 있었으며, 그 벼랑 뒤로 멋진 계곡들과 아담한 마을들이 아늑하게 자리 잡고 있었다. 주민은 모두 농부들로서 아주 소박하고 원시적인 방식으로 살고 있었다. 돈은 거의 보기조차 힘들었다. 거기서는 돈이 정말 아무 필요도 없는 만큼 시장이나 가게도 없었다. 그들에겐 부족한 게 거의 없었다. 필요한 양식이나 옷 그리고 난방용 화력 따위는 자기들이 손수 만들고, 간단한 물품들은 서로 바꾸어서 충당했다.

모두들 양식과 땔감이 넉넉했고, 완전히 만족스러운 삶을 살고 있는 것 같았다. 술주정과 거짓은 아예 모르는 일이었다. 그들에게는 아주 사소한 처벌조차도 거의 필요가 없다고 원님이 우리에게 말했다. 우리에게도 그들은 점잖고, 친절하고, 소박하고, 정직한 농부들과 어부들로 보였다.

우리는 언덕 위에 세워진 한 작은 교회에서 시험과 세례를 기다리고 있는 몇몇 신도들을 만나게 되었다. 그들은 아주 무식하긴 했으나 가르침 받기를 열렬히 바라고 있었으므로 솔내에서 함께 온 김씨 부인과 나는 여자들을 지도하느라 내내 바빴다. 조선 땅 어디에서나 그렇지만 이곳 여자들은 특히 찬송가를 즐겨 불렀고 그 노래를 무척 배우고 싶어 했다. 가사는 그런대로 쉬웠으나 노래에 이르러서는 문제가 달랐다. 우리는 그들에게 찬송가를 가르치는 게 매우 유익하다는 것을 알게 되었다. 그것은 성스러운 진리를 진리답게 하면서 그것을 다른 사람에게 전달하는 수단도 되기 때문이다.

우리는 조수를 타려고 아침 일찍 떠나기로 했고, 그 전날 밤에 교회에서 고별 예배를 가졌다. 이 예배가 끝나고 작별 인사를 마치자 나는 짐을 꾸리러 방으로 갔고, 언더우드 씨는 지도자들에게 마지막 지시를 하고 의논을 하려고 한 신자 집으로 갔다. 열 시쯤에 어떤 여자 하나가 김씨 부인과 함께 내 방문 앞에 와서 말하기를, 늦었지만 자기들 집에 가서 마지막으로 조금만 더 가르쳐줄 수 없겠느냐고 아주 간곡하게 부탁했다. "우리는 너무나 무식하고 지금껏 우리를 이끌어주고 가르쳐줄 사람이 아무도 없었습니다." 하고 그들은 안타깝게 말했다. 물론 나는 기꺼이 가기로 했다. 그리하여 나는 그들을 따라 어떤 농부의 오두막집으로 갔다. 그 집은 원주민들의 집 가운데에서도 가장 초라하고 누추한 집이었다. 한쪽 구석에는 일꾼 한 사람이 누워 잠을 자고 있었으며 방을 비추는 불빛이라곤 쟁반에 받친 기름이 타는 희미한 불꽃이 고작이었다. 우리는 이 방 안에 앉았다. 가난하고, 거칠고 힘든 노동에 지친 여자들은 될 수 있는 대로 바싹 우리 주위에 둘러앉았다. 그들의 얼굴과 손에는 근심과 수고, 그리고 아무 기쁨도 없는 힘겨운 삶의 흔적이 뚜렷했다. 그러나 그들은 자신들을 변화시킨 영광스러운 희망으로 마음이 가벼워졌고 그로써 지식에 대한 욕구가 생겨났고 아울러 수많은 조선 여자의 얼굴에서 흔히 볼 수 있는 장승처럼 딱딱한 표정이 어느덧 사라졌다.

우리가 주님에 대해 말하고 그의 가르침을 이야기하고 찬송가를 연거푸 부르는 동안에 방문 앞에서 기침 소리가 들렸다. 그 춥고 쌀쌀한 동짓달 밤의 공기 속에서 수많은 '형제'들이 그 좋은 말씀을 들으려고 서 있었던 것이다. 그러자 어떤 한 여자가 그들을 방 안으로 들어오도록 하는 게 어떻겠느냐고 했다. 그것은 조선의 관습과 편견을 무시하는 일이고, 또 나는 남자들을 가르쳐본 적도 없을 뿐만 아니라 될 수 있는 대로 그들이 안 보이는 곳에 떨어져 있으려고 해 왔으나, 이런 경우에는 그들을 들어오게 하는 수밖에는 달리 도리가 없었다. 그것은 내가 결코 잊지 못할 장면이었다. 어둡고 진지한 얼굴들이 저마다 열렬한 태도로 신성한 진리와 정의를 조금이라도 더 알려고 목마르게 기다리고 있었다.

어둡고 초라한 작은 방 안에 그들을 비추어 주는 것이라곤 보잘것없는 희미한 등잔불뿐이었다. 그 희미한 불빛이야말로 나 자신의 모습이었다. 그들은 모두 나에게서 하느님의 빛을 찾으려 하고 있었다. "내 어린 양들을 배불리 먹여라." 하는 것이 그분의 마지막 명령이 아니었더냐! 그런데도 아직 수많은 오두막, 수많은 마을에서 주님의 자식들이 굶어죽어 가고 있다.

다음 날 아침 동이 트자마자 그들은 다시 나를 찾아와 눈물을 줄줄 흘리며 곧 다시 자기들을 찾아달라고 애원했다. "아, 우리는 너무나 무식하고, 너무나 약합니다. 이곳에는 우리를 이끌어주고 가르쳐줄 사람이 하나도 없습니다. 그런 우리가 어떻게 악마의 꼬임을 피할 수 있단 말입니까!" 하고 그들은 부르짖었다.

돌아오는 길은 갈 때의 뱃길과는 아주 달랐다. 엄청난 폭풍우가 몰아쳤고, 작은 배는 장난감처럼 파도 위에서 뒤뚱거렸다. 김씨 부인과 나는 비에 흠뻑 젖은 것은 고사하고라도 비참할 만큼 끙끙 앓았다. 항구에 배를 대는 게 불가능했으므로 가까운 해안에 배를 대야 했다. 그곳에는 바람을 피할 만한 곳도 없었고, 더구나 썰물 뒤여서 배는 닻을 내릴 틈도 얻지 못한 채로 몇 시간 동안 바위에 사정없이 부딪혔다.

그러나 얼마 후에 모든 게 끝났고, 마침내 우리는 무사히 뭍에 내렸다. 우리는 곧 가까운 어촌에서 몸을 말리고 밥을 먹고는 이튿날 솔내에 도착했다. 우리가 솔내를 떠나기 전에 기독교인들은 연례 추수감사절 예배를 올렸다. 사람들을 모두 수용하기에 교회가 너무 작아서 바깥에 천막을 하나 쳤다. 풍성한 수확과 날로 늘어나는 재산에 대해 하느님께 감사를 드림과 아울러 하느님께서 주신 정신적인 수확에 대해서도 감사를 드렸다.

이 한 해 동안 이 작은 교회의 선교사들과 일꾼들을 통해 그곳과 가까운 마을에서 250명이 넘는 사람이 세례를 받았다. 이것은 교리 문답을 받은 그보다 훨씬 많은 사람을 계산하지 않은 것이다. 그들은 자기들의 교회와 학교 교실을 늘리고 수리했으며, 교사용 주택을 지었고, 전도사용 숙소와 먼 지방에서 안식일 예배를 드리러 오는 손님이 묵을 숙소도 지었다.

그들은 손이 큰 사람들이다. 인도에 기근이 났다는 소식을 듣자 그들은 50원이나 되는 돈을 거두었다. 그들의 하루 수입이 10센트를 채 넘지 않고 마을은 아주 작으니까 이것은 무척 큰 기부이다. 돈이 없는 여자들 몇은 헌금 접시에 묵직한 은반지를 내놓기도 했다. 이 반지들은 대개의 경우 그들이 지닌 유일한 장식품이며 가장 값비싼 것이다. 그래서 이 반지들을 내놓았을 때 우리는 신도들이 깊이 생각한 끝에 그것을 내놓은 것임을 알 수 있었다.

그 전해에는 여러 지방에 심한 흉년이 들었었는데, 솔내에서는 많은 이웃 사람을 도와주었으니 더욱더 큰 축복이 아닐 수 없었다. 해주로 돌아오는 길에 우리는 여자들 집으로 찾아가고 또 그 여자들은 우리를 찾아오고 하는 재미있는 경험을 하게 되었다. 우리는 '떡'이라고 하는 빵을 만드는 것을 도와주게 되었다. 바야흐로 혼례를 치를 어떤 집에서 그것을 만들고 있었다. 일꾼이 아주 많았고 많은 친구가 도와주려고 와 있었다. 우리가 좀 도와도 되겠느냐고 청하자 그들은 무척 재미있어 하는 것 같았다. 우리는 그 일에는 아주 서투르고 귀찮은 존재였으나 그들로 하여금 우리도 그들과 하나라는 것을 느끼게 함으로써 우리의 목적을 이룰 셈이었다. 나중에 우리는 혼례에 초대를 받았고 도저히 삭일 수가 없을 만큼 엄청나게 많은 음식을 먹어 치워야 했다. 다른 때 같았으면 그것은 자살 행위로밖에는 생각되지 않았을 것이다. 그러나 그것이 의무인 한에는 결과야 어찌 됐거나 두 눈 딱 감고 모든 위험을 무릅쓸 수밖에 없었다. 그리고 아무 탈도 없이 그 일을 해치웠다는 것이 참으로 기적 같았다.

예배에 꼬박꼬박 참석하는 매우 헌신적이던 늙은 여자 하나가 있는데 그는 아주 독특한 사람이다. 그는 목소리가 굉장히 크고 우렁차나 화음이라든지 곡조와는 아예 거리가 멀었다. 그런 소리로 그는 합창이 끝이기 전이나 뒤에 혼자서 제멋대로 몇 마디씩 불러 젖히는 것이었다. 그리고 함께 부르기로 한 찬송가가 자기 책에 없거나 자기 마음에 들지 않으면 대수롭지 않게 다른 노래를 자기 혼자 정해서 그 어느 때보다 더 그악스럽게 부르기 일쑤였다. 정중하게 그러지 말라고 나무라자 그는 이렇게 대답했다. "아, 괜찮소. 나는 당신들을 따라가는 게 아니라우. 나 혼자 노래(?)를 부른다구."

해주에서 머무른 지 겨우 며칠 되었을 때 발 빠른 심부름꾼 하나가 은율에서 편지 한 통을 가지고 도착했다. 그 편지에는 그 지방의 여러 원님들에게 임금의 밀령이 두루 내렸다는 소식이 담겨 있었다. 그 밀령이라는 것은 다음 달 초이튿날 밤(보름쯤 뒤였다)에 모든 유생들은 자기 지역에서 가장 가까운 사당에 모일 것이며, 그때부터 한꺼번에 모든 서양인과 서양인의 가르침을 따르는 자들을 죽이고, 그들의 집과 교회와 학교를 때려 부수라는 것이었다. 이 소식이 닿은 것은 관아에서 하찮은 직책을 맡고 있는 우리 친구가 하나 있었기 때문이다. 그는 관리들이 뭔가를 읽고 잔뜩 흥분하고 수런거리면서 그것을 남의 눈에 띄지 않게 잘 간수하는 것을 이상스럽게 생각하고는 대체 거기에 무엇이 쓰여 있나 알아보려고 마음을 먹었다. 그는 용케도 남몰래 그것을 읽어볼 기회를 얻었고, 마침 가까운 자기 친척들 중에 기독교인이 몇 있었기 때문에 곧장 그들에게 이 끔찍한 소식을 알렸다. 이 식구들 중에서 발이 빠른 젊은이가 당장에 그 명령의 사본을 갖고 우리에게로 왔다.

이 소식을 받았을 때 우리의 마음을 말로 이루 표현할 길이 없다. 우리는 최근에 찾아갔던 평화로운 작은 마을들을 하나하나 생각해 보았다. 모두 아름다운 새 삶에서 기쁨을 찾고, 해를 향해 뻗어오르는 꽃들처럼 그리스도를 향해 자라던 그 모든 사람, 얼굴에는 기쁜 희망의 빛을 띄운 채, 행복해하고 남에게 아무 해도 입히지 않고 친절하던 그 사람들, 노인들, 아장아장 걷는 아이들, 의지할 데 없는 여자들, 남을 의심할 줄 모르는 농부들, 이 모든 사람이 바야흐로 깡그리 멸망할 지경에 맞딱뜨렸다. 우리 자신으로 말하면, 조선에서도 가장 험한 도시 안에 들어 있는 셈이었다. 다른 사람 몰래 조금이라도 움직인다는 건 아예 불가능했다. 우리는 언제나 온 마을의 관심 대상이었기 때문이다. 누군가 우리를 붙들어 두려고만 한다면 도저히 빠져나갈 도리가 없었다. 더 곤란한 문제는, 우리 일행에 젊은 여자 두 사람과 어린아이 하나가 끼어 있다는 것이었다. 원님이 우리에게 우호적이었기 때문에 우리 신변에는 거의 위험이 없을 것 같기는 했으나 우리의 첫 번째 의무는 서울에 있는 미국 공사에게 서둘러 이 소식을 전하는 것이다. 다른 동양의 말이나 서양말로 전보를 보낸다 해도 쓸데없는 것일 터였다. 한번 의심이 생기면 그것을 조선 말로 옮길 길은 얼마든지 있기 때문이었다. 마침내 우리는 미국 공사에게가 아니라 해주나 서울 어디에서나 덜 눈총을 받을 만한 우리 선교사 한 사람에게 라틴어로 전보를 치기로 했다. 이 일은 성공했고, 전보는 미국 공사관으로 즉시 전달되었다.

조선 정부의 태도는 언제나 우호적이었기 때문에 이 소식이 처음에는 믿기지 않았다. 그러나 최근에 중국에서 일어났던 의화단 사건과 비슷한 것이 여기에서도 일어날 수 있다는 것, 그리고 이런 기묘한 책동을 일으킬 만한 불교도들이 대궐에서 큰 영향력을 지니고 있다는 데 생각이 미쳤을 때, 그리고 조선의 외부에서도 시인한 바이지만, 그런 법령이 자기들도 모르는 새 내려졌다는 것이 밝혀졌을 때 모든 의심이 사라졌다. 얼마 지나지 않아서 비슷한 방식으로(다시 말해서, 기독교인이나 선교사들의 친구를 통해서) 이 소식은 강화도와 평양의 선교사들에게도 전해졌다. 이 명령이 경솔하게 내려진 것이며 곧 후회하게 될 것임은 바로 그 며칠 뒤에 처음의 그 명령을 취소하는 또 다른 명령이 나라 안에 내려짐으로써 분명히 입증되었다. 그때야 비로소 나는 그 나쁜 소식을 들은 뒤로 처음으로 안도의 숨을 내쉬며 편안하게 잠을 잘 수가 있었다. 그때 우리는 작은 일본 기선을 타고 무사히 서울로 돌아오는 길이었다. 그 명령을 만들었던 사람들은 붙들렸다. 그들은 처벌을 받았으리라고 생각된다. 조선 관리들은 그것은 모두 착오였으며 임금이나 정부가 알지 못하는 새에 내려진 것이라고 침이 마르도록 변명했다.

황해도 지방으로의 이런 여행은 보통 여섯 주일에서 여덟 주일이 걸리곤 했다. 아무리 작은 일이라도 그것은 즐거움으로 가득 찬 경험이었다. 1900년 가을에는 신약 성서 전편이 사람들에게 보급되었다. 이 일을 축하하려고 서울에서 가장 너른 집회장인 감리교 교회에서 큰 모임이 열렸다. 수많은 원주민과 기독교인이 발 비빌 틈이 없이 꽉 들어찼다. 감사 예배가 열렸고, 미국 공사는 성서 번역인 연합 위원회의 번역 위원들과 그 조수를 책과 함께 소개하면서 그들의 노고에 감사를 표시했다. 현재 성서 번역인 연합 위원회는 H.G. 아펜젤러 목사, 스크랜턴 박사, W.D. 레이놀즈 목사, 제임스 S. 게일 목사, 그리고 언더우드 씨로 구성되어 있다.

언더우드 씨는 주간 종교 신문의 편집, 성서 번역, 종교 책자 및 찬송가 제작, 도시의 연수 강좌, 주일 예배 및 모임, 학교의 감독과 선교사 어학 연수반의 감독 말고도, 시골에서 복음을 전파하기가 가장 힘든 사람들인 양반들과 상류 계층 사람들에게 특별한 노력을 기울여야 한다고 생각하고 있었다. 그것은 사실이다. 관아에 근무하는 관리들은 일정한 기간마다 종묘에 가서 제사를 지내야 하고 또 계급의식이 너무나 뿌리 깊이 박혀 있어서 복음을 들으려고 농부들이나 행상인들, 가마꾼들, 상인들, 심지어는 선비들하고도 함께 바닥에 앉으려고 들지 않기 때문이었다. 게다가 그들의 가정생활은 축첩 제도에 터전을 두고 짜여 있었다. 그들 모두는 둘이 넘는 첩을 거느리고 있으며 그보다 많은 첩을 거느린 사람들도 있다. 남편이 그들을 버린다면 이 수많은 아내와 그 부모, 그 자식들은 비참해지고 만다. 만일에 그가 조상 숭배를 게을리 한다면 그의 친구와 친척들은 그를 나쁜 사람으로 여길 것이고 그 조상의 영혼은 온갖 불행과 질병을 가지고 잔인하게 그를 따라다닌 것이라고 생각한다.

또 사람들은 자기의 죽은 부모를 잘 받듦으로써 자기 대에 남의 존경을 받기를 바라고 거기에 크게 만족하며, 자기를 기억해주고 자기를 위해 앞에서 제사를 지내줄 사람이 없다는 것을 생각하면 무시무시한 공포와도 같은 당혹감을 느끼는 것 같다. 그래서 아이가 없는 남자들은 흔히 자기를 생생하게 기억해줄 아들을 양자로 삼기도 한다. 이 계층의 마님들 곧 첫째부인은, 앞서 말했다고 생각되는데, 언제나 격리되어 있으며 그들의 속소나 '안방'에서 말고는 결코 남의 눈에 띄는 법이 없고 어디를 가든지 늘 꽉 막힌 가마를 타고 다닌다.

이런 상황에서 남자들이 자기들의 사회적인 지위를 송두리째 뒤엎고, 가정을 파괴하고, 자기에게 가장 더러운 낙인을 찍고, 대궐의 울타리와 관직 생활에서 자기를 내몰고, 모든 수입을 앗아가고, 평민과 자기를 동등하게 놓을 그런 종교의 가르침을 쉽사리 들으려 하지 않는 것은 조금도 이상한 일이 아니다. 이런 사실을 알고도 그들을 교회에 나오도록 한다는 건 거의 불가능한 일이었다. 그래서 우리는 한 가지 꾀를 써서 그들에게 우리 집으로 와서 종교적인 문제를 얘기하자고 청했다. 놀랍게도 이 초대는 열렬한 반응을 얻었다. 큰 방 둘에 지체 높은 조선 사람들이 꽉 찼다. 그들은 모두 아주 예의가 발랐으며 모두 호기심에 가득 차 있었다.

왕족들도 있었고 장군도 있었고 대신들도 있었다. 모두가 계급과 신분이 높은 남자들이었다. 그들은 매우 주의 깊게 얘기를 들었고 많은 이들이 사려 깊은 질문을 했다. 그것은 언더우드 씨를 도와 신도들을 맞고 함께 얘기를 나누었던 선교사들의 말에 그들이 진정으로 깊은 관심을 갖고 있다는 표시였다. 어떤 사람들은 책에 대해서 물었고, 이 문제에 대해 사사로이 얘기하려고 많은 사람이 거듭 찾아오곤 했다. 모임은 일요일 오후마다 열렸고 그리스도의 삶을 보여주는 장면들을 환등기로 비쳐 주었다.

장로교의 본부 교회 하나를 세우게 해달라는 건의를 언더우드 씨가 슬며시 꺼낼 수 있었던 것도 이 모임의 한 성과이다. 우리는 많은 관리가 (만일에 강제로 자기들의 종교를 버리고 외국의 교회에 가담해야만 하게 된다면, 그때에는 그럴지도 모를 상황이었으니까) 그것을 자기들 스스로 택하고 싶어하며, 러시아인들과 손을 잡는 것보다는 미국인들과 관계 맺기를 더 원한다는 말을 들었다. 물론 그들은 우리가 그런 식으로는 교회를 설립할 수 없으며, 국가나 정부의 목적을 위해서 사람들에게 세례를 주는 것도 아님을 잘 알고 있었다. 그 건의는 공식적인 것은 아니었으나, 우리가 이런 종류의 기회를 이용하려고만 했다면 상류 계층에서 명목상 신도들의 수효가 엄청나게 불어났을 것이다.

14. 빌헬름 씨의 여덟 가지 죄상
황해도의 한 철없는 천주교 선교사

1901년에 우리는 또 다시 휴가를 얻었고, 이 휴가 기간 동안에 미국의 거의 모든 대도시의 기독교인들과 만났다. 그리하여 교회로 하여금 조선에서 하느님의 놀라운 자비를 깨닫게 할 수 있었고, 이 나라에 필요한 것이 무엇인지를 대중에게 알릴 수 있었다. 조선에 돌아왔을 때 우리는 마중 나온 옛 친구들의 얼굴에서 우리의 동료이자 사랑하는 형제였던 아펜젤러 목사의 얼굴을 볼 수가 없었다. 그의 교파에서는 첫 전도사였던 아펜젤러 씨는 열여섯 해가 넘도록 내 남편과 함께 몸과 마음을 다 바쳐 일했다. 그들은 초기의 지방 순회 선교를 함께 다녔다. 이 손실은 원주민 사회와 외국인 사회에 큰 충격을 주었고, 가는 곳마다 열정적이고 잘 계획된 예배가 필요하다고 느낄 때면 그 충격이 더욱더 커지는 듯했다. 조선에 돌아와서 우리가 첫 관심을 쏟은 곳은 정동 교회였다. 그 교회의 신도들은 처음부터 활동적이고 너그럽고 신앙심에 가극 찬 모습을 보여주었다. 이곳에는 이미 예배당이 섰지만, 그들은 이 지역 안에 예배를 보는 개인의 처소도 여러 군데 마련해 놓았다. 교회의 신도들이 이 모든 예배를 지도하고 책임을 맡고 있었다. 그들이 1902년부터 1903년까지 사이에 기부한 돈은 금화로 따져 다음과 같은 액수에 이른다

학교를 위한 비용	75.80달러
교회 운영 비용	75.40달러
전도 사업 비용	45.82달러
자선 사업 비용	20.66달러
도시 선교회 기부	50.50달러
합계	268.18달러

그러나 이 수치는 완벽한 것이 아니다. 서울 바깥의 잘 사는(조선의 기준에서) 작은 농촌인 장단의[1] 교인들이 선교회에 한 큰 기부는 포함되지 않은 것이다. 여자들과 소녀들을 위해서는 안식일 예배와 정기 기도회 말고도 주말 성경 공부반 여섯 반이 저마다 다른 이웃집에서 열린다. 그 가운데 두 곳만 빼고는 모두 출석률이 좋다. 그곳에는 기독교를 가르치기에 알맞은 어린 여자들이 아주 많으며 그 가운데 한두 사람은 몇몇 여자 선교사들과 함께 여섯 주일 걸리는 여행을 자주 떠나곤 한다. 그럴 경우에 선교사가 쓰는 비용은 아주 보잘것없다. 그들은 오직 스스로 마음을 내어 전도 여행을 자주 떠나서는 마을과 마을을 찾아다니며 그 일에 쓰려고 자기 돈을 들여 사온 책자를 나눠 주고 글을 읽을 줄 모르는 시골 여자들을 가르친다.

조선에 돌아온 뒤에 곧 내 남편은 미국 공사와 우리 선교회의 임원들에게서 매우 중대한 임무를 갖고 황해도 해주에 다녀오라는 부탁을 받았다. 우리는 2월에 해주로 파견되었다. 그 전해 9월 이후 그 지방에서 오는 보고서에는 원주민 가톨릭교도들(그 지방에 신도가 2만 명이 있다고 한다)이 프랑스 신부들의 지도 아래 '교회를 세울 돈을 얻으려고' 그 지방

----

1) 경기도 장단군 장단면.

의 가난한 사람들을 약탈하고 공갈과 협박을 일삼는다는 것이 늘 문젯거리로 지적되어 왔었다. 그들은 그것을 막으려고 파견된 사법 관리들에게 무기로 저항하고 관리들을 두들겨 패서 병신을 만들고 심지어는 가두기까지 하여 그 일대에서 정말로 엄청난 세도를 부리고 있다는 것이었다. 그래서 약하기 짝이 없는 고을 사또들은 신부들이나 가톨릭교도들의 지원을 받는 그 범죄자들에게 감히 손가락 하나 건드릴 엄두도 내지 못하고 정말 무서워서 벌벌 떨면서 그들의 사소한 명령 하나에도 겁에 질려 복종하고 만다는 것이었다.

일은 점점 나빠져서 마침내 그곳의 관찰사는 서울에 장계를 올려 이런 폭풍과 무질서 상태에서는 더 이 지방을 다스릴 수가 없다고 말했다. 다음은 <코리아 리뷰>에 실린 이 장계의 한 부분을 옮긴 것이다.

"신천, 차령, 안악, 장연, 봉산, 황주 및 서흥 고을에서 로마 가톨릭교도들이 일으키는 횡포는 숱하게 많으며, 모든 지방에서 탄원과 진정이 올라오고 있습니다.

그것은 더러 교회를 지을 기금을 모으기 위한 문제이기도 합니다. 만일에 돈을 안 내면 그들은 꽁꽁 묶여서 두들겨 맞게 되므로 꼼짝없이 돈을 바쳐야 합니다. 탄원서에 대한 답변으로 누구누구를 잡아들이라고 명령을 내리면 순검은 폭도들의 습격을 받고 사법 관리는 대항하지도 못합니다. 백성들을 위하여 이 문제를 곰곰 생각한 끝에 저는 차령의 가톨릭교도들을 붙잡아 오도록 순검을 보냈습니다. 그들은 따르는 무리를 부추겨서 순검을 두들겨 패고 오히려 잡아 가두었다가 다시는 오지 말라는 말과 함께 풀어 쫓아 보냈습니다. 그리하여 저는 그들을 타

이르려고 게 서기를 보냈습니다. 그러자 스무 명 또는 그보다 많은 신천 가톨릭교도들이 총으로 무장하고 서기를 붙들어 욕보이는 따위의 짓을 저질렀습니다."

조선 이름으로 성이 홍인 신부 한 사람은, 가장 영향력 있고 유명한 인물임이 틀림없는데 외국인들 사이에는 빌헬름 신부로 알려져 있다. 이 사람이 내 남편에게 원주민 교도들은 자기의 명령만을 따르기 때문에 그들은 이 모든 일에 아무 잘못이 없다고 말했다. 언더우드 씨는 이 신부와 몇 해 동안 가볍게 사귀고 있었으므로 가끔 그를 만나기도 했으나 그의 생활에 대해서는 거의 아는 게 없었다. 그러나 내 남편은 그가 자칫하면 자기희생을 치를지도 모를 잘못을 부지런히 저지르고 있는 것이라고 생각했다. 그래도 그는 그 신부가 자기를 따르는 사람들이 저지르고 있는 일을 죄다 알고 있으리라고는 믿지 않았다. 그러나 그에게 편지를 쓰고 또 직접 만나서 얘기를 나눠 보고 나서 그는 슬프게도 그 소문이 그의 행동과 조금도 다르지 않음을 알게 되었다.

얼마나 오랫동안 그래왔는지는 아무도 모르지만 이 서글픈 상황은 지금까지 계속되어 왔다. 약탈과 협박을 당한 사람들 중에는 장로교인들도 있었다. 개신교 쪽에서도 억압에 저항하고 자주성을 기르고 자유와 정의를 지키기 위한 어떤 조짐이 나타나게 되었다. 어떤 기독교인 한 사람은 아주 의지가 굳은 친구로서 정의를 찾기 위해서라면 용기를 잃거나 꺾이지 않을 사람이었다. 처음에 그는 선교사들을 찾아갔다. 그들은 조선 법정에 그 문제를 가지고 가라고 말했다. 그러나 지방 법정은 그 큰 악 앞에 완전히 힘을 잃었으므로 그는 서울로 돌아왔다. 서울의 관리들은 프랑스 사람들이 무서워서 그랬겠지만 그 일에 끼어들려고 하지 않았다. 그처럼 뚝심 있는 농부인 친구 하나와 그는 서울에 있는 다른 선교회 한 군데를 찾아갔다. 그들은 원주민들의 싸움에 말려들기가 싫고 또 조선 관리들에게 어떤 영향력을 미치지 않는다는 원칙을 내세워 그들을 쫓아냈다. 그 선교회 사람들은 일이 얼마나 크게 발전해 있는지를 아무도 깨닫지 못했다.

이 가여운 사내들은 설득력 있게 말을 잘하는 사람들은 아니었다. 그들은 그저 평범하고 소박하게 이야기를 할 뿐이었다. 그러나 그들은 자기들과 다른 수천 명의 사람들이 학대를 받고 있는 만큼 일이 제대로 되려면 오직 한 가지 곧 끈덕지게 붙들고 늘어지는 수밖엔 없다는 것을 알고 있었다. 그들은 결심을 하고 줄기차게 달라붙었다.

어떤 도움이나 만족스러운 해결도 얻지 못하자 마침내 그들은 직접 프랑스 공사관으로 가서 거기서 정의와 구원을 찾기로 작정했다. 프랑스 공사관에서는 그들을 받아들여 주의 깊게 얘기를 듣고 신중하게 질문을 하고는 시정할 것을 약속한 뒤에 정중하게 그들을 보내주었다. 그들은 오랫동안 꾸준히 기다렸다. 그러나 아무것도 고쳐지지 않았고 그럴 조짐도 보이지 않았다. 그들은 프랑스 공사에게 약속을 지킬 것을 다짐하려고 몇 번이고 거듭 그곳을 찾았으나 틀림없이 그러겠다는 장담만 듣고 물러나오는 게 고작이었다.

그래서 마침내 그들은 서울에 있는 중요한 조선 신문에 자기들의 모든 얘기를 발표했다. 그러자 프랑스 공사는 정말로 행동을 시작했다. 프랑스 공사는 조선의 외부에 그 사내들을 잡아 가둘 것을 요청했다. 그들과 같은 행동이 중국에서 의화단 사건을 일으키게 되었기 때문이라는 것이었다.

　사태가 이처럼 위험한 지경에 이르자 개신교 선교회에서도 비로소 상황을 깨닫게 되었다. 게일 목사와 언더우드 씨는 외부를 찾아가서 그 사내들을 변호하고 또 미국 공사와 알렌 박사와도 그 문제를 거론했다. 알렌 박사는 깊은 관심을 나타내며 조선 정부로 하여금 재판관을 임명하여 해주로 가서 범죄자들을 조사하도록 하게 하는 데 성공했다. 평양의 모펫 박사와 언더우드 씨도 공관에 참석해 달라는 부탁을 받았다. 사실을 밝히려는 이 일의 시작부터 끝까지 프랑스인 신부들은 있는 힘을 다해 작은 술책을 다 부렸다. 그들은 해주에서는 재판관이 가는 길을 가로막고 지연시켰고 그에게 애를 먹이고 겁을 주었는가 하면, (우리가 듣기로는) 서울에서는 편지라든지 특별 전달이라든지 전보 따위를 통해서 재판관의 권한을 제한하고 그의 계획을 훼방 놓고 궁지에 몰아넣으려고 했다.

　그 재판관은 의지가 굳고 머리가 총명한 사람으로서 외부에서 오랫동안 유럽 사람들과 관계를 가져 온 사람이었다. 그리고 아주 줏대가 있고 냉정한 사람이었다. 그는 여태껏 조선에서 열렸던 어떤 재판보다 훨씬 공정하고 정당한 재판을 했다고 한다.

　신부들은 법원에 기소된 사람들을 잡으러 간 순검 한 사람을 붙들어 그의 팔목을 묶어버렸다. 그들은 프랑스인들을 통해 자기들이 서울에서 지니고 있는 모든 영향력을 이용하여 조선 정부로 하여금 재판관에게 자신들의 요구를 들어주도록 명령을 내리게 하려고 했다. 그들의 요구는 이미 법망에 잡힌 죄수들을 풀어줄 것, 그리고 자기들이 받아야 할 처벌을 덜어달라는 것이었다.

그들은 모든 범죄자를 자기들이 손수 잡아 오겠노라고 단호하게 장담하면서 재판관에게 한 주일 동안은 아무도 붙들어 가지 않겠다는 약속을 하라고 꾀었다. 그러고는 한 주일이 다 가기도 전에 이미 며칠씩이나 자기들 집에 숨겨두고 있던 가장 악명 높은 범인들을 도망시켰다.

그들은 재판관 앞에 나타나서 그를 으르고 강요를 거듭하여 마침내 지친 재판관이 서울에 사표를 보내게 만들었다. 그러나 임금은 이 사표를 수리하지 않았다.

'빌헬름 신부'의 성당은 해주에서 16킬로쯤 떨어진 높은 언덕으로 둘러싸인 골짜기에 있다. 그때 그 골짜기의 들목은 파수꾼들이 지키고 있었고 언덕 꼭대기의 요지도 마찬가지였다. 가까이 오는 사람이 있으면 신호가 가고 사람들은(온 마을이 모두 법망을 피해 도망쳐 온 범죄자들이기 때문에) 성당으로 도망쳤다. 그러나 그 성당은 한꺼번에 세 가지 임무를 수행하는 곳, 곧 고문실, 최후의 거점 그리고 예배 장소였던 것이다.

아주 악독한 범인 몇을 잡으려고 순검이 구속 영장을 지니고 그곳에 갔을 때 빌헬름 신부는 리볼버 권총을 들고 문가에서 그들을 맞으면서 바라는 게 뭐냐고 물었다. 그들이 대답하자 그는 영장을 보자고 했고 그런 사람은 여기 없다고 잡아뗐다. 그러고는 여기에 들어올 수도 없으며 영장도 돌려줄 수 없다고 하면서 당장 꺼지라고 협박조로 명령했다. 그는 이미 붙들린 범인들을 빼내려고 무장한 민간인들을 여러 번 보냈었다.

신부들은 교회 안에서, 돈을 우려내거나 집문서나 토지 문서를 받아내려고 조선인 관리들이 살인범이나 대역 죄인을 다룰 때에만 하는 잔인하기 짝이 없는 고문을 불쌍한 농사꾼에게 했다. 언더우드 씨와 모펫 박사는 이 문제를 꼼꼼히 검토하고 재판에 깊숙이 관여하면서 해주에서 몇 주일을 보냈다. 위의 사실들 말고도 그들은 이것이 개신교도들에게 가해진 가톨릭의 박해가 아니라 온 나라를 뒤덮은 조직적인 공갈 협박임을 알아내고 원주민들이 보낸 탄원이 기독교인들이 보낸 탄원의 스무 배나 됨을 알 수 있었다. 또 프랑스인 신부들(적어도 이 경우에는) 종국에서와 마찬가지로 자기들도 재판에 참가하여 선고를 고칠 권리가 있음을 주장하고 있음도 알았다. 더 나아가 우리는 사람들이 거의 폭동을 일으키려 할 만큼 고통을 받고 있으며 어떤 날을 정해 일제히 들고 일어나려고 계획을 세웠다가 재판관이 임명되고 선교사들이 공정히 조사하는지를 지켜보려고 온다는 소식을 듣고 일의 귀추를 두고 보자고 잠잠해졌음도 알게 되었다.

재판의 결과는 몹시 만족스럽지 못했다. 재판관에게 딸린 병력도 적었고 잡으려는 갖은 노력을 해도 신부들이 빼돌리는 바람에 붙들린 사람이 얼마 되지 않았다. 재판을 받은 사람들은 자기들에게 씌워진 혐의를 모두 사실로 인정할 수밖에 없었다. 스스로 인정을 하기도 했고 앞뒤가 안 맞는 진술을 함으로써 그렇게 되기도 했고 수많은 증인의 줄기찬 증언으로 그렇게 되기도 했다. 신부들 그리고 주모자를 포함해 아직 잡히지 않은 악당들은 거의 처벌을 면했다. 재판관은 조선 정부에 신부 둘 곧 빌헬름과 르작 두 사람을 추방할 것을 요구하는 보고서를 올렸다. 조선 정부는 이 요구에 대해 아무 답변도 하지 않았으나 그럴 필요까지는 없다고 생각한 것 같았다. 만일에 조선 사람들이 오랫동안 심하게 고통을 겪지 않고 또 힘이 약해지지만 않았더라면 그들은 이미 오래전에 들고일어나 자기 땅을 더럽힌 모든 외국인을 쫓아냈을 것이다. 이 일로 우리가 보고 들은 것에 비추어보면 종국에서의 의화단 사건의 동기도 쉽게 찾을 수 있다. 곧, 여기서처럼 오랫동안 참다가 마침내 국민 모두의 감정이 폭발하여 외국인의 피가 강물처럼 흐르게 된 것이며 그런 까닭으로 티베트에는 복음을 전파할 수 없게 되었다.

임금이 보낸 조사관이 보는 앞에서 황해도 관찰사와 신부가 면담한 다음에 나온 공식 보고서는 사태가 어떠했는지를 잘 보여줄 것이다.

"조사관 이용익 앞에서 황해도 관찰사와 빌헬름 신부가 면담한 공식 보고서의 번역. 광무 2월 8일."

"광무 7년 2월 8일, 황해도 관찰사 이용식, 프랑스 신부 홍석구(빌헬름) 씨가 협의했다."

"홍석구는 말했다. '관찰사가 해주에 사는 박창무 씨를 체포하여 처벌함으로써 나의 분노를 가라앉혀야 했는데 그러지 못하여 관찰사와 나 사이에 불화가 생겼습니다. 이 박씨는 어두운 밤에 한 신부(조선인 신부다)의 성당에 돌을 던졌습니다. 그래서 나는 황주의[2] 원님에게 그를 잡아 가둘 것을 청하였습니다. 그러나 박은 지방에서의 그의 영향력을 이용하여 아무 해도 입지 않고 자기 집으로 돌아갔습니다. 그를 처벌할 수단이 아무것도 없는 것 같아서 나는 관찰사에게 편지를 보내어 박을 해주로 잡아들여 엄중히 처벌할 것을 요구했습니다. 그러나 관찰사는 자기는 지방 고을 사또의 백성을 해주로 잡아올 수가 없다고 대답했고, 따라서 나는 관찰사가 바깥 지방의 백성을 체포할 권한을 갖고 있지 않다고 생각하게 되었습니다. 또 놀랍게도, 진남포의 기독교인(가톨릭)들을

---

2) 황주의 황해도 황주군 황주읍.

체포하라는 관찰사의 명령이 내렸다는 것을 알았을 때, 나는 이것은 잘못된 명령이라고 생각하고 순검이 체포한 모든 사람을 강제로 풀어주었고, 곧 모든 가톨릭교도들에게 명령을 내려 누구라도 다시 잡으러 오면 끝까지 반항하라고 하였습니다.'"

"관찰사는 이렇게 대답했다. '황주의 박의 사건으로 말하면, 그는 이미 황주에서 체포되어 감옥에 갇혔기 때문에 그를 해주로 데려와야 할 아무런 까닭이 없었습니다. 따라서 나는 당신이 요구한 대로 하지 않은 것이며 앞의 편지에서도 답변했듯이 나는 그를 체포할 수가 없었습니다. 그것은 지방 제도 법전에 따라 지방의 재판 관할권을 고려한 것입니다. 또 백성들이 호소하기에 내가 그 사건을 조사해 보려고 가톨릭교도들을 체포하라고 명령했던 것은 법원의 조례집인 재판 장정에 따른 것입니다. 당신이 그 앞의 사건이나 나중의 사건에 무슨 의문이 있는지는 몰라도 문제를 제기할 만큼 잘못된 일은 아니었을 것입니다. 그런데도 당신을 따르는 이들을 모아 작당을 하여 순검을 잡아 죽이고 범법자들을 풀어주고 또 당신을 따르는 이들에게 관청의 권위에 반항하도록 명령을 내림으로써, 당신 신도들에게 죄를 짓게 하고, 관원으로 하여금 법을 집행하지 못하게 한 것이 옳다는 말입니까? 이 무지한 백성들을 가르치려는 간절한 생각에서 나는 이 관청에 소속된 주사(관찰사 다음으로 높은 관리이다) 한 사람을 보냈습니다. 그러나 당신은 총으로 무장한 사내들 한 패거리를 20킬로미터나 되는 거리로 보내어 날이 어두워진 뒤에 이 관리를 붙들어 죽였습니다. 주사는 국가 공무원입니다. 군대식 무장은 터무니없는 난폭한 짓입니다. 대체 무슨 근거로 당신은 이와 같은 짓을 했으며, 누구의 권한으로 당신이 조선인을 잡아 죽이고 법의 집행을 방해했습니까?'"

"빌헬름 신부는 이렇게 답변했다. '내 자신은 이런 일들이 옳지 않으며 고의적인 것임을 알고 있습니다. 재판 장정에 관하여 말하면, 나는 그것에 대해서는 아무것도 모릅니다. 다만 나는 당신이 앞서 보냈던 편지만 생각했습니다. 나는 당신이 문제를 이해하기를 바랐고, 그래서 또 다시 편지를 보냈습니다. 그런데 당신이 내 편지를 돌려보냈기 때문에 나는 아직도 몹시 화가 나 있습니다.'"

"관찰사는 이렇게 대답했다. '그러나, 당신이 내 첫 번째 답장만을 알고 있다고 하는 말은 당신이 그저 하나만 알고 둘은 모른다는 것을 보여줄 뿐입니다. 당신의 편지, 그리고 내가 아무 대답 없이 돌려보냈던 그 일에 관해 말한다면, 그것은 이렇습니다. 왜냐하면 내 주사가 당신들에게 붙들린 뒤에 나는 당신에게 편지를 써서 따로 심부름꾼을 시켜 보냈는데 당신은 아무 답변도 없이 그 사람을 빈손으로 보냈고 그래서 나는 몹시 화가 났습니다. 장연의 사건에 관해서 당신에게 보낸 편지에 내가 아무 답변도 듣지 못했는데 무엇 때문에 당신의 편지에 대답을 해야 한단 말입니까? 답변도 안 하면서 당신의 편지를 갖고 있는 것은 나로서는 잘못이라고 생각했기 때문에 그것을 돌려보낸 것입니다.'"

"빌헬름 신부는 이렇게 말했다. '관찰사가 마지막 편지의 겉봉에 사함이라고 적었기 때문에 나는 답장을 쓰지 않았습니다. 사함이라고 편지 겉에다 쓰는 것은 조금이라도 계급이 높은 사람이 답장을 할 때 쓰는 것입니다.'"

"관찰사는 이렇게 대답했다. '이렇게 내 질문에는 아무 대답도 안 하고 계속해도 괜찮습니까? 이 모든 질문에 당신은 답변을 할 수 없다는 것밖에는 아무 할 말이 없기 때문에 이러는 거 아닙니까?'"

"빌헬름 신부가 대답했다. '박창무의 잘못된 행동이 아직 아무 처벌도 받지 않았는데도, 그가 세리가 될 수 있었던 것은 옳은 일입니까? 당신이 그를 체포하여 해주에 데려다 엄중히 처벌하기만 했다면 내 화는 가라앉 았을 것입니다.'"

"그러자 관찰사가 말했다. '지난해 8월 내가 황주에 갔을 때에 나는 이 박의 사건을 꼼꼼히 검토했습니다. 그가 돌을 던졌다고는 하나 확실한 증거가 없습니다. 또 그는 조사를 받고 이미 지방 감옥에 갇혀 처벌을 받았습니다. 그런데도 당신은 어떻게 그가 아무 처벌도 받지 않았다고 합니까? 그 몇 달 뒤에 그에게 하찮은 직책을 맡긴 것이 어째서 불의라는 말입니까? 또 그 뒤에 당신은 이 사내를 당신 성당으로 잡아다가 거기서 두들겨 팼습니다. 그러고는 아직도 당신의 화가 풀리지 않았다고 하고 있습니다. 그를 잡아서 여기 데려다가 그와 당신 곧 고소인의 얼굴을 서 로 대질시켜야 좋겠습니까?'"

"빌헬름 신부는 대답했다. '내가 그에게 매를 열 대 때리기는 했지만 그 것은 그가 저지른 중요한 범죄에 대한 징벌이 아니라 원님이 사람을 보내 어 박에게 죄를 자백하라고 했을 때 그가 뻔뻔스럽게도 부인을 했기 때 문에 벌을 준 것입니다. 그러나 그의 지난번 잘못은 여전히 남아 있습니 다.'"

"관찰사가 대답했다. '당신은 조선 관원이 아닙니다. 그런데도 당신이 조 선인을 잡아서 때리는 게 옳은 일입니까?'"

"빌헬름 신부가 말했다. '내가 그들을 때리지 않으면 내 위치를 지킬 수 가 없기 때문입니다.'"

"관찰사가 대답했다. '한낱 서민인 당신이 조선인을 잡아 가두고 때리고 나쁜 짓을 했습니다. 또 당신이 당신 신도들에게 명령을 내림으로써 여덟 가지의 범법 행위가 저질러졌습니다. 그들은 정부의 권위에 반항하고 내 부하들을 때리고 납세를 거부했습니다. 게다가, 성당과 모임 장소에서 그들은 재판을 열었습니다. 더 나아가, 마구잡이로 떼를 지어 사또에게 몰려가 겁을 주었습니다. 또 제멋대로 사람을 잡아서 때리고 가두었습니다. 게다가 교회를 지을 돈이라고 하면서 강제로 사람들에게 기부금을 우려냈습니다. 더구나 그쪽에서 쓰려고 나무를 잘라냈는데 그 나무들은 조선인의 신성한 숭배의 대상입니다. 그들은 작당을 해서 강제로 송장을 묻고 묘지를 옮기고, 나아가 그럴 생각이 하나도 없는 사람들에게 성당에 들어오라고 강요했습니다.'"

"빌헬름 신부는 이렇게 대답했다. '이 여덟 가지 범법 행위를 막도록 각별히 주의하겠으며, 전과 같은 일을 다시는 못하도록 하겠습니다. 걱정마시오.'"

조선에서 인구가 가장 많은 지방에 드는 황해도의 관찰사와 프랑스 신부와의 기묘한 면담 기록은 이렇게 끝났다. 그러나 여덟 가지 범법 행위에 관한 신부의 약속이 얼마 되지 않아 거듭 깨지고 말았다는 것은 유감스러운 일이다. 나는 또 다른 공식 기록 한두 가지를 덧붙이고자 한다. 이것들은 재판소에서 우리 손으로 곧장 들어온 것이고 1903년 3월에 「조선」에 영어로 옮겨져 실렸다. 조사관이 정부에 보낸 첫 보고서의 내용은 다음과 같다.

"저는 여러 지방에서 벌어진 백성들의 혼란을 주의 깊게 관찰하였습니다. 그리고 지금까지 공식적으로 기록되었던 갖가지 범죄들은 수백 가지 범죄들 가운데 겨우 한두 가지에 지나지 않음을 알게 되었습니다. 두세 군데를 빼고는 모든 고을 관원들이 이런 억압을 받고 있었으며 손 쓸 생각도 못하고 꼼짝없이 있습니다. 가련하고 힘없는 백성들은 자기들을 덮칠 운명을 기다리며 앉아 있을 뿐입니다. 이 문제를 조사하라는 어명을 받들고 저는 임무를 수행하였으며 날마다 탄원서를 올리는 무리들이 관아를 가득 메웠습니다. 그 정경과 그들의 얘기는 차마 적을 길이 없습니다. 가톨릭교도들은 외국인들(프랑스인)에게 영향을 받고 있는데 가톨릭교도를 잡아들이라는 명령을 날마다 내고 있지만 그 도망자들은 표범보다도 흉포하고 그들이 끼치는 해악은 오로지 도적이나 강도와 같습니다. 백성들은 짓밟히고, 사는 게 엉망진창입니다. 이 일을 강력하게 막지 않으면 마침내는 수천 명이 목숨을 잃고 말 것입니다."

"신천의 산중 깊숙한 마을인 장개동에 살고 있는 빌헬름이라고 하는 프랑스 신부는 그 주위에 무법자 폭도를 모아 놓았습니다. 그들의 집은 수백 채에 이릅니다. 그들 가운데 많은 사람이 외국제 총을 지니고 있기 때문에 그 지방 백성들은 그들을 두려워하며 감히 덤벼들 엄두를 내지 못합니다. 이미 체포된 그들 무리 가운데 이 신부가 빼돌린 자도 많습니다. 법망을 벗어난 자들은 거의가 몸을 숨기고 화적떼를 이룹니다. 다음에는 어디서 문제가 일어날지 전혀 알 수 없으며 지금 상황은 매우 불안합니다. '신호가 떨어지는 대로' 거기에 모여드는 작자들(산적들)은 범법자들이므로 반드시 체포해야 합니다. 그러나 그들은 위험한 무기를 사용할 것이므로 우리도 거기에 대비하는 것밖에는 다른 도리가 없습니다. 이것이 저의 보고입니다. 깊이 통찰해 주십시오. 군부에 이 말을 전해 주십시오. 군대를 동원해도 좋다는 허가를 저에게 전보로 알려주시고 일단 문제가 생기면 도움을 주십시오.”

이 괴로운 사건이 벌어지고 있는 동안에, 그리고 내 남편이 날마다 재판에 참석하여 가난하고 짓밟히고 약탈당한 백성들의 비참한 이야기를 듣고 그들에게 가해진 가슴 아픈 잔인한 짓을 보고 있는 동안에 나는 아침마다 성경을 공부하러 오는 기독교인 여자들과 모임을 열었다. 내가 몸소 찾아가 볼 곳은 이 도시 바깥의 아주 가까운 작은 마을뿐이었다. 그곳에서는 기독교인 집안이 꽤 많았다.

여자 기독교인들은 내가 묵고 있는 집에 모두 모였다. 그 집의 안주인은 농부의 아내였는데 나를 맞으려고 길가에까지 나와서는 내가 마치 하늘에서 내려온 눈부신 천사나 사도라도 되는 양 기쁨에 넘친 환한 표정으로 내 두 손을 오랫동안 꽉 잡고 있었다. 그의 작은 방은 금세 기독교인들과 그 밖에 우리가 예배를 보고 하느님의 나라에 대해 얘기하는 것을 들으러 온 사람들로 꽉 찼다.

그런 뒤에 그들은 너무나 친절하게도 산해진미를 포함해 자기들 집에서 가장 좋은 물건들을 가져왔다. 그들은 나와 함께 간 조선인 두 사람과 나에게, 그리고 기독교인이든 단순한 구경꾼이든 방문객 모두에게 맛있는 음식을 잔뜩 대접했고 내 가마의 가마꾼들도 한껏 배불리 먹게 해주었다.

우리는 해주에서 일곱 주일을 보냈고 서울로 돌아왔다. 우리는 살펴보아야 할 문제들 중에서 할 수 있는 것은 모두 다 했고, 조선인들이 강력하게 저항하지 않고 그렇게 박해를 당하고 있는 것을 미국인들이 결코 두고 보고 있지만은 않겠노라는 뜻을 분명히 했다. 우리는 조선 사람들과 그들의 지배자 사이에 충돌을 일으킬 생각은 전혀 없지만(때때로 이것은 지극히 어려운 일이다) 프랑스인 신부들의 사건에 대해서는 같은 책임감을 느끼지는 않기 때문이다. 지금 우리의 소망은 이런 포악한 짓들이 어느 정도 억제되고 개신교 신자들이 최소한의 평온함이라도 얻을 수 있었으면 하는 것이다. 죄악을 널리 알리고 폭로하는 것만으로도 빛을 싫어하는 어둠의 자식들이 죄악을 거듭 범하는 것을 막는 데에 큰 힘이 될 것이기 때문이다.

해주에서 돌아오기 전에 우리는 그해 2월 초에 조선에 왔던 사랑하는 형제 W.V. 존슨 씨가 천연두로 세상을 떴다는 소식을 들었다. 그의 헌신적인 젊은 아내는 선교 사업을 하다가 일본의 고베에서 사망했다.

우리는 모두 그 열정적인 젊은 형제가 희생정신이 투철하다는 것을 느끼고 있었으며 이 소중한 두 사람의 목숨이 결코 헛되이 바쳐진 것이 아님을 알고 있었다. 하느님께서는 그들이 하고자 했던 모든 일을 다 마친 것으로 여기고 그들의 희생을 받아들였으며 그들에게 보상을 하려고 조금 일찍 부른 것임을 알았다. 그들은 서로를 위해서, 또 서로를 통해서 하느님의 목표를 더욱더 훌륭히 수행할 것이기 때문이다. 겨우 몇 달 뒤에 또다시 F.S. 밀러 부인이 별세했다는 소식을 듣게 되었다. 질병과 고통에 대한 부인의 인자한 자비심과 꾸준한 인내는 선교사들과 원주민 기독교인들에게 모두 존경을 받았다. 사망 한 달 전에 그는 한 선교사의 어린애를 위해 손수 자그마한 관을 준비했었다. 선교사의 어린애들 중에 지금 하늘나라에 가 있는 아이들이 무척 많다. 그러니 그가 세상을 떠날 즈음에 했던 말처럼, "조선은 천국으로 가는 관문인 듯하다."

이 일련의 회상은 여기서 끝을 내기로 하자. 그 목적은 오직 기독교인들에게 매우 흥미로운 나라에 대한 관심을 불러일으키고 하느님께서 여기에 역사하고 계심을 보여주고자 함이었다.

이 글은 대체로 선교사 한 쌍의 경험으로만 제한될 수밖에 없다. 왜냐하면 나는 그 모든 사람의 삶과 활동을 자유롭게 말하기에는 지식도 없고 그럴 만한 자유도 없을뿐더러 조선에서의 선교 역사를 완벽하게 쓰기에는 능력도 없고 그럴 지면도 없기 때문이다. 그러나 비록 이 글이 아주 제한된 것이어서 우리가 해놓은 일에 대한 작은 한 조각을 흘낏 본 것에 지나지 않기는 하나, 한 나라를 구속에서 벗어나 해방으로 곧 '그리스도의 해방'으로 이끌려고 하는 사람들에게 얼마나 많은 기회가(지금 이 시간에) 주어져 있는지를 밝혀주는 것이기를 바란다. 조선은 중국(중국의 장래는 온 세계에 좋거나 나쁘거나 엄청난 영향을 미칠 수 있다)과 지리적으로 아주 가깝고 또 조선 사람들은 중국인들과 성격이 비슷하고 공통점이 많기 때문에 우리는 그 큰 나라를 하느님의 나라로 만드는 데 조선이 튼튼한 기둥이 되기를 바란다. 그러나 하느님의 궁극적인 목적이 무엇이든 우리가 마지막까지 지금의 이 은혜와 권능을 다해야 한다는 것은 의심할 수 없는 의무인 것이다.

이 글을 읽고 독자는 혹시 이 나라가 사람이 살기에 힘든 곳이구나 하는 생각을 했거나, 정치적 불안, 나쁜 정부, 반란, 산적 떼, 전염병 같은 것에 시달리는 나라로 읽었거나, 선교사들이 발진티푸스, 천연두, 이질 따위의 무시무시한 병으로 죽었음을 알았거나 했을지도 모르겠다. 그런 일은 오로지 어려움과 그에 따른 대가가 크면 클수록 그 보상도 더욱더 가치 있는 것임을 독자에게 깨우쳐 주기 위해 적었다. 그러나 이 커다란 수확의 기쁨을 맛볼 생각이 있다면, 또 그것이 가치가 있다고 생각한다면, 아무 두려움도 느끼지 않을 것이며, 어떠한 장애에도 움츠러들지 않을 것이다.

15. 조선의 죽음
을사늑약과 의병 활동

앞장에 적은 일이 있은 뒤 5년 동안에 일어난 사건들을 간단히 훑어보기 전에 여기서 조선 사람들의 성격에 관해 좀 더 살펴보기로 하자. 그럼으로써 우리는 다음에 나오는 일들에서 조선 사람들이 한 행동을 좀 더 공정하게 판단하고 더 잘 이해할 수 있을 것이다.[1]

진보적인 왕비의 영향으로 이 나라는 1882년에 외국인들에게 문을 열었고 또 1884년 이후로는 선교사들도 들어왔지만 이 일로 일반 백성들이 받은 영향은 전체적으로 매우 보잘것없었다. 그것은 신문이라든지 그 밖에 대중에게 알릴 만한 수단이 부족했기 때문이다. 그리고 서울에서는 몇몇 진보주의자들이 개혁의 필요성을 느끼기 시작하고는 있었으나 이 나라는 아직 중국의 해로운 마력, 그 나라의 고전과 문화의 영향 아래 일종의 혼수상태에 빠져 있었다. 여러 세기 동안 완전히 동떨어진 상태에서 문을 닫아걸고, 일본에서는 자극적인 서양 문화의 영향을 받은 지 스무 해나 되었건만 조선은 여전히 시대에 뒤떨어진 '고요한 아침'에 잠들어 있었다. 그런 한쪽으로 일본은 '떠오르는 해'처럼 일어나서 천

---

[1] 이 사건들과 날짜에 대해서 나는 호머 헐버트 씨에게 감사를 드린다. 그의 『조선의 역사』와 『조선의 죽음』에서 자주 언급된 사실들이 내 기억을 새롭게 일깨워 주었다. (원주)

천히 나아가고 있었다. 이 긴 잠에서 깨어나 주위를 둘러보기 시작한 조선이 처음으로 받은 큰 충격은 조그마한 이웃 나라와 싸워서 중국이 진 것이었다.

정치의 소용돌이에 발맞추어 선교 사업도 꾸준히 그 힘을 늘려 나갔고 주님의 성령이 있는 곳에는 사상과 행동의 자유가 있게 되었다. 쓰라린 역경을 겪은 끝에 오늘날 조선은 더는 잠들지 않고 크게 깨어났다. 조선의 맥베스는 실제로 잠들지 않았던 것이다.

흔히 조선 사람은 게으르고, 무디고, 어리석고, 느리고, 열등한 민족이라고 말들을 한다. 그러나 짐작건대 이런 말은 그들을 잘 모르는 여행자들이나, 세상 사람들로 하여금 그들을 쓸모없는 사람들로 생각하게 하려는 목적이 있는 그들의 적이나, 그들을 잘 알아보려는 생각 없이 겉모습만 본 사람들이 하는 말이다. 항구에 떠돌아다니는 거친 짐꾼들이나 서울 거리에서 번들거리며 잘 사는 친척들 집에 얹혀 식객 노릇을 하며 사는 게으르고 쓸모없는 건달들만 본다면 이런 견해는 얼마만큼 옳은 것인지도 모른다. 그러나 그런 계층들은 어디에나 있으며, 가장 선진국인 유럽에서도 볼 수 있다.

내 생각으로는 아일랜드 사람과 조선 사람은 아주 비슷한 점이 많은 것 같다. 이 두 나라 사람은 모두 낙천적이고 태평스럽고 감정적이고 인정 많고 친절하고 너그럽다. 이들 가운데 하나를 늪에 빠진 듯한 그 본래의 상태에서 가르치지도 않고 아무 자극도 주지 않은 상태로 데려와 보라. 그러면 그는 생각도 없고 관심도 없이 뭔가 더 나은 것을 해볼 엄두도 내지 않고 더러운 채로 술이나 마시고 담배나 피우고 노름이나 하는 사람으로 비칠 것이다. 그러나 대영 제국의 아일랜드 사람이든 동양의 아일랜드 사람 곧 조선 사람이든 그 사람을 자극적인 환경으로 옮겨 놓고 교육하고 개신교의 원리들을 주입하는 한편 좀 더 나은 생활을 할 기회와 자기 밥벌이를 할 수 있다는 신념을 불어넣어 보라. 그러면 당신 은 그들에게서 훌륭한 시민의 모습을 찾아낼 뿐만 아니라 탁월한 학자, 훌륭한 기독교인의 모습을 보게 될 것이다. 북아일랜드의 사람들을 보라. 그렇지 않다고 말할 수 있을까? 조선의 기독교인들을 보라. 독립성이 있으며 술도 마시지 않고 신앙심도 두텁고 부지런하며 열심히 배우려 한다. 모든 교과의 선교사들의 증언을 들어보라.

외국 탄광 회사 사람들의 증언도 들어보라. 그들은 지금껏 자기들이 부렸던 사람들 중에서 조선 사람들이 가장 훌륭한 일꾼이며 절대로 술을 마시지 않으며 가장 행동이 바르고 깨끗하고 가정적이고 평화적이고 검소하며, 툭 하면 시비를 걸고 한 곳에 머물러 있지 않는 일본인들보다 또는 중국인들보다 훨씬 우수하다고 말한다.

우리 미국의 대학과 의과 대학에서 미국인들과 어깨를 겨루며 우수한 성적으로 졸업한 조선 젊은이들도 이것을 입증한다.

우리는 이 사실을 염두에 두어야 하겠고 또 만일에 조선이 올가미에 걸려서 나라를 빼앗겼다면 그것은 잠깐 방심했기 때문임을 생각해야겠다. 이 나라는 아직도 깊은 늪에 빠져 있으며 천년 세월이 하루 같고 하루가 천년 같은 이 시대에 세계의 다른 나라들에 견주에 25년은 뒤져 있다. 막강한 거인인 중국도 새로운 정권의 손아귀에서 꼼짝 못하고 있는데 서울이 외국 군대의 함정에 빠지고 대궐 문에 외국인의 총이 걸린 것을 갑자기 깨달은 이 자그마한 조선이라는 나라가 대체 무엇을 할 수 있을까?

2년 전 도쿄에서 열린 큰 국제회의에서 가장 뛰어난 웅변가는 한 조선인이었음을 모든 일본 신문이 입을 모아 인정했다. 그리고 어떤 미국 사람은 나에게 지금껏 자기가 들어본 설교 중에서—그는 존 홀의 설교와 위대한 서양 목사들의 설교를 들어본 사람이었다—가장 훌륭한 설교는 조선인이 조선에서 하는 설교였다고 말했다. 여기서 나는 어떠한 청중이라도 황홀경에 빠지게 하는 능력을 지닌 두 사람이 생각나는데, 서슴없이 말하거니와, 이 사람들은 지금껏 내가 들어본 중에 가장 뛰어나고 힘찬 대중 연설가였다.

　　좋은 환경, 좋은 조건을 지니고 있으며 뛰어난 미국인이나 유럽인들과 똑같은 능력과 정열과 창의성과 재주를 지닌 조선인들을 우리는 많이 알고 있다. 그들은 일본인들처럼 싸움꾼도 아니고 중국인들처럼 장사치도 아니다. 그들에게는 일본인들의 경박성과 저돌적인 충동 기질도 없고 중국인들의 무딘 보수성도 없다. 그들은 이 두 민족보다 우수하지 않을지 몰라도 적어도 동등하다. 이 세 민족 중에 누가 문자를 발명했으며 입헌 정부의 형태를 발전시켰는가?

　　이것은 스무 해 동안 도시와 시골의 갖가지 환경에서 날마다 조선인들을 가까이에서 접촉하고 그들을 살펴본 한 사람의 양심적인 생각이며, 또 그가 조선인들과 사귄 지 한 해 만에 했던 생각과는 거의 정반대가 되는 것이다. 이것은 조선인 하나하나와 이 나라 전체가 보여주는 성격의 발전적 결과이다. 조선인들이 우의 있고 친절하며 오랫동안 고통을 겪어 참을성이 강하다는 점은 잠깐이라도 그들을 편견 없이 연구해본 사람이면 누구라도 인정할 것이다. 그러나 그들을 가장 잘 아는 우리들은 그들이 뛰어난 재능과 수준 높은 지성도 지니고 있음을 알고 있다. 거친

다이아몬드에 관한 낡은 비유는 조선인들에게 매우 적합한 것이다. 그들은 무지한 관찰자에게는 아마도 쓸모없는 돌처럼 보이겠으나 잘 닦기만 하면 구세주의 왕관에 박힌 찬란한 보석처럼 빛나는 사람들이다.

조선인의 능력에 관한 문제에 꽤 많은 지면을 할애했는데 그것은 그렇지 않은 면에 대해서는 많이 썼으니 그렇게 하지 않으면 설명이 되지 않을 것 같고, 또 조선인들이 동정심이나 관심을 모으기에 결코 가치 없는 사람들이 아님을 일반이 널리 알아야 마땅하기 때문이다. 그들을 겁쟁이라고 불러서는 안 된다. 왜냐하면 그들은 지난 몇 해 동안 그들에게 몰아닥친 급격한 정치의 소용돌이를 미처 깨닫지 못하고 있었기 때문이다. '조용한 아침'은 영원히 사라졌다.

조선은 오랜 세월 동안 일본, 중국 그리고 러시아와 축구공을 차고 받는 것과 같은 외교 관계를 벌여 왔다. 그리고 1903년의 사태는 러일전쟁으로 치닫고 있었다. 조선의 수상인 이용익은[2] 각료들 대부분과 관리들이 그렇듯이 열렬한 친러파로서 그때에 막 여순항에서 돌아와 일본의 이익에 대해 일련의 공격을 시작하고 있었다.

조선은 동쪽의 이웃 나라를 언제나 의심의 눈으로 바라보고 있었다. 일본이 오랜 세월에 걸쳐 걸핏하면 침범하였기 때문에 그런 의심은 당연한 것이었다. 그들은 러시아도 침략할 것이나 이 땅을 러시아화 하지는 않을 것이며, 또 약탈할 것이나 식민지로 삼지는 않을 것이며, 간섭을 한다 하더라도 다른 나라들이 그러했듯이 가끔 개인적인 권리나 관심을 주

---

2) 친러파 대신. 임오군란 때에 장호원으로 피난한 왕비와 임금 사이에서 연락을 잘한 공로로 출세했다. 1903년 러시아가 조선 침약을 목적으로 압록강 어귀에 있는 용암포의 조차권을 요구하였을 때 그가 정부에서 이를 승인하도록 적극 활동했다. 군부대신, 탁지부 대신을 지냈으나 일본 세력이 미치자 점차로 지위가 떨어져 블라디보스토크에 망명했으나 마침내 암살당했다.

장하는 선을 넘어서지는 않을 것이라고 믿고 있었다.

이유가 어떻거나 일본과 다른 세력 사이의 충돌이 일어날 때마다 조선 정부는 거의 언제나 한쪽 편에 붙곤 하였는데, 이번에 조선 정부와 황실은 일본의 불의와 잘못에 대한 오랜 원한을 생각했다.

왕비의 암살, 상투 자르기, 그때에 행해졌던 가혹하고 힘겨운 법률들, 사실상의 연금 상태에서 임금이 겪었던 쓰라린 수모, 죽은 왕비에게 가해진 모욕들은 결코 잊을 수 없는 것이었다. 한편으로 러시아는 임금이 피신했을 때 그에게 피신처를 주어 보호해 주었으며, 임금이 러시아 공사관 안에 거처할 때에도 행동의 자유를 완벽히 보장해 주었고, 나라를 사랑하는 조선인들이 러시아의 영향력이 너무 커진다고 불만을 나타냈을 때 은행을 철수하고 미움 받는 관리들을 소환하였을 뿐 아니라 임금을 본디의 궁궐로 돌아가도록 해줌으로써 그 불만의 원인을 제거했으며 모든 것을 조선인의 손에 고스란히 돌려주었다.

그 동기가 무엇이든 이러한 행동은 감사를 받을 수밖에 없었으며 게다가 거의 모든 동양의 나라들이 일본이 곧 힘세고 강한 러시아에 질 것이라고 굳게 믿고 있는 형편이었으니 조선 정부가 러시아에 그토록 기댄 까닭도 이해하기 어렵지 않다.

그러나 이것은, 이용익과 조선 궁중, 정부의 태도 그리고 사실상 많은 조선인의 태도에 대한 부분적인 설명인 것이며, 여기서 거의 대부분의 조선인들 그리고 아마 프랑스인들은 예외이겠으나 미국인들과 유럽인들은 모두 친일적이었음을 말해야겠다. 그 사람들은 러시아에 푹 빠져 있는 조선을 일본이 구원해 줄 것을 믿고 있었고 그들의 노선에 따라 개혁과 진보, 좋은 정부와 질서가 따를 것으로 믿고 있었다. 그래서 전쟁이 시작되었을 때 일본이 이기는 것을 보고 우리는 기뻐했고 희망과 정열에 불탔다.

조선 정부의 그러한 태도는 전쟁이 시작되었을 때부터 끝날 때까지 바뀌지 않았으며 이제는 자기들의 진정한 감정을 보여주고 일본에 대해 앙갚음하려고 뭔지 모험을 해야 할 때였다.

그리하여 무엇보다도 먼저 총리대신은 서울에 있는 일본은행에서 발행하는 수표의 사용을 금지하는 경솔한 수단을 썼다. 그 결과 일본은행은 거의 파산 지경에 이르렀다. 일본인들이 다시 앙갚음할 만한 자리에 섰을 때 이 일은 조선 정부의 사과와 취소로 끝났으나 일본인들에게는 두고두고 받을 수 없는 빚으로 남게 되었다.

다음에 러시아인들은 압록강가의 재목을 벌채하는 이권을 얻었고, 곧이어 용암포를[3] 조차지로 사용할 특혜를 요구하였으며, 이것도 허용이 되었다.

잘 알려진 바와 같이 일본과 외국 세력들은 지금도 이 항구를 모든 외국과의 무역에 개방할 것을 주장하고 있으나 러시아는 이에 반대했으며 조선 정부도 끈기 있게 거절해 왔다. 게다가 그 뒤에 곧 러시아의 반대에 따라서 조선 정부가 의주도 개방하기를 거절했을 때 러시아를 조선 땅에서 물러가게 할 전쟁이 일어나리라는 것은 분명해졌다.

10월에 조선에 있는 일본 상인들은 미결재 금액을 거두어들이기 시작했고 그때부터 조선 사람들은 긴장 속에서 시시각각 전쟁을 기다리고 있었다. 그 전쟁은 어떤 경우이거나 재앙과 손실밖에는 가져다줄 것이

3) 평안북도 용천군 용암포읍. 압록강 하구의 항구다.

없었으며, 그들은 거기에서 덜 비참하고 덜 치욕적이고 덜 불행하게 되기를 바랄 뿐이었다. 그들의 나라는 바야흐로 전쟁으로 부서질 참이었으며 눈앞에는 황폐와 약탈과 피비린내가 어둡게 어른거렸다. 고리대금업자들은 이때를 당해 돈을 꾸어주지 않았으니 이러한 행위는 더욱 백성들을 참담하게 했다. 많은 가난한 사람들이 겨우살이에 쓸 땔감과 옷가지를 준비하려고 가을이 되자 물건을 저당 잡힐 수밖에 없었기 때문이었다. 그리고 이제는 모든 외국인을 들어 엎어버릴 폭동이 일어날 듯한 불안이 감돌았다. 몹시 흥분되고 두려웠다. 여러 공사관에서는 제 나라 국민을 보호하려고 수비대를 불러들였고 선교사들과 그 밖의 외국인들에게도 시골에서 돌아오도록 경고했다. "서울에서는 급료를 제대로 받지 못한 조선 군대가 큰 폭동을 일으켰다. 무슨 일이라도 저지를 수가 있을 만큼 매우 위협적인 보부상 조합과 또 프랑스인과 러시아인을 제외한 서양 사람들에게 보인 이용익의 비우호적인 태도는 이런 예방 조치를 취할 만한 충분한 근거가 되었다."[4]

공사관에서 선교사들에게 보낸 서울로 돌아오라는 전갈을 가지고 미국 기선이 북부 지방의 항구로 파견된 것은 바로 그때였다. 그러나 이 헌신적인 남녀들은 대부분 전쟁이 일어나더라도 원주민 기독교인들을 격려하고 도와주고 위안을 주려고 거기에 그냥 남아 있기로 용감하게 결정했다.

서울에서도 분명히 알 수 있었던 그런 불안과 흥분은 시골에서도 느낄 수 있는 것이었고 남쪽 지방 두 곳에서는 심각한 움직임이 벌어지고

---

4) 헐버트의 『조선의 역사』. (원주)

있었다. 보고에 따르면 그곳에서는 엄청난 폭동이 일어났다. 북쪽에서도 폭동에 관련된 보고들이 올라왔고 서울에 사는 많은 조선 부자는 식구들을 시골로 보내기 시작했다.

그러자 두서없고 썩어빠진 정부는 러시아의 뜻을 좇아 또 다른 조치를 취했으니 그것은 자기 방어적이고 모든 일을 피하려고만 드는 외교적인 허약함과 동양적 전통을 그대로 드러내는 것이었다. 그들은 중립을 선언했는데, 그 뒤의 사건의 전개에서 이것은 다만 일본을 몰아내려는 허세에 지나지 않았음이 밝혀졌다. 조선이 중립을 선언했는데도 일본인들은 다른 시간에 조선인들을 체포했다고 발표했다. 그들은 러시아에 군사 원조와 무기의 도움을 청하는 조선 황제와 정부의 편지를 갖고 있었다고 한다. 이런 일은 전혀 없을 법한 일은 아니나 그 동쪽 나라 사람들이 워낙 음흉하고 간교하기 때문에 필요하다면 조선 정부의 중립 선언이 거짓임을 증명하는 증거를 만들어낼 위험도 얼마든지 있다. 그렇지만 그때 조선 정부가 친러적이었다는 것, 그리고 중립선언을 깨뜨리는 공공연한 행위에 그들의 죄가 있을 수도 있고 없을 수도 있다는 사실 말고는 확실한 것은 아무것도 없었다. 사실이야 어떻거나 이제 일본에게는 이웃 나라를 곧장 침략할 가장 쓸 만한 구실이 주어진 셈이었다.

1904년은 부산과 서울 사이에 25킬로미터 간격으로 일본 군대가 주둔하고 유명한 일본 장군 한 사람이 일본 공사관의 무관으로 파견되는 것으로 시작되었다. 조선인의 재산과 인권은 존중될 것이며 어떠한 불평의 원인도 곧 고쳐질 것임을 약속하는 공고문이 도시에 나붙었고 그때부터 제물포 항구는 폐쇄되었다. 조선 학생들은 이미 그 전에 일본에서 불려 들어왔고 이제는 일본 군대가 조선의 남쪽 두 항구에 재빨리 떼를 지어 내리기 시작했다. 곧이어 벌어진 제물포 전투 뒤에 일본인들은 모든 군대를 북쪽 끝까지 주둔시켰고 서울과 부산 사이의 철도도 급히 놓았으며 의주까지의 길도 뚫기 시작했다.

2월 23일에 조선이 실제로는 일본과 동맹을 맺음으로써 조선과 일본 사이에 조약이 체결되었다.[5] 조선은 일본에게 만주까지의 도로를 사용할 권한을 주고, 전쟁을 예방하기 위하여 모든 편의를 제공한다는 것이었다. 한편으로, 일본은 조선의 독립과 황실의 안전을 보장했다. 일본을 친구로 받아들이면 그들이 조선의 독립을 보존해줄 거라고 정말 믿었던 조선인들도 많기는 했으나 조선의 처지에서는 이것은 어쩔 수 없이 받아들인 일이었다. 아무튼, 그런 상황에서는 얼마 동안 말없이 따르는 것 말고는 별 도리가 없었다. 정부와 궁중에서는 러시아가 끝내는 틀림없이 이길 것이라고 믿고 있었고 러시아인들은 일본의 사업을 완수하는 데에 이바지하는 썩어빠진 조선 관리들을 끊임없이 이용하고 있었다.

내켜 하지 않는 조선인들과 무력을 등에 지고 억지로 맺은 그런 조약이라는 것이 대체 종잇조각 이상의 무슨 가치가 있을지, 또 순진하기 이를 데 없던 조선 사람들에게 체면치레 이상의 무슨 가치가 있을지는 무척 의심스럽다. 일본인들은 전쟁 중의 어느 때라도 그 조약을 강요하거나 파기해 버릴 준비가 되어 있었고 조선 정부도 그것을 공공연히 깨뜨릴 수 있을 만한 기회를 노리고 있었다. 그것은 러시아나 중국 중에서 누구라도 도와주기만 하면 되는 일이었다. 그러나 이런 것들은 모두 부패

---

5) 한일 의정서. 일본의 강제에 못이겨 조선의 의무대신 임시 서리 육군 참장 이지용과 일본국 특명전권 공사 하야시의 서명으로 조인된 조약이다. 일본국은 조선 황실의 안전과 조선의 독립, 영토의 보존을 보증하되 조선 정부는 이를 용이하게 하기 위해 십분 편의를 제공함은 말할 것도 없고 군사상 필요한 지점을 언제든지 사용할 수 있도록 해준다는 것을 포함한 여섯 조항으로 이루어졌다.

한 정부의 행동이지 백성들의 뜻이 아니라는 것, 그리고 그들의 힘찬 이웃 나라는 서른 해 전에 거의 강제적으로 개화를 했던 덕으로 오랫동안 우월한 위치를 지켜왔음을 잊지 말아야 하겠다.

헐버트 씨는 이렇게 말한다. "일본인들은 조선의 사례를 용의주도하게 조종했다." 참으로 그랬던 것이다. 친러파 관리들에게는 뜻밖에도 아무 처벌이 없었다. 궁중의 혼란은 가라앉았고 이토 히로부미 후작은 황제에게 우호적인 서신을 가지고 왔다. 북부 지방의 의주항과 용암포가 개항되었고, 일본에 대해 큰 음모를 꾸미는 구실을 했던 이용익은 바로 일본으로 초청받았다. 일본 군사들은 매우 질서 정연했고 행동이 발랐다. 이 점은 러시아 공사관에 있던 코사크 병과 러시아 수비대와 큰 대조를 이루었다. 러시아 군사들은 너무나 포악해서 조선 사회에서 미움과 공포의 대상이 되었으며, 서양 외국인들에게도 불안과 공포를 불러일으키는 존재였다.

헐버트 씨에게서 들은 바에 따르면 일본 군사들은 모두 중상류 계층에 드는 사람들이다. "신분이 낮은 남자는 절대로 군대에 들어올 수가 없다"고 한다. 이것이 사실이라면, 그들과 일본 이주민들의 행동 사이의 큰 차이도 잘 이해할 수가 있겠다. 그 군사들은 자기 나라에서 매우 큰 신임을 얻고 있었으며 그들의 행동은 조선 사람들을 안심시켰을 뿐만 아니라 대체로 너그럽게, 때로는 진정한 선의로까지 받아들여졌다고 말해도 되겠다.

그러나 친일파 인사들이 그토록 기다리던 개혁은 이루어지지 않았다. 일본인들이 무척 나쁘다고 불평하던 재정 문제는 그들이 권력을 쥔 다음에도 바뀌지 않았고, 게다가 그들은 이제는 조선인들이 결코 쉽게 결정하기 어려운 갖가지 특혜를 요구했다. 부산의 일본인 무역 조합은 자기네 정부에 해상 세관을 세울 것, 치외법권을 허용할 것, 일본인 농업 사무소를 설치할 것 등을 요구했다.

이러는 동안 일본인 이민의 물결은 날이 갈수록 엄청나게 불어났다. 그렇지만 일본에 친근감을 가지고 있는 사람들조차 조선에 오는 일본인들이 그 나라에서 가장 질이 낮은 계층임을 분명히 알 수 있었다. 물론 이 자리가 그 사람들의 행동을 비판하는 마당이 아니며 선교사로서 그럴 수도 없음을 잘 알고 있다. 아무튼 처음에는 당장 치러야 할 전쟁 때문에, 나중에는 적대적인 조선인을 가려내는 일 때문에, 일본인 관리들은 자기 앞에 놓인 사건을 검토하고 법을 어긴 자기 백성을 재판에 넘길 겨를이 없을 법도 했다. 그러나 그들이 그렇게만 할 수 있었다면 조선에서 벌인 그들의 사업은 오늘날 훨씬 쉬워졌을 것이다. 조선인은 오랫동안 고통을 겪어온 사람들이다. 그런 만큼 '합법적으로 수립된 정부'(?)에 마지못해서 따르는 조선인들의 불평 소리가 더욱더 드높아졌으니 그것은 이 '합법적으로 수립된 정부'라는 것이 조선인들의 권리를 보호하거나 안전을 보장하거나 또는 그의 집안을 파괴하지 않은 적이 적어도 내가 아는 한에는 거의 없었기 때문이다. 우리는 일본인을 비난하고 있는 건 아니다. 그들은 역사가 더 오래 되고 더 문명된 기독교 국가들도 실패하고 만 어려운 일을 수행했으며, 폴란드나 그 밖의 나라를 볼 때에 그들이 훌륭한 전례를 따랐을 뿐이지 그보다 더 비난받을 것은 없다고 생각한다. 그러나 우리는 "만일에 조선인들이 자기방어를 위해 침략자를 몰아내고 자기의 권리를 지키려고 무언가를 하려고 일어선다면 그들을 너무 부당하게 생각지 말라."라고 말하고 싶을 뿐이다.

철도를 놓는 일로 나라 안에서 가장 좋은 큰 땅 몇 군데가 실제로 몰수되었고, 서울에서 가장 값나가는 지역들이 이름뿐인 보상금과 바꾸어졌다. 수백 명이 이 세상에서 자기가 가지고 있던 모든 것을 잃고 말았다. 일본 군인들이 주둔하고 있던 북부 지방에서는 낯선 사람들에게 결코 얼굴을 보여서는 안 되는 관습을 지키던 수많은 여자들이 추위가 모진 계절에 산속 깊이 도망쳐서 이루 말할 수 없는 고초를 겪고 있었다. 그런데도 조선인들은 이 모든 시련을 놀라운 인내로써 견디며 불평도 거의 하지 않았다.

그러나 불평을 품은 사람들과 재산을 잃고 괴로운 사람들은 사적 떼에 들어가 큰 무리를 지어 자주 출몰하여 마을을 파괴하곤 했다. 그것은 오직 선교사들과 미국인들만을 친구라고 여기고 실제로 그 사람들밖에는 아무도 기댈 데가 없는 그 가련한 백성들에게 더 큰 불안을 안겨주는 일이었다. 그러나 안타깝게도 우리는 그들을 충분히 도울 수가 없었다. 우리는 그들에게, 힘없는 이를 불쌍히 여기시는 하느님을 가르치며 그분 안에서 희망을 가지라고 말할 수 있을 뿐이었다.

일본인을 믿었던 수많은 조선인은 개혁의 약속이 하나도 지켜지지 않는 것을 보고 이미 실망했으나, 그들의 분노와 놀람이 더 커진 것은 일본의 관계자가 7월 17일에 다음과 같은 제의를 했을 때였다. "반도 안의 모든 자원과 미개척지는 일본인에게 개방되어야 한다."는 것이었다. 그러자 조선인들은 그렇게 되면 조선이 일본의 보호국이 되는 결과가 될 것을 알고 있었다. 그러나 일본은 조선인들이 이 제의의 논리를 끝까지 캐어 볼 능력이 있다고는 믿지 않았다.[6]

---

6) 헐버트의 『조선의 역사』. (원주)

일본인들은 그때에는 이 문제를 끝까지 밀고 나갈 준비가 채 안 되어 있었고, 나중에 몇 번이고 타협해 보려고 하다가 마침내는 당분간 그 계획을 미루어 두기로 했다.

일본의 침략에 맞서려고 조선인들은 '평화와 안전을 충전하기 위한' 단체(보안회)를[7] 조직했고 일본이 목표를 어떻게 꺾을지에 대한 열렬한 토론을 자주 벌였다. 그러는 한편으로는 황제에게는 침략자의 요구에 꺾이지 말라고 간곡하게 애원하는 탄원서가 물밀듯이 밀려들었다. 그러자 일본은 이들이 연 한 집회를 강제로 해산하고 그 간부들을 경찰서로 연행했고, 또 어느 때는 집회 장소를 급습해 나머지 간부들을 체포하고 서류를 빼앗아갔다. 더 나아가 그들은 조선 정부에 이러한 행위는 단호히 뿌리뽑아야 한다고 경고하면서 일본에 대항하는 탄원서를 올리는 이들을 체포해 처벌해야 한다고 주장했다. 언제나 그러했듯이, 그때 황제의 자리는 "왕관을 쓴 머리는 불편하기만 하다"는 말이 사실로 여겨질 만큼, 분명히 편안한 것이 아니었다. 사실 가련한 조선 황제의 왕관은 바로 그때 느슨하게 벗겨져 있었으니 얼핏 보아도 굴러 떨어지게 하는 왕관을 바로잡을 도리는 없는 것 같았다.

서울의 일본 군대는 이때 6천 명으로 불어났다. 한편으로 보안회의 간부들은 각 지방에 사발통문을 보냈다. 조선에서는 입에서 입으로, 손에서 손으로 전해지는, 발 없는 말로 소식을 전하는데 그것은 우편보다도 훨씬 빠르다. 각 지방에서 수천 명의 회원들이 모여들었다.

8월에 일본 군사 관계자는 후한 봉급을 줄 테니 철도 공사에 일을 할

---

7) 1904년 6월에 칙임 시종 원세성이 중심이 되어 조직한 배일 운동 단체.

노동자 6천 명을 달라고 했다. 그러나 이 노동자들은 모두 일본인과 싸우는 대열에 서게 될 것이라는 얘기가 있었다. 그들은 자기들의 고용주를 믿지 않았던 모양이다. 그러나 무슨 이유에서였는지 겨우 2천 명의 노동자를 얻을 수 있었고 억지로 일을 시키려고 할 때마다 마을에서는 피나는 싸움이 자주 벌어졌다고 한다.

여론의 물결은 일본인들이 땅을 황폐하게 하고 자유로이 말할 권리를 빼앗음으로써 점점 더 일본에 적대적으로 흐르고 있었다. 조선 정부는 많은 잘못을 저지르긴 했으나 그래도 그때까지 말할 자유를 막은 적은 거의 없었다.

보안회는 여전히 선전 활동을 계속하고 있었다. 그러자 일본인들은 여기에 맞서 일진회[8]라는 단체를 조직했는데, 이 단체는 일본인의 신임을 받는 사람만을 회원으로 삼았으며 일본 경찰의 보호를 받았다. 그리고 이어서 국민회라는 단체도 조직되었다. 그들의 계획은 좋았으나 일을 수행할 만한 수단을 가지고 있지 않았으므로 여러 사람의 웃음거리가 되었다. 그런데도 그들은 애국적인 정열을 강화하고 통합하며 진보적인 이상을 발전시키고 진보와 개혁에 대한 일반적인 욕구를 나라 안에 널리 퍼뜨리는 데 이바지했으며, 사람들에게 그들을 위협하는 것을 깨닫도록 말하고 조국의 힘을 길러 마침내 해방을 시킬 가장 좋은 방법을 찾아야 한다는 정신을 불어넣어 주었다. 그들은 여기에 많은 지혜를 모은 것 같지는 않다. 모든 회원은 그러한 일에는 얼마만큼 무지했으며

---

8) 1904년에 조직된 친일 정당. 이용구, 송병준, 윤시병 등이 중심이 되어 조직하여 보안회와 맞섰다. 일본군에서 막대한 자금 원조를 받아 적극적인 친일 활동을 했다. 기관지「국민신보」를 통해 온갖 친일 발언을 일삼다가 1910년 8월 22일에 한일합방 조약이 체결되자 그 소임을 다하고 그해 9월 26일에 해산했다.

실제로 중국의 고전 말고는 아는 게 거의 없었다. 그래도 언제나 시작은 있어야 하는 것이었으니, 이것이 적어도 그 무언가의 시작인 셈이었다.

그런데 이제 이 단체들과 또 '개화'—진보—의 보편적인 부르짖음과 함께 우리가 어디에서나 보게 된 것은 외국 옷과 조선 옷의 서글픈 혼합이었다. 조선 사람들이 머리를 자른 지 얼마쯤 되었다. 그런데 그들의 고유한 기다란 흰 도포를 입고 집 밖으로 나온 사람 같기도 하고 구두와 모자만 서 있는 것 같기도 하여 가슴이 아프기도 하고 우습기도 했다. 어떤 사람들은 아예 도포를 입지 않고 아래에는 불룩한 흰 바지에다 빛깔이 아주 호사스러운 외국 셔츠를 입기도 했다. 동양인들의 옷차림에 나타나는 이런 변화의 단계는 그들을 사랑하고 그들이 고유하게 지닌 것의 품위와 위엄을 존중하는 외국인들에게는 서글픈 것이다. 그 사람들을 사랑하면 사랑할수록 외국인을 열심히 흉내 내려고 하는 원주민들에게 나타나는 그 가련한 갖가지 부조화가 더욱더 가슴이 쓰리다.

그리하여 진보 단체와 친일파 단체들—어떤 사람들에게는 그 이름이 같은 것으로 생각되기도 했다—은 더욱더 불어났다. 그러나 가여운 백성들은 어느 모로 보나 목자도 없이 늑대와 산적의 먹이가 될 양떼와도 같았다.

그해 여름에 일본은 조선의 모든 외교 사절을 본국으로 돌려보내고 조선의 모든 외교 업무는 일본 공사관을 통해 처리해야 한다는 제의를 했다. 이것은 그때 제의된 것이기는 해도 이미 오래전부터 준비해 왔던 것이었다.

그 얼마 뒤에 일본은 미국 시민인 스티븐슨 씨를[9] 조선 외부의 고문 관으로 임명했다. 이것은 매우 지혜로운 처사였다. 왜냐하면 미국인들은 언제나 궁중의 황제에서 노동자에 이르기까지 조선 사람들에게 특히 호감을 얻고 있었고 미국인의 충고라면 일본인의 말보다 훨씬 솔깃하게 들을 것이었기 때문이다. 이 남자는 일본인에게 임명을 받았고 또 오로지 일본인에게서만 해임당할 수 있었으니 그가 일본인의 뜻에 따라 조선인에게 조언했을 것은 당연한 일이고, 또 사실 그의 후원자가 그를 그자리에 앉힌 것은 그것 말고 어떤 다른 목적이 있었겠는가?

그의 조언에 따라 조선 황제는 자기 휘하에 있던 무장 군대 5만 명을 모두 해산했다. 그는 그런 군대는 불필요한 낭비라고 황제에게 거듭 말했던 것이다. 일본인들은 조선의 독립을 확언했고 필요한 것은 오직 소규모의 경호 부대뿐이라고 말했다.

이 무렵에 자신들의 몰락은 서양 문물에 대한 지식이 부족했기 때문이라고 생각하는 조선 사람들이 빠르게 느는 것에 반응하여, 거의 모든 선교사를 포함한 많은 외국인이 조선인의 교육을 위한 단체를 만들었다. 그들의 목적은 조선 학교에 교과서를 대는 것이었다. 얼마 뒤에는 수많은 조선인들도 교육 단체를 만들었는데 그것은 정치적인 목적으로 만든 것이 아니라 조선의 발등에 떨어진 가장 중요한 일이 바로 교육이라고 믿는 사람들이 모여서 만든 것이었다.

1904년 9월에는 개신교 선교회 설립 스무 돌 기념식이 있었다.

---

9) 미국인. 일본 의무성에 고용되어 있다가 1904년에 조선의 외교 고문으로 왔다. 일본의 조선 침략을 옹호하는 발언을 미국 신문에 발표하여 우리 국민의 미움을 크게 샀다. 1908년 3월 24일에 재미 교포 전명운과 장인환이 미국의 오클랜드 역에서 사살했다.

그해에 경부선 철도가 완성되었고 경의선 철도도 순조롭게 닦이고 있었다. 비록 그것은 일본인들의 이득을 위해 놓은 것이긴 해도 선교사들은 그 철도가 자기도 모르는 사이에 하느님의 나라로 이르는 직선 도로가 됨으로써 전능한 사자가 될 것임을 믿지 않을 수 없었다. 일본 군대와 함께 십자가의 선교사들이 이 철도를 가장 먼저 이용한 사람들이었다.

해가 갈수록 일본인들은 이 나라의 물자를 긁어 가는 일에 골몰했다. 일본인 고급 관리의 사무실은 끈덕진 일본 국민에게 말 그대로 포위되어 있다고 했다. 그 일본인들은 전쟁에서 이긴 그들 군대의 후원 아래 조선에서 한몫 잡아보려고 건너온 사람들이 틀림 없었으니, 한편으로는 탐욕스러운 자기네 국민과, 또 한편으로는 러시아와의 싸움이 끝날 때까지는 적어도 얼마 동안 조선인들과의 사이에 끼인 이 사무실의 임무가 그리 쉬운 것은 아니었겠음은 알 만한 일이다. 그들은 모든 해안에서 고기를 잡을 권리를 줄 것을 요구했고, 그것을 얻어냈으며, 다음에는 무역권과 하천 부지에 대한 권리도 손에 넣었다.

러시아와의 평화 조약[10]이 체결된 것은 조선에 대한 좀 더 적극적인 정책을 펼칠 것이라는 신호였다. 그리하여 보호국으로 삼으려는 조치들이 곧 시행되었다.

'이긴 자'는 '약탈자'라는 격언은 잘 알려진 것이고 또 어떤 정치가들은 이 격언을 실제로 수행하기도 하는데, 만일에 일본이 이때 조선을 그대로 빼앗았다면 온 세계가 그다지 크게 놀라거나 충격을 받지도 않았

---

10) 1905년 9월 5일에 미국 포츠머스에서 맺은 강화 조약. 이 조약을 맺음으로써 러일전쟁이 끝났다.

을 것이고 세계 역사를 읽는 사람도 그리 놀라지 않을 것이다. 그러나 이긴 자의 권한을 행사하는 처지에서 일본인들은 늘 그래왔듯이 간교한 수법을 썼다. 그들이 세계의 눈총을 피할 수 있다고 생각했던 것은 그것이 불필요했던 만큼 도저히 믿기지 않는 정도의 것이었다. 그들은 아마도 조선의 실제적인 독립이 유지되고 일본의 신의가 지켜지기를 바라는 자기 나라의 많은 선량한 국민들에게 깊은 인상을 심어주고 싶었던 모양이다. 그들의 이유가 무엇이거나 양의 가죽은 적합하지 않았고 사실을 알고자 하는 사람들에게 그 냉혹한 현실은 너무나 뚜렷했다.

1905년 초가을에 황제는 보호 조약에 한 걸음 다가서게 되었다. 그는 일본이 조선을 지배하려 함을 수긍하려 했고 일본의 간섭을 묵묵히 따르고 있었으나 그 지배가 온 나라에 미치게 되자 그것을 마다했다. 황제는 자기가 완강하게 마다하면 그 일이 이루어질 수 없다는 것을 알고 있었다. 만일에 그렇게 된다면 자기를 따르는 무리들이 분노를 터뜨리거나 더러는 충돌을 일으킬 수도 있었다. 그는 워싱턴에 진정서를 보내기로 작정했다. 모든 조선인이 당연히 그러하듯이 처음에는 미국에, 그 다음에는 영국에 진정서를 보내기로 했다. 그러나 영국과 이론의 동맹은[11] 철석같은 것이어서 영국을 바라봐야 아무 소용이 없음을 깨달았다. 그러나 미국과 일본이 맺은 조약은[12] 다음과 같은 것이었다. "만일에 상

---

11) 1902년 1월 30일에 맺은 영일동맹조약. 일본은 조선에, 영국은 청나라에 정치와 상업의 특수한 이익이 있으므로 그 침해를 받을 경우에는 이를 옹호하는 필요한 조치를 취한다는 것을 비롯해 모두 여섯 조항으로 된 조약이다.
12) 1905년 7월 29일에 미국 대통령 루스벨트가 보낸 육군 장관 태프트와 일본 수상 가스라가 맺은 미일비밀협약. 러일전쟁의 원인이 된 조선의 일본 지배를 승인하는 것을 포함한 세 조항의 협약이다.

대방 중에 하나가 제3자에게 해를 입으면, 다른 하나는 원만한 해결을 위해 중재에 나설 것." 이것은 외부의 정규 통로를 거쳐서 이루어진 것이 아니었다. 앞서 말한 대로 일본인의 끄나풀인 미국인이 그것을 만들었다. 아무튼 사실을 조사하고 도움을 주기를 청하는 황제의 사사로운 사신이 미국 대통령에게 보내졌다.[13] 이 편지는 한 미국인이 가지고 갔는데, 일본인들은 이미 무슨 일이 벌어지는지 알았던지 계획을 서둘렀다. 이토 후작이 분명한 지시를 가지고 조선에 파견되었다. 조선은 바야흐로 그 존재를 일본에 내주는 문서에[14] 서명하기를 '폭력으로' 설득을 당하거나 강요받을 판이었다.

각료 회의가 여러 번 열렸으나 아무런 결론도 나지 않았다. 조선 사람들은 일본이 독립을 보장한 1904년의 조약을[15] 줄곧 내세웠다. 대신들은 아무도 동의하지 않았다. 이 쓰라린 일들을 자세하게 모두 말할 필요는 없겠다. 아무튼 마침내 군인들이 궁중을 포위하고, 매수한 각료 두세 명에게서 동의를 이미 받아낸 가운데, 거듭 애를 쓰고 긴 논의를 하고 무력을 과시하고 강력한 각료(그의 서명이 없이는 어떠한 것도 합법적으로 통과될 수가 없다)인 한규설을[16] 강제로 끌어낸 뒤에, 다수의 동의를 얻도록 조종해 공사가 불법적으로 빼앗아 놓은 도장을 찍고 일이 끝났다고

....

13) 1905년 7월 6일에 조선 황실에서 윤병구와 이승만을 사가모어 힐 별장에서 휴가 중인 루스벨트 대통령에게 몰래 보내 일본의 조선 침략에 대한 탄원서를 전한 일. 일본의 극동 정책에 호의적이었던 루스벨트 대통령은 공식 문서가 아니라는 이유로 이 탄원서를 정식으로 받아들이지 않았다.

14) 을사늑약. 1905년 11월 17일 밤에 이토 히로부미의 강요로 맺어졌다.

15) 한일 의정서.

16) 을사늑약이 맺어지던 때 참정대신으로서 조약의 체결을 끝내 반대했다. 뒷날 이토 히로부미의 압력으로 파면되었다가 다시 궁내부 특진관을 지냈으며 한일합방 때에 일본 정부에서 남작 작위를 주려 했으나 거절했다.

선언했다. 그리고는 곧바로 워싱턴에 있는 관계자가 조선은 일본의 보호국이 되기를 스스로 동의했다고 선언했다. 미국 정부는 곧 일본의 주장을 알아차리고 서울의 공사관을 철수했다. 황제의 진정서는 일이 벌어지기 전에 워싱턴에 도착했다. 그러나 그것이 도착했다는 것이 대통령에게 알려졌을 때는 이미 때가 늦었기 때문에 접수도 되지 않았다.[17]

"스물다섯 해 동안 미국 외교 사절들과 미국 시민들은, 우리가 야만적인 폭력에 맞설 권리를 얻으려고 싸우고 있으며 조선의 독립을 침해하는 것에는 그 누구보다도 미국 정부가 앞장서서 항의할 것으로 여겨도 좋다고 거듭해서 강조해 왔다. 그러나 어려운 때가 다가오자 우리는 그토록 잽싸게, 그토록 냉담하게, 그리고 그토록 잔인하게 모욕을 주어 그들을 버렸으니 모든 미국 시민의 피는 분노로 끓지 않을 수 없다. 가장 고귀하고, 애국적이고, 교양 있는 조선 양반들이 나라의 죽음을 보고 더 살 수가 없어서 잇달아 자결을 하는 동안에, 미국 공사(모르간 씨)는 샴페인이 가득 찬 잔을 들고 가해자들과 함께 축배를 들고 있었다. 이것은 미국 시민들이 다른 동양의 나라에서는 결코 맛볼 수 없었던 호의와 존경을 베풀어 주었던 한 제국의 죽음의 고통에는 완벽하게 무관심한 처사였다."[18]

---

17) 저자의 기억과는 달리 실제로는 을사늑약이 맺어진 지 아흐레 뒤인 11월 26일에 일본 쪽의 감시를 피해 그때 미국에 있던 헐버트를 통해 미국 정부에 고종 황제의 간략한 호소문을 전하려 했으나 받아들여지지 않았다. 저자는 이승만이 탄원서를 전했던 일과 이 호소문을 전하려 했던 일을 한 가지 일로 뭉뚱그려 기억하고 있는 듯하다.

18) 헐버트의 『조선의 죽음』. (원주)

이 소식은 그날 밤 조선의 어느 일간신문의 편집자들에게 전해졌다. 그들은 자기들의 행동의 결과로 신문을 빼앗기고 감옥에 갇힐 것임을 잘 알고 있었으나 밤을 새워 일했다. 그 모든 일의 자세한 내용이 담긴 신문 몇천 장이 일본인들이 눈치채기 전에 사람들에게 뿌려졌다. 이 인쇄를 막아 다른 나라에 이 얘기가 퍼지지 못하게 하려고 갖은 애를 다 썼으나 이미 때는 늦었다. 각료들과 대신들은 미국 사람들에게 이 얘기를 전했고 전신과 우편을 엄격히 검열했으나 외국인들은 그것을 중국에 전했다. 그래서 일본인이 하는 얘기를 귀담아 듣는 사람일지라도 언제나 뭔지 의심쩍은 생각을 갖고 있을 수밖에 없었다.

보호조약이 발표되자마자 미국 공사관은 갑자기 철수했다. 그때 사람들의 가슴속에서는 커다란 울부짖음이 치솟았다. "너희는 야만인이다." 그들의 가장 친한 친구가 냉혹하게 아무 희망도 없이 끝장을 내고 그들을 버렸다는 것은 참으로 불행한 조짐인 듯했다.

사내들이 여자나 어린아이들처럼 흐느끼고 비통해하며 울부짖었다. 수많은 사람이 자살을 했다. 가게는 슬픔의 표시로 문을 닫았다. 나라는 죽음의 운명을 맞아 깊은 슬픔에 빠졌다. 조선인들에게 쓰라린 시간이었고 또 조선에 대한 정책에서 처음으로 자기 정부가 자랑스럽지 못했던 부끄러운 미국인들에게도 가슴 아픈 시간이었다. 그 조약에 서명한 겁쟁이들은 길에 나설 때 든든한 일본군 수비대를 거느리고 나가는 게 좋았다. 사람들이 본다면 그들을 갈가리 찢어 죽이려고 할 것이었고, 또 실제로 그들의 목숨을 노리는 일이 숱하게 있었기 때문이었다. 그들의 하나는 자살을 꾀했다. 아니 그러는 체했다. 이 모든 일은 동포들에게 낱낱이 알려졌다. 일본 군대와 대포가 엄청난 무력을 으스대며 서울 시내를 행진하곤 했다. 아무 무기도 없고 조직도 없고 지도자도 없는 시민들은 러시아를 이긴 정복자들에게 저항하려고 하지도 않았건만 시내 곳곳에는 중무장한 수비대가 주둔했다. 친일 단체들과 모임들은 갑자기 몰락했다. 일본이 약속을 지켜 조선이 독립을 유지하도록 도와줄 것이라고 믿었던 그 무리들은 이제 환상에서 깨어나 큰 충격을 받고 치욕감을 느끼고 있었다. 선교사들은 이 불행한 사람들을 진정시키고 쓸데없는 저항과 유혈 사태를 막고 그들의 쓰라린 절망감을 위로하려고 너도 나도 있는 힘을 다했다. 어떤 이들은 저항을 막으려는 노력에 분개하면서 이런 선교사들은 이 나라의 복지에 조금도 관심이 없는 나쁜 친구들이라고까지 말했다. 우리 정부가 한 마디 동정의 말이나 유감의 표시도 없이 그들을 버렸으니 우리에게 퍼붓는 그런 비난을 누가 탓할 수 있을까!

이런 불안에 겹쳐 발진티푸스, 장티푸스 같은 열병이 번지기 시작했다. 시내의 하수구가 막혀 있었던 탓이었다. 도시의 오물은 언제나 개천으로 흐르고 있었는데 그 개천은 성벽 밑의 텅 빈 커다란 배수관으로 흘러 나갔다. 게다가 이 작은 개천들은 거름을 모으는 사람들이 정기적으로 깨끗이 치우기도 하고 또 햇볕과 공기로 맑아지기도 하고 비에 씻기기도 해서 보기와는 달리 그렇게 험악하지 않았다. 그러나 새로 온 사람들이 그것을 도저히 그냥 보아 넘길 수 없었던지 개혁을 한답시고 이 개천들을 모두 복개하라고 명령했다. 서울에 있는 모든 의사는 사사로이 또 공식적으로 항의했다. 항의를 했으나 헛일이었다. 개천에 뚜껑을 씌우고 거기를 잔디로 덮었으니 그 안에서는 이루 헤아릴 수 없이 많은 세균이 발효하고 번식하여 득실거리게 되었고 그 결과는 방금 말한 대로였다.

이 나라에는 여전히 일본인이 수천 명씩 몰려들고 있었고[19] 정복자로서 여기에 오는 그런 계층의 사람들은(앞에서도 말했듯이) 조선인들에게 곤혹스러움을 안겨 준다. 외국 사람들은 일본인들이 이제 모두 문화인이 되었다고 생각하고 있지만 그것은 큰 잘못이다. 일본의 도시에는 서양 것을 배우는 큰 학교와 대학이 있기는 하나 일본 인구가 4천만 명이라는 점을 생각해야 한다. 그 대부분은 시골에 살며 아주 가난하다. 또 그들은 도쿄, 요코하마, 오사카, 나가사키 같은 큰 도시를 휩쓴 문명의 물결을 한 번도 접해 보지 못한 사람들이다. 그들은 페리 제독이 그들을 처음 발견했을 때의 그 할아버지들과 다를 바가 거의 없으며 의복, 관습, 여자는 가둬 놓아야 한다는 생각을 포함해서 그들의 윤리, 생각, 남성 중심주의 따위는 조선 사람들의 것과는 전혀 반대이다. 조선 사람들을 이 사람들과 함께 섞는 것보다는 차라리 기름과 물을 함께 섞는 게 훨씬 쉬울 것이다.

일본인들 학교가 몇 군데 세워졌으나 조선 사람들은 좀처럼 이 학교에 가려고 하지 않았다. 거기에서는 그들이 알아들을 수 없는 일본말로 가르치기 때문이었는데 일본 사람들은 조선 사람들이 교육에 별 관심이 없고 그들에게 주어진 이익을 누릴 생각이 전혀 없다고 했다.

그러나 작은 마을에는 모두 저마다 학교가 있고 소규모의 기독교인 단체에서는 거의 자비로 운영하는 부속학교를 가지고 있으며 이 학교에서는 서양 학문을 가르치고 있다. 사람들은 미국 선교사들에게 고등학교와 대학을 세워 달라고 열렬히 간청하고 있는데 세우기만 하면 학생

---

19) 현재(1908년) 조선에는 일본인이 십만 명 이상 있으며 하루 쉰 명에서 백 명꼴로 새로 들어온다. (원주)

이 그 수용 능력의 곱절만큼 줄을 설 것이다. 기독교에 대한 사람들의 태도는 다른 장에서 말했다. 이제는 조선이 십자가의 기준에 맞추어 앞으로 나아갈 때라는 것만을 말하는 걸로 충분하리라.

우리 미국의 큰 대학을 졸업한 한 젊은 여자는 이렇게 적었다. "내가 확신하는 바로는 기독교가 일본인들의 개혁 곧 정부와 교육과 사회의 개혁 따위와 관계가 있다고 하나 실제로는 조선의 복지와 계몽을 위한 힘이다."

조선에서 온 또 다른 학생은 이렇게 적었다. "이제 온 나라가 수확을 거둘 만큼 무르익었다. 비참한 정치 상황은 사람들로 하여금 선교사에게로 돌아서게 했으며 선교사들의 말이야말로 눈앞에 보이는 오직 하나의 구원인 것이다. 지도자들은 기독교만이 이 나라의 정치와 사회를 구원할 것이라고 공공연히 말하고 있다. 과격한 조선인들은 살아 있는 하느님께로 돌아설 준비가 되어 있다. 그렇게 된 것은 두 해도 안 된 일이다. '감히 쓸 수 없는 어떤 상황들은 조선인의 성격들을 변화시키고 있다.'[20] 만일에 기독교 교회가 방책을 세울 생각을 하거나 그에 상당한 가치들을 제시할 생각이 있다면, 지금 당장 해야 할 것이다. 내년이 아니라 바로 '지금'."

헤이그 회담이 열리기 바로 전에 황제는 거기에 진정서를 보내기로 마음먹었다.[21] 만일 그러면 죽게 되거나 퇴위하게 될 거라는 경고를 받

----

20) 일본인들의 무서운 성공과 함께 모르핀이 들어왔다. 부도덕한 사람들 수백 명이 부지런히 거래를 하고, 사람들의 성품도 심각하게 바뀌었다. (원주)

21) 1907년 6월 25일에 이준, 이상설, 이위종 등이 고종 황제의 밀서를 지니고 네덜란드 헤이그에서 개최되는 제2회 만국평화 회의에 참석하려 했다. 그러나 조선의 지주적인 외교관을 인정할 수 없다는 이유로 그들의 본회의 참석과 발언은 거절당했다.

앗으나 그는 끝끝내 고집을 부렸다. 그렇게 되리라는 건 알고 있으나 그래도 진정서는 보내야 한다고 그는 주장했다. 이 일은 수행되었고 짐작했던 대로 그는 퇴위했다.[22] 그러자 쓰라린 슬픔에 잠겨 있던 수많은 백성, 아마도 집과 함께 모든 것을 다 잃고 절망에 빠져 있는 많은 백성이 산적들과 손을 잡고 거대한 폭동을 일으켰다. 그들은 '의병'이라고 불렸는데 일종의 유격전을 벌이는 사람들로서 일본인들을 한시도 쉬지 못하게 했다.

한 신문 기자는 이렇게 썼다.

"온 나라가 의병(정의의 용사)으로 들끓고 있다. 그들이 공언한 목표는 일본의 지배에 맞서 이 나라를 자유롭게 하는 것이다. …오늘 신문을 보니 모돌(서울에서 서쪽으로 32킬로쯤 거리에 있는 곳이다)에서 12월 7일에 51명의 일본 군대가 반도(의병) 150명과 전투를 벌여 그들을 격퇴하였다. 수원(서울 남쪽 32킬로미터 거리)에서 12월 2일에 의병이 마을에 들어와 약탈하고 남양으로 도망쳤다. 이동(서울에서 남동쪽으로 40킬로)에 12월 4일 의병이 들어와 유지 두 사람을 납치해 갔다. 북청(서울 북쪽으로 430킬로)에서 12월 4일에 정부군(일본군)의 노력에 힘입어 의병은 해산되었다. 케천(서울 남쪽 161킬로)에서 12월 2일에 의병 300명이 출몰해 전투를 벌이고 13명이 죽었다. 장임(서울 북쪽 112킬로)에서 12월 1일에 의병 50명과 전투를 벌여 여섯 명이 사망했다. 음성(서울 남동쪽 28킬로)에서 12월 4일에 의병을 공격하여 두 명을 죽이고 다섯 명에게 상처를

---

22) 헤이그 밀사 사건을 빌미로 삼아 일본은 고종으로 하여금 순종에게 왕위를 내주도록 위협해 마침내 1907년 7월 20일에 일본 군대의 삼엄한 경비 속에 양위식이 치러졌다.

입혔다."

"일본인이 걸어서 여행하면 눈에 잘 띄며, 누군가 뒤를 따라와 죽이기 마
련이다. 의병은 어디에나 있다. 그들은 눈 깜짝할 새 모이고 흩어진다.
현재 여기에는 500명이 있다. 내일은 어디에서 감쪽같이 나타나 사람을
채갈지 아무도 모른다. 서울과 큰 도시만이 그들의 공격에서 안전하다.
정부의 임무는 나날이 커져 간다."

의병들이 교량과 철도를 쉴 새 없이 부수기 때문에 그것을 막으려고
일본인들은 주민들을 동원하여 철도 연변에 요새를 만들지 않으면 안 되
었다고 하는 기사도 있었다. 그러나 정부쪽의 발표인 이 기사로는 이 전
투에서 정부군이 몇이나 죽고 다쳤는지 알 수가 없다. 짐작건대 아마 입
에 올릴 가치도 없을 만큼 적은 수인 모양이다. 그런데도 많은 조선인이
마음속으로 이런 기록을 통해 현재의 질서에 반대하고 있음이 분명하다.
　기독교인들 전체에 관해 말한다면 그들은 아주 질서 정연하게 자리
를 지키고 있으며 모든 국민에게서 신뢰를 받고 있다. 선교사들은 일본
의 지배를 찬성해서 그러거나 또는 헛되이 피 흘리는 것을 막으려고 그
러거나 아무튼 모두 하나같이 있는 힘을 다해서 반란과 폭동이 일어나
지 않도록 기독교인들을 진정시켜서 달래고 있다. 황제가 퇴위한 뒤에
평양의 기독교인들은 거리로 나가 사람들과 함께 참고 견디자는 얘기를
나누었다.
　그렇다고 해서 기독교인들이 시위하는 동포들보다 애국심이 모자라
는 건 결코 아니다. 그들은 진보에 대해, 교육에 대해, 향상에 대해 매우
열정적이다. 기독교 교육과 기독교 정신 속에서만 오로지 이 나라 정치

와 사회의 해방이 이루어질 수 있음을 그들은 믿고 공공연히 선언하기 때문이다.

그들은 그 어느 때보다 더 열심히 '개화'를 추구하고 있으며, 진보와 문명은 사람의 옷 빛깔을 바꾸거나 머리카락의 길이를 바꾸는 데 있는 게 아님을 배우고 있다. 그것은 전차, 넓은 길, 높은 집, 전함, 잘 훈련된 군대, 공장, 미술, 사치품, 추잡한 유럽 복장 따위의 문제가 아님을 배운다. 동양의 나라들은 거의가 이런 것들을 많이 또는 조금씩이나마 가지고 있다. 그러나 그런 것들이 아주 많은 곳에서도 뭔지 부족한 것이 있음을 느끼게 된다. 그것과 진짜 문명과의 관계는 마치 축음기에서 나는 목소리와 친구의 진짜 목소리와의 관계와도 같은 것이다. 그것은 살아 있는 따뜻한 '가슴'에서 나오는 것이 아니라, 다만 텅 빈 껍질에서 나오는 처량하고 서투른 흉내일 뿐이다. 진정한 문명은 겉치레가 아님을 그들은 배우고 있다. 그것은 여러 세기에 걸쳐서 잎이 자라고 꽃이 피어 마침내 천국에 이름으로써 울려 퍼지는 것이다. 그러나 어떤 성과들은 너무나 멋지게 흉내를 낸 것이어서 차이를 거의 발견할 수 없기도 하다.

동양의 한 도시에서 한 축제날에 큰 화관에다 커다란 고목 등걸을 교묘하게 세워 놓고는 아주 기막힌 솜씨로 거기에다 색칠하고 종이로 된 잎사귀와 꽃들을 붙였다. 하루 동안은 온 세상이 깜짝 놀랄 만큼 아주 멋졌다. 그러나 비가 내리고 물이 넘치고 바람이 거세게 불어오자 나무는 쓰러지고 말았다. 뿌리가 없었기 때문이다.

우리가 바라는 것은 조선의 기독교인들이 우리들 사전에 나와 있는 좋은 문명에 대한 다음과 같은 한두 가지 정의를 빨리 익혔으면 하는 것이다. 곧 '사회에서의 인간의 인간화, 인간 본성의 진정한 법칙인 사회에

서 인간을 만족시키는 것' 그리고 '인간을 정신적으로, 도덕적으로 사회적으로 고양시키는 것.'

이것은 전차나 새 옷 따위로는 결코 이루어지지 않았고 또 이루어지지도 않을 것이다. 그것은 군대나 병사가 가져다주는 것도 아니다. 그것은 예술이나 사치품을 따라서 오는 것도 아니다. 그런 것들이 문명을 따라오는 것이긴 하지만 물질적이고 감각적인 것을 뛰어넘어 '정신적으로, 도덕적으로, 사회적으로 사람을 고양시키고' 바위 속에 뿌리를 내리고 흔들리지 않게 그들을 지탱해줄, 기독교 정신 속에 든 '절대의 원리'를 지니지 않은 사람은 아무리 잘 입고 교육을 잘 받았다 하더라도 만들어 놓은 나무보다 나을 것이 조금도 없을 것이다.

조선인은 서양 문명에서 가장 훌륭한 것, 그리고 인간의 용기를 자극하고 최상의 결과를 가져다주는 원동력이 바로 기독교의 신앙과 사랑임을 배우고 있다. 기독교의 원리가 심어지고 그 정신이 뿌려진 곳에는 문명이 이루어졌거나 이루어지고 있다. 이교도의 신앙으로는 지금껏 그런 말조차 표현해 보지 못했던 것이다. 하느님, 천국, 가정, 사랑, 믿음, 죄 같은 단어를 가지고 그들을 시험해 보아라. 그들을 대체 무엇으로 표현할 수 있단 말이냐?

이것이 바로 오늘날 조선의 정치가들이 기독교만이 조선을 구원할 수 있는 유일한 희망이라고 말하는 까닭이다.

여기서 교토에 있는 데이비스 박사의 말을 인용하기로 하자.

"만일에 조선에서 기독교 사업이 아무 방해도 받지 않고 순조롭게 진행될 수 있다면, 조선은 빠른 속도로 복음이 전파될 것이며 개회된 수백만 기독교인의 단란한 가정으로 가득 차게 될 것이다. 한때는 멸시당하긴 했으나 이 작은 왕국은 온 세계에, 복음은 한 세대 동안에 온 나라에 전파될 수 있으며 그것만이 유일한 방법이라는 소중한 본보기를 보여주게 될 것이다."

일본에서 일하는 다른 미국인 선교사, 커티스 부인은 또 이렇게 썼다.

"하느님의 축복으로, 만일에 미국 교회가 그 구실을 다 한다면 앞으로 열 해 안에 이 나라(조선) 전체가 복음을 접하게 될 것이다. 조선은 매우 빠르게 기독교화 하고 있는데 만일에 일본이 하느님의 부름에 빨리 응답하지 않는다면, 우리는 조선의 기독교인이 이렇게 될 가능성을 짐작해볼 수 있다. 곧, 기독교가 여러 세기에 걸쳐 성장한 끝에 마침내 맺은 열매, 오로지 그것만이 삶을 행복하고 유익하게 할 수 있으며 완성할 수 있는 그 열매를 이미 망한 나라에서 자기 혼자만 맛보면서 이웃과 나누기를 마다하는 그런 기독교인 말이다. '국가의 영광'을 진정한 신으로 섬기는 이방인들에게 지배받는 기독교 국가! 만일 이런 사태가 온다면 그것은 교회의 책임이 될 것이다. '하느님의 왕국을 구하며' 그것이 빨리 오기를 믿음으로 기다리는 모든 남녀는 이 사실을 염두에 두어야 할 것이다."[23]

---

23) 1908년 3월 「선교회 잡지」. 이 밖에 지금까지 이야기한 시기의 조선의 상황에 대한 신빙성을 얻으려고 참고한 책은 다음과 같다. 헐버트의 『조선의 죽음』(더블데이 출판사), 매켄지의 『베일을 벗은 동양』(허치슨 출판사), 스토리의 『극동의 미래』(채프먼 출판사), 언더우드의 『조선의 부름』(선교 연구 서적), 헐버트의 『조선의 역사』. (원주)

이 책은 기독교 선교 100주년이 되는 해인 1984년 뿌리 깊은 나무에서 출간된 『언더우드 부인의 조선 생활(*Fifteen Years Among The Top-Knots*)』을 수정하여 낸 책 『언더우드 부인의 조선 견문록』(이숲, 2008)의 개정판이다. 처음 번역본이 나온 지 40년이 흘렀지만, 지금 다시 읽어도 흥미진진하고 재미있다. 한동안 절판되었는데, 몇몇 독자들의 요구가 있어 다시 펴내기로 결정했다.

저자인 릴리어스 호톤 언더우드는 미국에서 건너온 초기 개신교 선교사다. 그는 뉴욕주 알바니에서 태어나 유복한 환경에서 자랐다. 그의 동생 리오노르 호톤 이건이 언니를 기리며 쓴 『조선 속의 릴리』에 따르면 그는 어려서부터 기독교도의 생활에 잘 적응하며 '종교적인 좌절'을 겪지 않고 자랐다고 한다. 이를테면 성경 읽기와 기도와 빈민 구호 같은 일들을 성심껏 했을 뿐 아니라, 그 밖의 일상생활에서도 늘 기독교인답게 신실한 생활을 했다고 한다.

그러던 어느 날 시카고에 온 시가지가 불바다가 된 큰불이 났었는데, 그는 이재민을 돕는 일에 너무 골몰하다가 병이 나서 고등학교를 마칠 수가 없었다. 그리고 그의 어머니는 딸을 대학에 진학시키기를 꺼려서 그는 서른한 살까지 교회와 관계된 일로만 소일하며 지냈는데, 후일 선교 의사가 되어 인도에 가기로 마음먹고 시카고 여자 의과대학에 진학해 의학 공부를 했다. 그런데 장로교 선교 본부에서는 그에게 선교 현장으로 조선을 택해 줄 것을 요청했고, 그는 '자신이 인도로 가려 했던 것은 인도를 위해서가 아니라 그리스도를 위해서였기' 때문에 선교 현장이 조선으로 바뀌는 것에 조금도 개의치 않았다.

그는 시카고를 떠난 지 거의 두 달 만인 1888년 3월에 비로소 조선의 제물포에 닿았다. 바로 그해에는 영국인 기사 하리팩스가 서울과 부산 사이에 전선을 가설하는 일에 착수하고 있었던 것밖에는 겉보기에 이렇다 할 큰 사건은 없었다. 그러나 그때 이미 이 땅에는 일본과 러시아의 제국주의 세력과 허장성세일망정 청나라의 힘이 팽팽히 맞서서 '늙은 왕국'을 삼키려고 때를 엿보고 있었으며, 그 밖에도 서구 열강이 저마다 갖가지 이권을 노리고 밀려들고 있었다. 그런 만큼 그는 이 긴장이 감도는 땅에 발을 디딘 뒤로 수없이 많은 역사적인 사건들을 보고 들었으니, 큰 사건만을 순서대로 줄잡아 보더라도, 동학란, 갑오개혁, 청일전쟁, 을미사변, 단발령 시행, 춘생문 사건, 아관파천, 독립협회의 만민

공동회 사건, 고종의 황제 즉위, 러일 전쟁, 의병 봉기, 을사늑약 체결, 제국주의 일본의 조선 강점, 삼일 독립운동 등을 꼽을 수가 있는데, 그가 이 책에 다룬 시기는 조선왕조의 실제적인 종말을 뜻하는 을사늑약의 체결까지다.

이 책에는 대체로 세 가지의 내용이 서로 어울려 있다. 곧, 초기 개신교 선교사들의 선교 활동 양상과, 제국주의 열강의 세력 다툼 사이에서 힘없이 몰락해 가는 조선왕조의 모습, 그리고 당대 조선 민중의 삶이 외국인의 독특한 시각으로 섬세하게 그려져 있다. 저자가 묘사한, 서양의 눈으로 보기에는 미개하기 그지없는 이 나라에서 오로지 '복음'을 전하려는 종교적인 신념으로 일하다가 목숨을 잃은 수많은 선교사들의 이야기도 감동적이지만, '상투쟁이'로 상징되는 조선 사람과 만나서 보고 겪은 저자의 체험들이 솔직하게 묘사되어 있어 무척 더 흥미롭다.

그뿐 아니라 그가 시의로서 우정에 가까운 친분이 있었던 명성황후의 여러 인간적인 면모들과 아울러 고종 임금과 세자를 비롯한 왕실과 그 주변의 인물들에 얽힌 이야기는 우리 근대 역사 자료로서도 매우 가치가 있다 하겠다.

  그렇다고 해서 이 책을 한반도의 초기 개신교 역사나 그대 풍속사를 본격적으로 다룬 책으로, 또는 우리 근대 정치사를 어떤 역사관을 가지고 기록한 책으로 평가해서는 안 된다. 냉정하게 말하면 이 책에는 이 나라에 대해 편협한 조각 지식조차 없었던 한 외국 여자의 체험이, 엄청난 외세 앞에 속절없이 무너져 가는 허울뿐인 늙은 왕조의 모습과 함께 그려져 있다. 게다가 이 책의 전체 문맥에는 저자의 강대국 국민다운 우월감 섞인 자비심이 내비치고 있어 읽는 이를 당혹스럽게 할지도 모른다. 그렇다 해도 역사의 현장에 있었으되 그 소용돌이를 피할 수 있었던 한 벽안의 외국인이, 그것도 선교 목적밖에는 세계 정세에 대한 통찰이 거의 없는 상태에서 천진스럽게 그려놓은 이 '독특한 한국 현대사'를 통해 역사가 시각에 따라 얼마나 다채로운 모습을 보여주는지를 깨닫게 되는 것은 이 책의 수확이라 하겠다.

  이 책의 영문판은 저자가 쉰세 살이되는 1904년에 아메리칸 트렉트 소사이어티 출판사에서 출간되었고, 4년 후 증보판이 나왔으며, 1977년에 왕립 아시아 협회 한국 지부에 의해 재출간되었다. 이 책의 한국어 번역판은 1984년 뿌리 깊은 나무 출판사에서 처음 출간되었다.

이후 이숲 출판사에서 2008년에 펴냈다가 이번에 다시 내는 이 개정판은 1984년의 번역판을 새롭게 손보고 편집한 것이다. 이 책에서도 첫 번역판에서와 마찬가지로, 일반 독자들의 편의를 위해 지나치게 종교적인 내용을 담고 있거나 각 지방의 교회 분포를 포함한 여러 통계 수치를 담고 있는 원문의 12장, 14장, 18장, 19장을 삭제했다.

본문에 삽입된 각주는 '원주'라고 밝힌 것 외에는 모두 첫 번역판의 편집자가 만들어 넣은 것이고 개정판에서 몇 개를 더 추가했다. 이 '편집자의 글' 역시 첫 번역판의 것을 바탕으로 한 것이다.

언더우드 부인의 조선 견문록

초판 1쇄 발행일 2008년 11월 30일
개정판 1쇄 발행일 2024년 8월 15일
글쓴이 | 릴리어스 호톤 언더우드
옮긴이 | 김철
펴낸이 | 김문영
펴낸곳 | 이숲
등록 | 2008년 3월 28일 제406-2008000086호
주소 | 경기도 파주시 산남로107번길 86-17, 79호
전화 | 031-947-5580
팩스 | 02-6442-5581
홈페이지 | www.esoope.com
페이스북 | www.facebook.com/EsoopPublishing
인스타그램 | @esoop_publishing
Email | esoope@naver.com
ISBN | 979-11-91131-80-2 03910